BOŻENA ŻAK

Jedz i żyj
z porami roku

Jedynie sercem widzieć
możemy właściwie,
to co istotne,
niewidoczne jest dla oka.

Antoine de Saint - Exupery
Mały Książe

Moim córkom – Paulince i Oli
z życzeniami,
aby ufały swojej intuicji
i miały zawsze otwarte serca.

BOŻENA ŻAK-CYRAN

Kuchnia zdrowia i młodości

Jedz i żyj zgodnie z porami roku

Kuchnia roślinna według Pięciu Przemian

GALAKTYKA

Projekt okładki i winiet: *Cezary Twardowski*
Redaktor: *Jadwiga Pyczewska-Pilarek*
Redaktor techniczny: *Andrzej Czajkowski*
Korekta: *Monika Ulatowska*
Skład: *Studio Garamond, Łódź*
Druk i oprawa: *Drukarnia Read Me*

90-562 Łódź, ul. Łąkowa 3/5
tel.: (42) 639 50 18, 639 50 19, tel./fax: 639 50 17
www.galaktyka.com.pl
e-mail: info@galaktyka.com.pl, sekretariat@galaktyka.com.pl
ISBN: 978-83-87914-89-4
Wydanie III, dodruk 2015

Przedmowa

W trzecie tysiąclecie wkraczamy z prędkością nowej generacji odrzutowców. Porozumiewamy się poprzez łącza internetowe, nawiązując kontakt z całym światem. Wyznajemy sobie miłość SMS-em poprzez telefon komórkowy. W pośpiechu zaczynamy dzień, połykając coś na śniadanie. W pracy drożdżówkę popijamy „małą" czarną. Wypalamy kolejnego papierosa. Jadąc do pracy czy domu rzucamy spojrzenie na kuszące reklamy i kolorowe witryny sklepów. Na obiad zjadamy odgrzanego w kuchence mikrofalowej schabowego i z ulgą zagłębiamy się w fotelu przed telewizorem. Usypiamy po północy, budząc się kilka razy w nocy, śniąc koszmary. Gonimy, gonimy – gubiąc dzieci, współmałżonka, przyjaciół, ale także siebie. I nagle katastrofa – lekarz rozpoznaje u nas poważną chorobę. Jesteśmy zdziwieni i wreszcie oczekujemy, a nawet żądamy, natychmiastowej pomocy, cudownej tabletki czy magicznej terapii. Ból, gorączka, niesprawność ograniczająca naszą wolność zmuszają nas, aby zatrzymać się, zwalniając ten szaleńczy bieg. Chcemy być zdrowi, ale nie wiemy, że to właśnie my sami zapracowaliśmy na chorobę. Nie zdajemy sobie także sprawy z tego, że mamy możliwości i pełne prawo, aby to zmienić.

Potrzebne są do tego wiedza i odpowiednie wskazówki. Natłok sprzecznych informacji powoduje, że gubimy się, nie wiedząc, które są prawdziwe. Nie umiemy wsłuchiwać się w siebie i polegać na własnej intuicji.

Bożena Żak-Cyran napisała swoją pierwszą książkę, chcąc odwdzięczyć się za odzyskane zdrowie. Musiała na nie ciężko zapracować, zmieniając swoje odżywianie, myśli, uczucia, sposób życia. Kiedy spotykam ją uśmiechniętą, pełną energii, nowych pomysłów, dostrzegam prawdę w tym, o czym pisze.

Jej książki (*Odnowa na talerzu*, *Kuchnia zdrowia i młodości Bożeny Cyran*) przekazują wiedzę nabytą na licznych kursach, wyniesioną z licznych, przeczytanych książek, ale przede wszystkim z życia, w którym poszukuje codziennie inspiracji. Każdy jej przepis, jest efektem czasu spędzonego w kuchni, wnikliwej wiedzy, pomysłowości i fantazji. Swoimi kulinarnymi doświadczeniami z ogromną rzetelnością dzieli się z czytelnikami. Z wykształcenia jest dietetykiem, ale to życie – (choroba) rozwinęło jej poszukiwania. Na podstawie osobistych doświadczeń popartych wiedzą uczy, jak nasze myśli, słowa, sposób życia budują nasze zdrowie. Nerwice, depresje, psychozy mają podłoże w chorobie naszej duszy i usadawiają się w naszym ciele. Uzdrawiając je i dbając o nie, leczymy duszę. Autorka uwrażliwia na piękno natury i jej dary, które uwzględnia w swoich przepisach. Często są to proste zapomniane zalecenia dietetyczne naszych pradziadków. Autorka przez nie uczy wdzięczności dla stwórcy, czyniąc posiłek dziękczynieniem. Fragmenty utworów poetyckich, wspaniale dobrane do rozdziałów, wprowadzają w klimat pór roku.

W swojej nowej książce do dotychczasowych doświadczeń dołączyła starą mądrość i wiedzę orientu. Kuchnia pięciu elementów przybliża czytelnikowi powiązania człowieka ze Wszechświatem, porami roku, dobowym rytmem, czynnikami klimatycznymi. Uczy nieznanego człowiekowi zachodu związku emocji z ciałem.

Jestem lekarzem z 25-letnią praktyką. Od kilkunastu lat zgłębiam z ogromną radością mądrość holistycznego podejścia do leczenia, jaką wykazywali nasi przodkowie. Moja dotychczasowa praktyka lekarska potwierdza, jak głęboki sens ma takie podejście do zdrowia.

Z Bożeną spotykam się na szkoleniach, dyskusjach i przy stole pełnym zdrowych przysmaków. Jest przekonująca, tak jak jej książka, którą z radością i wdzięcznością polecę swoim pacjentom.

Elżbieta Sikorska
– lekarz rehabilitacji medycznej, z zamiłowania i przekonania makrobiotyk

Spis treści

Wstęp

Zdrowie człowieka to fundament,
na którym opiera się całe jego szczęście
i wszystkie umiejętności.
Benjamin Disraeli

Książka ta poświęcona jest głównie sztuce odżywiania i gotowania w sposób wzmacniający zdrowie. Wykorzystałam w niej metodę Pięciu Przemian z tradycyjnej medycyny chińskiej, związaną z porami roku.

Koncepcja ta pasowała mi najlepiej do podjętego tematu: odżywiania w poszczególnych porach roku. Uwzględniłam specyfikę każdej z nich, poprzez przepisy kulinarne, w których zastosowałam odpowiednie techniki przygotowania potraw, opierając się na właściwościach energetycznych produktów.

Temat ten zaabsorbował mnie tak mocno, że książkę tę pisałam przez wszystkie pory roku, co pozwoliło mi uwzględnić własne przepisy stosowane w tym czasie. Uświadomiłam sobie, jak ogromne znaczenie dla ludzi ma zmienność pór roku. Jako część przyrody jesteśmy ściśle związani z cyklem jej przemian.

Możemy się do nich przygotować, gdyż każda pora roku ustępuje powoli miejsca porze następnej. Wszystko w przyrodzie dokonuje się spokojnie i stopniowo. Wszelkie anomalia pogodowe występujące obecnie, spowodowane są zakłóceniami równowagi środowiska.

Każda z pór roku posiada charakterystyczną dla siebie energię.

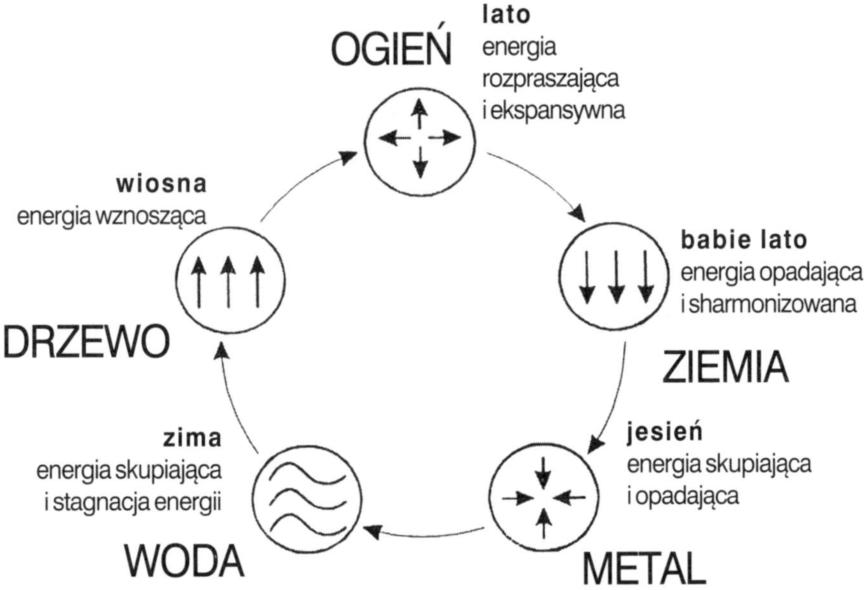

Nasz sposób życia i odżywiania najlepiej służy zdrowiu, kiedy podporządkowany jest cyklom pór roku. Natura sama wyznacza rytm, którego powinniśmy się trzymać. Wiosna wskazuje, że odradzamy się razem z przyrodą, lato to czas słodkich szaleństw i wzmożonej aktywności, na przełomie lata i jesieni dojrzała przyroda sprzyja zadumie i równowadze, jesień to czas gromadzenia energii i przygotowania się do zimy, która jest porą odpoczynku w przyrodzie, jak również okresem większego wytchnienia dla nas. Kto zimą nie przestrzega tej zasady, naraża organizm na osłabienie wiosenne. Życie na przekór porom roku to trwonienie własnej energii. Każda pora roku to odmienny czas dla ludzi, czas w którym powinny następować zmiany zarówno w nas samych, jak i na zewnątrz nas. Działa tu mechanizm przystosowania. Rośliny i ludzie, poddawani takim samym czynnikom zewnętrznym, jak zmiana temperatury, opady czy nasłonecznienie, przechodzą podobne etapy. W ten sposób ciągle dopasowują się do siebie, dążąc do równowagi i harmonii. Jedną z ważniejszych zasad zachowania zdrowia jest spożywanie produktów w określonej porze i sezonie, w którym one dorastają i dojrzewają, najlepiej pochodzących z najbliższego otoczenia człowieka. Bardzo ważne jest też zastosowanie zróżnicowanych metod przygotowania posiłków, właściwych dla każdej pory roku. Wynika to ze ścisłej zależności między temperaturą otoczenia a utrzymaniem ciepła wewnątrz organizmu, niezbędnego do procesu trawienia i wszystkich funkcji życiowych. Nie można zachować równowagi i zdrowia, odżywiając się identycznie przez cały rok.

Kilka razy w roku wraz ze zmianą pór zmieniają się potrzeby organizmu ludzkiego, który dopasowując się do przeobrażeń w przyrodzie, sam sygnalizuje konieczność odmiany. Apetyt na sezonowe produkty to znak przystosowania do danej pory roku. Zachowanie zdrowia to prosta sprawa, jeżeli przestrzega się praw Natury.

Podczas kolejnych pór roku maksimum energii zasila kluczowe organy naszego ciała i dlatego są one ściśle związane z daną porą roku i właściwą dla niej Przemianą*.

I tak:

Wiosna *(Przemiana Drzewa)* – to maksimum energetyczne wątroby i woreczka żółciowego.

Lato *(Przemiana Ognia)* – to maksimum energetyczne serca i jelita cienkiego.

Późne czy też babie lato *(Przemiana Ziemi)* – to maksimum energetyczne śledziony – trzustki – żołądka.

Jesień *(Przemiana Metalu)* – to maksimum energetyczne płuc i jelita grubego.

Zima *(Przemiana Wody)* – to maksimum energetyczne nerek i pęcherza moczowego.

Pory roku związane są z zaostrzeniem dolegliwości w obrębie organów znajdujących się w energetycznym maksimum. Wiosną mogą wzmóc się na przykład dolegliwości wątroby, jesienią płuc lub jelit, a zimą nerek. Oddziałując na

---

* Pięć Przemian to liczący tysiące lat chiński system, któremu przyporządkowane są wszystkie materialne i niematerialne zjawiska wszechświata (patrz rozdział IX Prawo Pięciu Przemian).

osłabiony narząd odpowiednim pożywieniem z Przemiany, z którą jest bezpośrednio związany, możemy go wzmacniać. Nie znaczy to jednak, że w określonej porze roku mamy jadać wyłącznie produkty z odpowiadającej jej Przemiany. Ważne jest stosowanie w potrawach możliwie wszystkich smaków (a każdy związany jest z inną energią), tak aby wszystkie narządy zasilane były energią przez cały rok. Jednak pokarm sezonowy (dotyczy to przede wszystkim owoców i warzyw) to najlepszy zastrzyk energii dla naszego organizmu.

Gotowanie zgodnie z Pięcioma Przemianami ma swoje zalety:

– stwarza równowagę energetyczną i smakową potraw,

– rozwija świadomość poprzez skupienie i koncentrację, które są niezbędne w czasie przygotowywania potraw,

– rozwija kreatywność w tak ważnych dziedzinach, jak zdrowie i znajomość własnego organizmu.

Zachęcam Cię, Czytelniku, do wypracowania swojego własnego sposobu komponowania zrównoważonych posiłków. Wystarczy w każdej porze roku kierować się intuicją, smakiem i właściwościami pokarmów oraz potrzebami własnego organizmu. Niezbędna jest też pewna wiedza. Wiadomości zawarte w tej książce mogą ci w tym pomóc. Możesz korzystać z podanych przeze mnie przepisów, nie stosując zasad Pięciu Przemian.

W swojej kuchni używam przede wszystkim produktów roślinnych, z niewielkim udziałem białka zwierzęcego. Nie ma w niej mięsa ssaków (wołowina, wieprzowina, baranina) Jest natomiast dob z hodowli naturalnych oraz ryby. Moja dieta jest nieco zmodyfikowana w stosunku do tej stosowanej w medycynie chińskiej, która jedzenia mięsa nie wyklucza. Nie zamierzam nikogo przekonywać co do zalet niejedzenia mięsa. Jest to kwestia osobistego wyboru. Jednak jest dużo argumentów przemawiających przeciwko jego spożywaniu.

W mięsie ssaków jest duże stężenie kwasu moczowego. Jest to jeden z produktów szkodliwych dla człowieka. Usuwany jest przez nerki z krwi i przekazywany do pęcherza, skąd zostaje wydalony z mocznikiem. Nie jest jednak usuwany całkowicie. W średniej porcji mięsa jest ok. 0,84 grama kwasu moczowego, natomiast organizm ludzki w ciągu dnia może pozbyć się ok. 0,48 grama tego kwasu, a i to zależy od jego zdolności samooczyszczania. Zwłaszcza przeciążone nerki (na diecie wysokobiałkowej) nie są w stanie dokładnie usuwać kwasu moczowego, a jego odkładanie się w organizmie prowadzi do skazy moczanowej, niewydolności nerek lub powstawania kamieni w pęcherzu.

Kwas moczowy nadaje mięsu smak i zapach. Bez niego mięso staje się produktem bezsmakowym. Zastanówmy się, czy do naszych organizmów chcemy wprowadzać kwas moczowy zwierząt – produkt, który powinien być usunięty w jego moczu. W mięsie znajdują się bakterie, powodujące gnicie. Są to drobnoustroje okrężnicy. Gdy zwierze żyje, proces osmotyczny w okrężnicy zapobiega przedostawaniu się bakterii gnilnych do jego organizmu. Po zabiciu zwierzęcia proces ten ustaje i bakterie przenikają przez ścianki okrężnicy. Nadają one mięsu delikatność. Wiadomo, że mięso powinno skruszeć. Wraz ze spożyciem mięsa bakterie gnilne przedostają się do przewodu pokarmowego człowieka, gdzie nadal powodują procesy gnilne. Stwierdzono również, że bakterie w mięsie są bardzo podobne do tych w nawozie. Podczas uboju i rozbioru każde mięso zostaje skażone drobnoustrojami nawozowymi, które mnożą się w zależności od czasu przechowywania. Powstaje pytanie, czy nasze ciała mogą być czyste wewnętrznie i zdrowe, gdy odżywiane są tego rodzaju pokarmem. Jeżeli zupełnie nie możesz wyeliminować jedzenia mięsa, to bardzo ogranicz jego spożycie. Nie kupuj też żadnego mięsa z hodowli intensywnej, gdzie z paszami podaje się zwierzętom hormony wzrostu i antybiotyki. Substancje te kumulują się w organizmie człowieka.

Nie twierdzę, że rezygnując z mięsa, od razu staniemy się zdrowsi, ani że jedząc je, nie można być zdrowym. Nasze samopoczucie zależy od wielu najróżniejszych czynników. Jednak eliminując mięso i odpowiednio je zastępując, odciążamy organizm, a zwłaszcza wątrobę i nerki, a to sprawia, że zwiększają się też jego możliwości samooczyszczania.

Gotowanie według Pięciu Przemian daje najlepsze możliwości przyrządzania zrównoważonych energetycznie posiłków. Ma to duże znaczenie zwłaszcza dla wegetarian, gdyż potrawy przygotowywane w ten sposób zapewniają organizmowi równowagę cieplną. Bardzo często początkujący wegetarianie zastępują mięso przede wszystkim produktami sojowymi i nadal spożywają artykuły przetworzone z białej mąki, nabiał, ziemniaki, cytrusy itp. Brak umiejętności odpowiedniego komponowania posiłków i używania przypraw może spowodować wychłodzenie i zaśluzowanie organizmu. Człowiek staje się słaby i podatny na wszelkie infekcje. Powstaje wtedy opinia, że nie jest to zdrowy sposób odżywiania. Tymczasem dieta wegetariańska w pełni służy zdrowiu, kiedy jest urozmaicona i oparta na różnorodnych, pełnowartościowych produktach zrównoważonych energetycznie i smakowo.

Według raportu Lekarzy Komitetu Medycyny Odpowiedzialnej opracowanego w 1991 roku w USA na podstawie wieloletnich badań, dla zachowania zdrowia niezbędne są cztery grupy pokarmowe: pełne ziarna zbóż, warzywa, rośliny strączkowe, owoce. Taki sposób żywienia, uwzględniający właśnie te produkty, pomógł mi wrócić do zdrowia po chorobie nowotworowej w 1995 roku i utrzymuje mnie do dziś w pełnym zdrowiu. Wobec występującego obecnie epidemicznego wręcz zjawiska chorób cywilizacyjnych, dzielę się z Czytelnikami tym sposobem żywienia, który nie tylko według mnie jest doskonałą profilaktyką chorób. Mogę też świadczyć własną osobą o zaletach kuchni roślinnej, dającej duży zasób energii, równowagę wewnętrzną, spokój i radość życia.

I. Życie w harmonii z wszechświatem

Wiedza jest początkiem wolności.
Sztuka wiedzy jest sztuką realizacji wolności.
Przyczyną wszelkiego cierpienia jest niewiedza.
Brak wiedzy kim jestem, kim jesteśmy.
Poznanie wiedzy odsłania tajemnicę życia,
jest drogą do zdrowia, szczęścia i wieczności.
Michio Kushi

Każdy człowiek jest niepowtarzalnym odzwierciedleniem nieskończonego wszechświata. Stanowimy niepodzielną jedność ciała, umysłu i ducha. Nasze ciało napełnione jest Boską Energią, albo Duchem, jakkolwiek to nazwiemy, która utrzymuje w nim życie. Brytyjski filozof, Ludwig Wittgenstein, tak to określił: „Ciało człowieka jest najlepszym obrazem ludzkiej duszy".

Ludzie od dawna usiłują poznać odpowiedzi na najważniejsze dla swego życia pytania – Kim jestem? Jakie są moje słabe i mocne strony? Czym powinienem kierować się w życiu? Jakie jest moje przeznaczenie? Wszelkie tajemnice swojego życia mamy zapisane w sobie i tam też kryją się odpowiedzi na wszystkie tego typu pytania. Według Caroline Myss, autorki *Anatomii duszy*, nasza biografia staje się naszą fizjologią, co oznacza, że jesteśmy żywym zapisem własnej historii. W uproszczeniu można określić, że ciało człowieka, podobnie jak komputer, „zapisuje" swój życiorys. Z biegiem życia nasz organizm staje się żywym odzwierciedleniem naszych słabych i mocnych stron, nadziei oraz obaw. Ważne jest zrozumienie, że każdy epizod życia, wszystkie wydarzenia, myśli, poglądy i przekonania mają wpływ na funkcjonowanie organizmu. W ten sposób sami uczestniczymy w tworzeniu zdrowia lub choroby.

Zarówno pozytywne, jak i negatywne przeżycia są zapisywane w pamięci komórek i w polu energetycznym człowieka. Neurolog, dr Candace Pert, w swoich badaniach udowodniła, że neuropeptydy, tj. związki chemiczne uwalniane pod wpływem emocji, są myślami przekształcanymi w materię. Twierdzi ona, że umysł obecny jest w każdej komórce naszego ciała. W medycynie chińskiej łączy się kondycję kluczowych organów człowieka ze sferą emocjonalną. Przykładowo: złość zawsze szkodzi najbardziej wątrobie, lęk – nerkom, smutek – płucom. Świadomość emocji i panowanie nad nimi to jednocześnie dbanie o własne zdrowie.

Choroba jest zawsze przejawem braku harmonii i zakłócenia równowagi energetycznej w organizmie. Zanim się ujawni, najpierw występują symptomy, które świadczą o niskim poziomie energii człowieka, jak np. ospałość, ociężałość, ciągłe zmęczenie lub depresja. Wiele osób zagłusza sygnały organizmu, stosując różne środki pobudzające (kawę, mocną herbatę, alkohol lub narkotyki) w celu dodania sobie energii, które używane na dłuższą metę jeszcze bardziej wyczerpują organizm. Niektórzy szukają pomocy medycznej, ale badania lekarskie niczego nie ujawniają, ponieważ na poziomie fizycznym nie można jeszcze wykryć zmian. Współcześnie choroby rozwijają się na skutek złego sposobu odżywiania, zbyt szybkiego tempa życia (człowiek nie ma czasu dla siebie) oraz wpływu szkodliwego działania fal elektromagnetycznych wytwarzanych przez komputery, anteny satelitarne, telefony komórkowe i inne urządzenia. Na nasze zdrowie ma także wpływ zachowanie rytmu pracy i wypoczynku we właściwych dla naszego organizmu, naturalnych cyklach. Każda zmiana przyzwyczajeń, np. chodzenie spać po północy, praca nocna, gdy organizm przyzwyczajony jest do odpoczynku, powoduje zakłócenia cyklu. Z historii ludzkiej ewolucji wiadomo, że nasi przodkowie wstawali o wschodzie słońca, a kładli się spać o zmroku. Taki sam zegar biologiczny rządzi nami do dziś.

Zgodnie z naturalnymi cyklami przyrody funkcjonują wszystkie procesy biologiczne, np. metabolizm witaminy D czy też procesy hormonalne (szyszynka wydziela melatoninę o zmroku). Żyjąc wbrew prawom przyrody, najbardziej szkodzimy swoim nerkom i śledzionie, co w konsekwencji prowadzi do osłabienia całego organizmu. Wszystkie te czynniki w pierwszej kolejności należy zreformować w swoim życiu w razie choroby. Ale najważniejsze – to wziąć odpowiedzialność za swoje zdrowie i wykorzystać swą prawdziwą moc – moc ludzkiego ducha. To ona uruchamia zdolność samouzdrawiania, która jest w każdym człowieku. Są takie sentencje: „Lekarz leczy, ale natura uzdrawia" lub „Uzdrawiająca siła natury".

Na Wschodzie przywiązuje się dużą wagę do profilaktyki, aby jak najdłużej zachować zdrowie. W dawnych Chinach lekarzom płaciło się za zdrowie. Jeśli pacjent chorował, wówczas lekarz nie otrzymywał żadnego wynagrodzenia.

Samouzdrawianie polega na świadomym naprawianiu szkód w organizmie i troszczeniu się o siebie tak, jakbyśmy byli swoimi chorymi dziećmi. Leczenie to indywidualny i osobisty proces.

A oto 10 przykazań uzdrawiania, które podaje Louis Proto w książce SAMOUZDRAWIANIE.

NIE DAJ SIĘ STRESOWI
ODTRUJ CIAŁO
WZMOCNIJ UKŁAD ODPORNOŚCIOWY
WSPOMÓŻ WŁASNĄ ENERGIĘ ŻYCIOWĄ (WŁAŚCIWE JEDZENIE, ODDECH)
POZBĄDŹ SIĘ NEGATYWNYCH UCZUĆ
MYŚL POZYTYWNIE
WIZUALIZUJ ZDROWIE I ŚWIETLANĄ PRZYSZŁOŚĆ
KOCHAJ SIEBIE – I TO CORAZ MOCNIEJ
WYRAŻAJ UCZUCIA
WSŁUCHAJ SIĘ W SWOJE „JA"(MEDYTACJA)

Nie można zapomnieć o dwóch podstawowych czynnikach uzdrawiania: miłości i wierze.

Nawet nie zdajemy sobie sprawy z tego, w jak wielkim stopniu sami uczestniczymy w powstawaniu i rozwijaniu się chorób. Im poważniejsze są nasze dolegliwości, tym większych zmian powinniśmy dokonać, szczególnie w sferze emocjonalnej i psychicznej.

Możemy wykorzystać wiedzę o sobie samych tak, aby pomóc organizmowi. Warto często zadawać następujące pytania: Co dzisiaj mówi moje ciało? Co czuję wewnętrznie? Jakie uczucia są we mnie dominujące?

Przykładowo. Twoje jelita źle pracują. Nie lekceważysz tego i nie zagłuszasz lekami. Czujesz się za to odpowiedzialny i uświadamiasz sobie swoje błędy. Zaczynasz traktować jelita łagodniej i z należytym szacunkiem. Zwracasz uwagę na to, co jesz i jak jesz, zwłaszcza na staranne przeżuwanie pokarmu. Jeżeli dodatkowo zatroszczysz się o swoją psychikę (jelita są bardzo wrażliwe na wszelkie napięcia psychiczne), to z czasem stan twoich jelit zacznie się poprawiać.

Oto jak można wykorzystać wiedzę o sobie tak, aby pomóc organizmowi i nie stać się ofiarą okoliczności. Myślenie w sposób holistyczny, czyli całościowy, oraz intuicyjny w stosunku do własnego organizmu daje znacznie lepsze efekty niż myślenie analityczne i racjonalne.

„Zdrowie, sprawiedliwość, wolność i szczęście są przede wszystkim kreacją" – twierdził Georges Oshawa, twórca makrobiotyki.

Pierwszym krokiem na drodze do zdrowia jest właściwy sposób odżywiania, oparty na prostych i nieprzetworzonych przemysłowo, naturalnych produktach. Na Wschodzie przyrządzanie pożywienia uważane jest za sztukę, opartą na pewnych zasadach, i odbywa się w taki sposób, aby wzmacniać zdrowie. W świecie cywilizacji zachodnich wybór pożywienia podyktowany jest najczęściej przyjemnością i przypadkiem. Można z łatwością zaobserwować, że po obfitych, źle zestawionych posiłkach, ludzie wstając od stołu, są zmęczeni, czy też raczej zatruci bogactwem mało urozmaiconych posiłków, które spożyli.

Zmiana to nasz najlepszy nauczyciel. „Całe życie warto być uczniem zmiany" – twierdzi Ohashi, japoński mistrz diagnozy i uzdrawiania.

Poznanie siebie może wnieść do naszego życia radość, spokój umysłu, a jednocześnie uzdrowić ciało i emocje. Poczuj się początkującym uczniem i pozwól, aby życie cię prowadziło. Jeśli uda Ci się utrzymać postawę ucznia, to możesz wciąż rozwijać swoje zdolności i zrozumienie świata. Życie będzie Cię wciąż zaskakiwało innym spojrzeniem i nową wiedzą. Każdy z nas powinien podchodzić do życia z pozycji ucznia. Wszyscy uczymy się, dopóki żyjemy. Ciągłe sięganie w głąb siebie za pomocą medytacji pozwala na dostrzeganie swojej prawdziwej natury. Dobrze jest ćwiczyć się w zauważaniu pozytywnych aspektów – zarówno w sobie, jak i w innych. Myślenie pozytywne to potęga, która buduje. Aby nauczyć się pojmować życie w sposób bardziej holistyczny, trzeba wznieść umysł ponad dualizm dobra i zła. Zacząć dostrzegać, że każda rzecz zawiera w sobie swoje przeciwieństwo. Nikt z nas nie jest wyłącznie człowiekiem słabym ani też wyłączenie silnym – jesteśmy jednocześnie i słabi, i silni.

Istnieje dużo fałszywych mitów na temat natury człowieka. Wiele osób ma kompleks niższości, płynący z poczucia własnej niedoskonałości. Uważają, że coś jest z nimi nie w porządku. Trzeba nauczyć się inaczej postrzegać i siebie, i innych ludzi. Wszyscy jesteśmy potencjalnie doskonali i zdolni do szczęśliwego życia. Kluczem do szczęścia jest poznanie i zrozumienie dobrych aspektów swojego wnętrza. Im lepiej poznajemy samych siebie, tym łatwiej dostrzec nasze mocne i słabe strony. Słabe strony mogą stać się dla nas drogowskazem, w którym kierunku podążać i co należy zrobić. I tak z czasem mogą one zmienić się w naszą siłę, cały bowiem świat składa się z przeciwieństw, które wzajemnie się przyciągają. Warto odkrywać wszystko, co jest w nas dobre, i pokochać siebie takim, jakim się jest.

Skupiając się na pozytywnych aspektach, wzmacniamy je w naszym życiu. Im lepiej pozna się własną siłę, tym łatwiej będzie podążać tam, dokąd prowadzą nas wrodzone talenty. W ten sposób świadomość poprawia jakość życia. Odkrywając swoją wewnętrzną prawdę i żyjąc zgodnie z nią, zaczynamy też żyć w harmonii z wszechświatem. Inaczej mówiąc – żyć z sobą i otoczeniem w zgodzie. Każdy z nas jest materialną manifestacją tego, co ma w sobie. Grecki filozof, Heraklit z Efezu, twierdził, że „Charakter człowieka jest jego przeznaczeniem".

Ćwiczenia

Medytacja – wewnętrzny spokój

1. Zamknij oczy. Zacznij oddychać powoli i spokojnie.
2. Wszystkie zmysły, które normalnie zwracasz na zewnątrz, skoncentruj na swoim wnętrzu.
3. Obserwuj uczucia i myśli, nie oceniając ich ani nie analizując.
4. Oddaj się temu spokojowi, odpoczywając od wszystkich spraw. Ćwicz tak często i tak długo, jak to możliwe.

Wartość tego ćwiczenia jest bardzo duża i nie da się go zastąpić żadnym innym.

Medytacja – wdychanie energii Ziemi

1. Usiądź wygodnie na krześle. Ułóż bose stopy płasko na podłodze. Dłonie połóż na udach, stroną wewnętrzną do góry.
2. Oddychaj przez nos. Uspokój oddech, aż będzie powolny, łagodny i rytmiczny.
3. Oddychając, wyobraź sobie, że twoje stopy wrastają w ziemię. Zapuszczasz własne korzenie głęboko w ziemię. Ciesz się poczuciem kontaktu z planetą.

4. Wciągnij powietrze, wyobraź sobie, ze robisz to poprzez podeszwy stóp. Zwizualizuj oddech jako energię.
5. Po wykonaniu trzech oddechów spraw, by energia przybrała czerwoną barwę. Z każdym wdechem wciągnij tę energię poprzez nogi do wnętrza ciała.
6. Oddychaj w ten sposób, aż do chwili, w której poczujesz, że jesteś przepełniony energią.

Zapamiętaj! Ćwiczenie to jest skuteczne przy niskim poziomie energii. Energie ożywcze Ziemi działają na podstawowym poziomie przetwarzania i należy z nich korzystać w przypadku osłabienia.

II. Miłość i jej moc uzdrawiania

Miłość jest największą potęgą we Wszechświecie
i przyczyną wszelkiego stworzenia.
Jesteśmy na tej planecie po to, aby poznać miłość
i stać się jej wyznawcami.
Ucząc się, na czym polega miłość i jej cel,
przebijamy się przez złudzenia i docieramy
do rzeczywistego świata, gdzie objawia nam
się wielka tajemnica.

Reshad Feild *Alchemia serca*

Miłość jest prawdziwą naturą człowieka. Jest wiedzą pochodzącą z serca i mądrością tkwiącą głęboko w nas. Wszyscy na świecie pragną miłości. Bez niej nie tylko nie rozwijamy się, ale tracimy poczucie sensu życia. Jesteśmy zauroczeni zdobyczami cywilizacji, a niewiele okazujemy sobie codziennej miłości i przyjaźni. Droga do miłości zaczyna się od zrozumienia siebie. Gdy żyjemy w zgodzie z naszą prawdziwą naturą, akceptujemy i kochamy siebie, wówczas w miłości wyrażamy siebie. Miłość jest ufnością: jednak aby ufać światu, najpierw musimy zaufać sobie. Zaufanie jest poczuciem bezpieczeństwa we wszechświecie i wymaga od nas wiary. Tak długo, jak nie potrafimy zaufać, nie będziemy w stanie kochać. Często brakuje nam miłości albo odczuwamy jej niedosyt. Nie podejrzewamy nawet, że przyczyna tkwi w nas. Sami musimy odnaleźć miłość do siebie, do innych i do wszechświata. Uczenie się, jak kochać jest odkrywaniem własnego „ja" i rozwoju osobowości, która jest przecież sensem istnienia. Wizerunek własnej osoby, a więc to, jak sami siebie postrzegamy, to najczęściej wzorzec zakorzeniony nam w domu naszego dzieciństwa. Jeżeli nasi rodzice nie zdołali uwolnić się od swoich lęków i sami nie kochali siebie – my nieświadomie kontynuujemy to, co oni nam przekazali. Dzieje się tak z pokolenia na pokolenie. Naszym zadaniem jest wypracowanie nowego spojrzenia na siebie, uwolnienie się od samoograniczeń, aby to, co najlepsze przekazać naszym dzieciom. Możemy otworzyć się na miłość – posiadamy taką moc. Kochanie siebie jest warunkiem obdarowania miłością innych ludzi. Energia tego uczucia zwycięża wszystkie niższe uczucia, takie jak lęk, złość, żal, smutek, zazdrość. Przeciwieństwem miłości są: skłonność do osądzania innych, nietolerancja, chowanie urazy w sercu i nieumiejętność wybaczania. Postawy te są niebezpieczne dla zdrowia. Miłość, jak wszystko w życiu, jest wyborem. W relacjach z ludźmi, w każdej myśli o nas samych mamy do wyboru: osądzać albo próbować zrozumieć, przyjąć wszystko do siebie albo być elastycznym i zaakceptować. Akceptacja i zrozumienie to właśnie jest cud miłości. Zmienia ona postrzeganie świata, pozwala go docenić i dostrzec wyjątkowość każdego człowieka. Miłość wyzwala chęć współpracy z innymi ludźmi. Jej istotą jest bowiem życie w zgodzie z sobą i pozwolenie także innym ludziom na wyrażanie ich indywidualności. Zdolność kochania i przyjmowania miłości pomaga odprężyć się, traktować życie z pewną lekkością. Jest tym, co daje nam poczucie bezpieczeństwa przed niepewnością i nieprzewidywalnością życia.

Czysta, bezwarunkowa miłość jest energią uzdrawiającą ciało i ducha, co potwierdził eksperyment psychologów z Harvardu, przyprowadzony w 1982 r. U osób oglądających filmy o miłości (m. in. film o życiu i pracy Matki Teresy) odkryto natychmiastowy i znaczny wzrost poziomu immunoglobuliny A. Substancja ta jest pierwszą barierą, na którą natrafiają wirusy chorobotwórcze. Również wspomnienia o miłości przywracane w pamięci działają prawdziwie uzdrawiająco na nasz organizm. O tym, że miłość leczy, pięknie pisze brytyjski lekarz, Bernie Siegiel, w swojej książce *Miłość, medycyna i cuda*:

Jestem przekonany, że prawdziwa, bezinteresowna miłość jest najpotężniejszym znanym nam środkiem pobudzającym system immunologiczny. Gdybym kazał pacjentom zwiększyć poziom immunoglobuliny albo limfocytów T – morderców (killer cells), nikt nie wiedziałby, jak to uczynić. Jeśli jednak będę w stanie nauczyć ich, jak w pełni kochać siebie i innych, zmiany te nastąpią automatycznie. Taka jest prawda – miłość leczy.

Wszyscy wielcy nauczyciele i mistrzowie uczą prawdziwej miłości, a poprzez swoją postawę życiową rozpowszechniają ją. Największym nauczycielem miłości był Jezus Chrystus. W *Biblii* można znaleźć prawdziwe arcydzieła nauk Jezusa.

Przeżywanie życia z miłością jest bezwarunkową zgodą na każdą chwilę. Oznacza całkowite zaangażowanie się w różne doświadczenia, otwieranie się na nie z entuzjazmem. Dzięki miłości możesz odkryć postęp i na nowo radość w swoim życiu.

Kochaj więc mocno, zaczynając od siebie. Kochaj wszystko, co żyje na naszej planecie: ludzi, zwierzęta i rośliny. Dawaj innym swoją miłość hojnie i nie wahaj się jej przyjmować. Miłość nic nie kosztuje. Kochając uzdrawiasz siebie, innych ludzi, ale też przyczyniasz się do uzdrowienia całej naszej planety. Poczuj z nią jedność, bo jest Twoim i nas wszystkich domem.

Ivan Hoffman w swojej książce *Tao miłości* pisze, że *Droga do miłości jest drogą do nas samych. W chwili ciemności i bólu pamiętaj, że życie kołem się toczy. Usiądź spokojnie w domu swoim: niedługo znów przyjdzie wiosna.* *

---

*Ching-Tuen. *Tao miłości* – Ivan Hoffman

III. Świadomość – czynnik aktywizujący

Istota ludzka
to część całości
zwanej przez nas „wszechświat":
część ograniczona
czasem i przestrzenią.
Doświadcza siebie,
swych myśli, uczuć
W oderwaniu od reszty –
to jakby złudzenie optyczne
jego świadomości.
Jesteśmy więźniami tego złudzenia,
które ogranicza nas
do naszych pragnień osobistych
i sprawia, że
darzymy uczuciem
tylko naszych najbliższych.
Musimy z tego więzienia
się wydostać.
Albert Einstein

Działanie świadomości podobne jest do maszyny cyfrowej, która wykonuje dwie funkcje: akceptuje lub odrzuca dane, dokonując wyboru. Świadomość nieustannie sortuje wrażenia, decydując o tym, które z nich są dla nas istotne, a które nie. Nasze ciało można porównać do załogi okrętu, a świadomość funkcjonuje jak jego kapitan. Wszystko, co kapitan zaobserwuje i zdecyduje, jest natychmiast przekazywane załodze, która wypełnia instrukcje.

Cztery poziomy świadomości są jak cztery kanały telewizyjne. Najczęściej mamy „włączony" kanał pierwszy i drugi.

1) Świadomość instynktowna – zaczyna działać od momentu poczęcia. To tzw. „mądrość ciała", mechanizmy dostosowawcze, które automatycznie reagują na bodźce środowiskowe, umożliwiające człowiekowi przystosowanie i przeżycie.
2) Świadomość reaktywna – zaszczepiają ją nam rodzice, nauczyciele i środowisko, w którym żyjemy. Wiąże się z wiedzą nabytą w przeszłości, którą odzwierciedla. Umacnia już istniejące poglądy i wzorce zachowań (tzw. programy). Brak jej twórczości. Często trwamy w świadomości reaktywnej nawet wtedy, gdy nie przynosi pożądanych rezultatów, ponieważ tak zostaliśmy zaprogramowani.

3) Świadomość intencjonalna – psychiczna wolność. Zdajesz sobie sprawę z tego, co robisz. Umożliwia ona dokonywanie trafnych wyborów. Rozwija się w odpowiedzi na rozczarowania, niepowodzenia i urazy, jakich doznajemy w życiu.

Na przykład: w obliczu choroby podejmujemy próbę zmiany stylu życia poprzez wykonywanie codziennych ćwiczeń, zabiegów pielęgnacyjnych i stosowanie odpowiedniego programu żywieniowego. Przechodzimy tym sposobem do świadomości intencjonalnej. Kiedy zapominamy o swoim postanowieniu, wracamy do świadomości reaktywnej, a więc do kanału drugiego. Umysłowe odrętwienie i zakorzenienie w starych wzorcach sprawiły, że górę wzięła świadomość reaktywna.

4) Świadomość intuicyjna (duchowa) – nie podlega żadnym przekonaniom, wierzeniom czy poglądom. Dostarcza nam wiedzy, która jest w nas i nie ma nic wspólnego z zasobem wiadomości uzyskanym podczas szkolnej nauki. To szczególny sposób odczuwania różnych aspektów życia właściwy dla danej osoby. Przynosi nam mądrość, pomaga w sposób doskonały w rozwiązywaniu naszych problemów życiowych.

Świadomość rozwija się w każdym z nas we właściwym tempie i rytmie. Zdolność poszerzania świadomości posiada każdy człowiek. Jest to sprawa jego wyborów. Aby rozwijać świadomość, nie trzeba udawać się do klasztoru czy aśramu*.

Zwyczajne czynności dnia codziennego, związki z innymi ludźmi i praca mogą poszerzać naszą świadomość, a tym samym zwiększyć panowanie nad własnym życiem. Jednak najwięcej dają codzienne ćwiczenia fizyczne i oddechowe oraz medytacja. Dzięki pracy nad sobą zdobywamy wolność. Warto skoncentrować się na duchowej stronie życia, aby nabrać mocy tworzenia swojego życia, w taki sposób, w jaki chcemy. Zdaję sobie sprawę, że mówienie i pisanie o pracy duchowej, może być dla niektórych czytelników tematem mistycznym. Jednak warto otwierać się w życiu na nowe doświadczenia. Wraz z rozwojem świadomości ulega zmianie wiele naszych przekonań i wyobrażeń dotyczących zdrowia. Stajemy się bardziej odpowiedzialni za siebie, a zdrowie postrzegamy bardziej jako postawę życiową. Miarą zdrowia przestają być wyniki badań laboratoryjnych i regularne oględziny lekarskie. Ważne jest przede wszystkim, jak się czujemy i czy mamy kontakt z własnym ciałem. Czy nasz umysł, dusza i ciało pozostają w harmonii.

Warto uświadomić sobie, że to my sami ponosimy odpowiedzialność za stan naszego organizmu i jakość życia, za to, czy przeżyjemy je, ciesząc się zdrowiem, czy narzekając na różne dolegliwości. W dzisiejszych czasach można zaobserwować coraz większe zagubienie egzystencjonalne ludzi. Nie tylko uczeni mają wątpliwości, czy to, co czyni nauka, jest dobre i przyjazne naszej planecie. Jednocześnie współczesny człowiek ma trudności w zrozumieniu

*Miejsce, ośrodek praktyk duchowych w społecznościach Wschodu.

i zaakceptowaniu tego, co niewidzialne, niepojęte, nie podlegające empirycznemu badaniu. Za bardzo wierzy on w autorytety, a najmniej sobie samemu. O kryzysie światopoglądu naukowego w kulturze Zachodu pisze prof. Henryk Skolimowski w książce *Zmierzch światopoglądu naukowego.*

Nie chodzi o wiedzę empiryczną, pragmatyczną, ekonomiczną, ale o tę inną, która niesie rozumienie. Musimy sięgnąć po mądrość zarówno starożytną, jak i współczesną, wyrażoną umysłem Sokratesa, jak również Ghandiego. Bez mądrości będziemy albo kupcami, albo konsumentami, a nie myślącymi ludźmi.

Jedną z form mądrości, jaka zaistniała w naszych czasach, jest mądrość ekologiczna dotycząca czystości i zachowania środowiska, gatunku, a także naszego zdrowia. Większość społeczeństwa, oszołomiona propagandą konsumpcyjną, wybiera jednak znacznie częściej racjonalność ekonomiczną, której podstawą jest zysk za wszelką cenę – również za cenę niszczenia środowiska i naszego zdrowia. Agresywna reklama i zdominowanie mediów przez wielki biznes dla zysków sprawiają, że ludzie są manipulowani. I tak, wszystkiego jest wokół dużo, a w nas rodzi się pustka i coraz większa tęsknota za prostotą i naturą. Prof. Skolimowski w swoich publikacjach twierdzi, że w pogoni za postępem materialnym zatraciliśmy wewnętrzny sens moralny, jesteśmy słabi i nie ma w nas mocy. Pewność i samozadowolenie ludzi są bardzo powierzchowne. Jak pisze prof. Skolimowski: *(...) w głębi są wielkie niepokoje, bojaźń egzystencjonalna, zapacykowana wzmożoną konsumpcją i oglądaniem absurdalnych lub przynajmniej bzdurnych programów telewizyjnych.*

Profesor w poetyckim ujęciu trafnie przedstawia współczesny stan społeczeństw Zachodu.

Jak kruchy
Jest świat Zachodu
Który się miał
Za tak nieskruszony...
Nie brak im dóbr
I armat
I pewności siebie...
Która jest niestety
Powierzchowna
Bo wewnątrz jest pustka
I bojaźń istnienia
A w konsekwencji kruchość.

Wzrost świadomości ludzi jest jedynym ratunkiem dla przetrwania naszej cywilizacji. Wysoka świadomość oparta jest przede wszystkim na samoakceptacji i kochaniu siebie, a to sprawia, że ludzie kierują się miłością w stosunku do wszystkich i wszystkiego. Poprzez nawiązanie kontaktu ze swoim ciałem i nauczenie się kontrolowania własnych emocji każdy może na nowo odkryć źródło fizycznego zdrowia i uczuciowego zadowolenia. Kontrolując swoje emocje, stajesz się swoim własnym psychoterapeutą. Wzrost świadomości pozwala człowiekowi dokonywać właściwych wyborów na podstawie samoobserwacji, a nie pod wpływem nowinek ze świata nauki. Naukowe poglądy ewoluują. Prawdy sprzed lat zdezaktualizowały się, a zastąpiły je inne, które nie wiadomo jak długo będą uznawane. Wzrost świadomości człowieka pozwala mu dostrzec i zrozumieć, że jest integralną częścią środowiska, w którym żyje, a zachwianie równowagi przyrody obraca się też przeciw niemu. Należałoby więc dbać nie tylko o siebie, ale i o otoczenie, chociażby poprzez sortowanie śmieci, wybieranie i kupowanie nieprzetworzonej, naturalnej żywności oraz zminimalizowanie korzystania z całej tej masy artykułów chemicznych, którymi zarzuca nas przemysł. Z pewnością byłoby to przyjazne zarówno dla środowiska, jak i dla naszego zdrowia.

Warto przemyśleć swoje zakupy, a nie dokonywać ich pod wpływem chwili. Pogłębianie świadomości oznacza zmianę życiowych zasad i przekonań. Kiedy już zaczniemy coś robić w tym kierunku, w pewnym momencie proces zmiany samoistnie popycha nas do przodu. Wszystko, czego nam potrzeba to rozwój świadomości, która idzie w parze z kierowaniem się naszymi prawdziwymi uczuciami. One są mową naszej duszy, naszej wewnętrznej prawdy, czy też Boskiej Istoty. Nie jest ważne, jak każdy z nas to postrzega. Istotne jest, aby kierować się tym czymś w nas, co nas nigdy nie zawiedzie i co stanowi źródło naszej siły. Wzrost świadomości człowieka napełnia go z powrotem mocą, a wewnętrzna moc jest podstawowym warunkiem odzyskania i zachowania zdrowia.

O dojrzałości duchowej, wiążącej się ze wzrostem świadomości człowieka, nie świadczą jego wyszukane poglądy, lecz jego autentyczność, odwaga w wyrażaniu siebie i wierność swoim ideałom.

Aby rozwinąć swoją świadomość, należy codziennie z pełną uwagą:
oddychać,
czuć,
mówić,
jeść,
myśleć,
działać!

IV. Intuicja człowieka a świadome kreowanie zdrowia

Wszystkie społeczeństwa, starożytne i współczesne, prymitywne i wysoko rozwinięte, kierowały się wartościami i celami zakorzenionymi w doświadczeniu „głębokiej intuicji".

Willis Harman

Sposób myślenia i reakcje emocjonalne mają wpływ na to, jak się czujemy i jak funkcjonuje nasz organizm. Zdrowie dane jest nam jako dar, ale kształtujemy je sami. Sami też zbieramy plony tego, co stworzyliśmy przez całe życie. Nie bójmy się tego określenia. Człowiek kreuje swoje życie (mówi się, że jest kowalem swego losu), ponieważ obdarzony jest wolną wolą w dokonywaniu wyborów. Mamy w sobie moc, którą nie zawsze wykorzystujemy. Bardziej przyzwyczailiśmy się do reakcji na sytuacje życiowe (np. na choroby) niż do świadomej kreacji (np. zdrowia). Jest to podstawowa różnica. „Życie to nie proces odkrywania, lecz tworzenia, i w tym tkwi najgłębszy jego sekret" – czytamy w *Rozmowach z Bogiem* D.N. Walscha. Kreowanie własnego zdrowia wymaga przestrzegania pewnych zasad. Chcemy je poznać i nie wiemy komu wierzyć, tak dużo jest sprzecznych informacji. Czy dieta wysokotłuszczowa, niskotłuszczowa, czy też może oparta na grupach krwi jest korzystna dla zdrowia? Czy białko i węglowodany jeść oddzielnie, czy też można je łączyć, gotując według zasad Pięciu Przemian? Chcemy wiedzieć, co jest prawdą w tym całym chaosie informacyjnym. Wiadomości rozchodzą się dziś w szalonym tempie. Mając do dyspozycji komputery osobiste i telefony komórkowe, czujemy się coraz bardziej przytłoczeni. Naukowcy zmieniają poglądy mniej więcej co 10 lat, a zręczni eksperci z mass mediów kształtują opinię publiczną. Kogo słuchać? Co lub kto jest dzisiaj autorytetem dla współczesnego człowieka?

Jedynie intuicja człowieka może przedrzeć się przez ten szum i chaos informacyjny. To coś, co jest naszym cichym głosem, czasami tak cichym, że prawie go nie słyszymy, gdy działamy wbrew sobie. Ten bezcenny dar życia schowany jest głęboko w nas i nie wszyscy słuchają własnych przekazów intuicyjnych. Aby usłyszeć głos swojej intuicji, która nazywana jest czasem szóstym zmysłem, musimy być zgodni w tym, co myślimy, mówimy i robimy. Mówiąc prościej, powinniśmy żyć zgodnie ze swoją wewnętrzną prawdą. Wierność sobie sprawia, że stajemy się prawdziwi nie tylko wobec siebie, ale i dla innych ludzi. Zaczynamy kierować się intuicją w życiu i odkrywać Boski potencjał, który posiadamy.

Kiedy panuje w nas harmonia, intuicja zawsze poprowadzi nas we właściwym kierunku. Gdy czujemy się chorzy, zawierzmy własnej intuicji, a niebawem dowiemy się, co jest nam w tym momencie potrzebne. Chodzi o właściwy kierunek. Czasami konieczna jest interwencja lekarza. A niekiedy zmęczony i zapracowany organizm „ucieka" w chorobę i wystarczy poleżeć kilka dni w łóżku, aby wrócić do zdrowia. Przemęczony człowiek jest bardzo podatny na wszelkie infekcje. Często dla zachowania równowagi potrzebna jest zmiana aktywności. Praca fizyczna i ruch to aktywność typu jang, a praca umysłowa, odpoczynek są typu jin*. Aby zachować zdrowie, obie te siły powinny być zrównoważone. Każde nadmierne odchylenie jednej z nich na dłuższą metę powoduje zakłócenia w organizmie. Nasze organizmy mają cudowną moc samoregulacji i samouzdrawiania, wszelkie niepokojące symptomy w ciele to informacje, że oddaliliśmy się od natury. Nasza intuicja może być nam bardzo pomocna w odczytaniu tych informacji i zadziałania we właściwym dla naszego zdrowia kierunku. Nie ma recepty na jej rozwijanie. Niektórzy pogłębiają ją poprzez medytację, inni doskonalą w różnych dziedzinach życia lub za pomocą sztuki. Intuicję posiada jednak każdy człowiek, gdyż służy ona przetrwaniu.

Postawa refleksyjna i obserwująca człowieka, który dostrzega każdą chwilę życia jako „teraz", pomaga w odbieraniu sygnałów intuicyjnych.

Prawdziwy miłośnik wiedzy zawsze dąży do istoty bytu (...) Nie spocznie on pośród mnogich zjawisk, których istnienie pozorem jest jedynie.

Platon

---

*Jang, jin – dwie podstawowe siły we wszechświecie (patrz rozdział „Wszystko w równowadze – teoria jin – jang").

V. Energia pożywienia

Ktokolwiek wznosi się do czystego zrozumienia
ten sam staje się tym, co rozumie
Jan Szkot Eriugena

Pożywienie jest zmaterializowaną energią. Znane powiedzenie: „Jesteś tym, co jesz" oznacza, że nasze ciała zbudowane są z tego, co zjadamy. A dokładniej, wygląda to tak, że podczas trawienia i wchłaniania pokarmu wydobywane są z niego nie tylko składniki odżywcze, ale też energia życiowa zasilająca cały organizm. Złej jakości pożywienie nie daje nam energii, lecz wręcz przeciwnie – odbiera ją. Między wszystkimi żywymi ustrojami a ich środowiskiem zachodzi nieustanna wymiana energii i materii. Każdy żywy organizm (ludzie, zwierzęta, rośliny) składa się z elementów i organów oraz spajającego je pola energetycznego, tworzącego z nich system.

Jedno z kluczowych praw natury mówi, że „wszystko się zmienia". Również pole energetyczne organizmu ludzkiego podlega ciągłym zmianom, wynikającym z podstawowych procesów życiowych, takich jak oddychanie, trawienie, sen.

Na pole energetyczne organizmu mają też wpływ czynniki zewnętrzne: pożywienie, światło, temperatura, ciśnienie atmosferyczne, wiatr, promieniowanie kosmiczne itp. Pożywienie jest jednym z ważniejszych czynników, za które jesteśmy całkowicie odpowiedzialni. Właściwości pokarmów mogą decydować o zdrowiu lub chorobie. To, co spożywamy, w przeważającej większości, każdego dnia ma wpływ na ogólną kondycję organizmu. Pożywienie jest najwartościowsze wtedy, gdy zawiera jak najwięcej żywych makrocząsteczek, które – jak potwierdzają badania – są wytwarzane przez żywe organizmy. Żywe makrocząsteczki to związki w przedziale pomiędzy tysiącem a wieloma milionami atomów o budowie spiralnej, za której pomocą mogą pochłaniać promieniowanie kosmiczne i przeobrażać je w odpowiednią dla organizmu energię. Te makrocząsteczki są nośnikami energii życiowej, którą przekazują w postaci biofotonów*. W latach pięćdziesiątych XX w. skonstruowano urządzenie techniczne do uwidaczniania fotonowego światła pochodzącego z żywych makrocząsteczek i przeprowadzono badania w tym kierunku.

---

*Biofotony – słabe, lecz długo utrzymujące się, promieniowanie świetlne pochodzące z komórek organicznych.

Niestety, nie wywołało to specjalnego oddźwięku w kręgach nauki. Naukowy światopogląd określa pokarm przede wszystkim w kategoriach jego składu chemicznego, jako źródło białek, węglowodanów, tłuszczów, minerałów i witamin.

Jednakże z pożywienia czerpiemy nie tylko składniki pokarmowe. Otrzymujemy też coś o wiele cenniejszego – energię życiową. Podobnie jak fizyczne składniki pokarmu odżywiają nasze ciało, tak energia tego, co jemy, odżywia nasze pole energetyczne.

Na wartość energetyczną pokarmu, a więc i na energię ludzi, którzy go spożywają, mają wpływ poniższe czynniki i procesy:

a) Fragmentacja (np. biała mąka*, polerowany ryż, cukier) – produktom w tym brakuje energii, którą posiadały, gdy stanowiły część żywej, rozwijającej się rośliny.
b) Zamrażanie – powoduje zmiany pola energetycznego. Jedyne produkty, które nie tracą energii wskutek zamrażania według A. Colbin (*Odżywianie a zdrowie*) to czysty bulion warzywny, tempeh, masło i chleb (lepiej jednak zamrażać sporadycznie).
c) Puszkowanie – produkty puszkowane poddawane wielokrotnie pasteryzacji lub sterylizacji, dodatkowo zabezpieczone konserwantami, nie posiadają energi życiowej.
d) Napromieniowanie – metoda ta pozwala przedłużyć trwałość produktu, zabija bakterie, ale i energię życiową. Żywność taka nie będzie dojrzewać i posiadać kiełków, co świadczy o tym, że nie ma w niej życia.
e) Chemiczne środki konserwujące i inne dodatki chemiczne – blokują harmonijny przepływ żywej energii. Spożywając przetworzone przemysłowo produkty, powodujemy zakłócenia w przebiegu życiodajnych procesów.

Jakość pożywienia zależna jest od ilości zgromadzonych w nim żywych makrocząsteczek, które są nośnikami biofotonów. Biofotony są „eliksirem życia".

Badania wykazały, że biologiczne promieniowanie świetlne, pochodzące z komórek ludzkiego ciała, przypomina nieco promień laserowy. Wiązka tego biofotonowego światła umożliwia połączenia różnych procesów zachodzących w organizmie. Oznacza to, że połączenia w organizmie to nie tylko krwiobieg lub system nerwowy, ale i wewnętrzne światło, za pomocą którego przenoszone są ważne informacje komórkowe.

Wielu naukowców m. in. prof. Popp, Burr oraz austriacki fizyk i laureat Nobla, Schrőedinger, w swoich pracach stwierdzili, że fotonowe pola ludzi są regulatorami procesów zachodzących w komórkach. Naukowiec Berkmann swoimi badaniami potwierdził, iż ważne jest, aby dostarczać nie tylko odpowiedniej ilości żywych makrocząsteczek w pożywieniu, lecz wiele także zależy od tego, w jakich połączeniach i ilościach znajdują się one w produktach. Dlatego poje-

---

*Wzbogacanie białej mąki w brakujące składniki metodą przemysłową nie rozwiązuje problemu. Dodane składniki odżywcze nie są w stanie zrekonstruować żywego pola energetycznego.

dynczo dostarczane organizmowi witaminy i minerały (np. w preparatach) nie są tak skuteczne, jak w kompletnych połączeniach w naturalnych pokarmach. Najwyższą zawartość żywych makrocząsteczek mają naturalne komórki roślin, nasion i owoców. Należą do nich:

1. Hodowane przez nas samych kiełki (są wtedy najświeższe), np. ziarno pszenicy posiada 80% energii, natomiast w stanie kiełkowania od 300% do 400%. Wynika z tego, że podczas kiełkowania bardzo wzrasta ilość żywych makrocząsteczek, a w związku z tym biofotonów.
2. Dzikie zioła (mniszek, pokrzywa, stokrotka, babka, krwawnik, przytulia, pierwiosnek i inne).
3. Świeże warzywa.
4. Świeże owoce (również suszone, lecz nie siarkowane).
5. Nasiona słonecznika, sezamu, dyni, orzechy, migdały, nasiona lnu.
6. Zboża.
7. Rośliny strączkowe.

Jesteśmy istotami zbudowanymi również ze światła. Kiedy nasze pożywienie oparte jest w przeważającej ilości na wyżej wymienionych produktach i nie zatruwamy swojego ciała żywnością przetworzoną przemysłowo, to światło w nas świeci mocniej i reguluje wszystkie procesy komórkowe, a my, ludzie, stajemy się silniejsi, zdrowsi i bardziej świadomi. Prof. Henryk Skolimowski uważany za jednego z najwybitniejszych twórców ekofilozofii, tak pięknie pisze o człowieku:

Człowiek nie powstał z prochu
Człowiek powstał ze słońca
Jesteśmy na podobieństwo słońca
Z promieni słonecznych powstaliśmy
Promieniowanie jest naszym
przeznaczeniem
Cudowna energia słońca...
Energia naszych komórek,
Tkanek, lśniących oczu,
Oszałamiających myśli,
Wielkiej miłości.
Prawdziwe zachwycenie życiem
Jest zrozumieniem kosmosu.
Zrozumienie to zachwycanie.
Bądź – będąc zachwycony.
Składaj hołd światu
Obejmując go w zachwycie.

Henryk Skolimowski *Ku słońcu*

Nasza równowaga zależy od środowiska, w którym żyjemy, i odwrotnie: my sami, zachowując harmonię w swoich ciałach, przyczyniamy się do równowagi środowiska. Naturalne, zrównoważone pożywienie zapewnia najlepszą harmonię w organizmie człowieka.

VI. Wszystko w równowadze: teoria jin – jang

Człowiek otoczony faktami
nie dopuszczający do siebie
żadnej niespodzianki,
żadnego przebłysku intuicji,
żadnej wielkiej hipotezy,
żadnego ryzyka, tkwi w zamkniętej celi.
Niewiedza nie może skuteczniej
zapieczętować umysłu i wyobraźni.

Albert Einstein

Jin – jang jest uniwersalną teorią wszechświata. Wszelkie zjawiska fizyczne, fizjologiczne, psychologiczne czy społeczne są kombinacjami jin i jang. Są to dwie tendencje, które choć stanowią przeciwieństwo, uzupełniają się wzajemnie:

- wdech (jang) uzupełnia wydech (jin),
- ciepło (jang) uzupełnia zimno (jin),
- aspekt męski (jang) uzupełnia aspekt żeński (jin),
- suchość (jang) uzupełnia wilgoć (jin),
- kurczenie (jang) uzupełnia rozszerzanie (jin) itp.

Równowaga tych dwóch antagonistycznych, a zarazem komplementarnych, sił zapewnia harmonię we wszechświecie i w naszym organizmie. Jin i jang przyciągają się wzajemnie, a to przyciąganie jest tym większe, im większe jest każde z nich. Jin odpycha i wyklucza jin, a jang nie stanowi dopełnienia dla jang. Dlatego każda istota lub dowolny obiekt jest na powierzchni jin, a wewnątrz jang.

Siła dośrodkowa jang powoduje następujące zjawiska: ciepło, kurczenie, gęstość, spłaszczenie. Jej przeciwieństwo siła odśrodkowa jin wytycza: zimno, rozszerzanie, ekspansję, powiększanie.

Ludzie typu jin (z przewagą jin) – łatwo się męczą, cierpią na wzdęcia, trudno uspokajają się po wstrząsach życiowych, są bez pomysłów, strachliwi, przyziemni, upadający na duchu, zniechęceni, nie widzą w niczym sensu...

Ludzie typu jang (z przewagą jang) – są niespokojni, ruchliwi, łatwo się unoszą, skłonni do fantazji, posiadają idee, bywają nieprzeciętni, ascetyczni, wszystkiego w życiu próbują, są śmiali.

Teoria jin – jang dotyczy też wszystkich produktów, które spożywamy.

Pokarmy jin – są bogate w potas, o większej zawartości wody, dobrze rosną w klimacie gorącym (np. owoce cytrusowe), są duże, wysokie i miękkie. Rośliny jin rosną przeważnie nad ziemią, mają duże liście. Gotują się łatwo i szybko. Jedzenie pokarmów jin powoduje, że ciało staje się chłodniejsze, wolniejsze i wymaga więcej snu.

Pokarmy jang – są bogate w sód, rośliny rozwijają się dobrze w chłodzie i zimnych miejscach. Ich wzrost jest wolniejszy, są znacznie krótsze, zawierają mało wody. Rosną na boki nad ziemią lub prosto w głąb ziemi, jak np. warzywa korzeniowe. Liście mają małe o wciętych brzegach, gotują się dość długo. Jedzenie pokarmów jang ogrzewa ciało, czyni je twardym. Ludzie typu jang są szybcy i potrzebują mniej snu.

Dla organizmu ludzkiego najlepszy jest stosunek potasu do sodu równy 5. Pokarmy, które stosunek ten mają większy od 5, są jin, np.:

ziemniaki K/Na = 512,

pomarańcze K/Na = 570.

Pokarmy, które stosunek ten mają mniejszy od 5,

są jang, np.:

brązowy ryż K/Na = 4,5.*

Klasyfikacja zbóż, które są najbardziej zrównoważonymi produktami wśród wszystkich innych, wygląda w ten sposób:

Jin (rozszerzające)
Kukurydza
Żyto
Owies
Ryż
Jęczmień
Pszenica
Proso
Gryka
Jang (obkurczające)

A oto jin i jang w produktach spożywczych:

Jin (rozszerzające)
Leki
Alkohol
Soki owocowe
Soki warzywne
Herbata i kawa
Cukier
Przyprawy
Tłuszcze i oleje
Owoce tropikalne
Owoce klimatu umiarkowanego
Mleko i twaróg
Warzywa

* Brązowy ryż jest produktem zrównoważonym, z niewielką tendencją w stronę jang. Prażenie i długie gotowanie (około 1 godz.) powoduje zwiększenie tej tendencji.

Wodorosty morskie
Orzechy
Strączkowe
Zboża
Ryby
Sery typu gouda, ementaler
Drób
Wołowina
Jajka
Sos sojowy
Miso
Sól
Jang (obkurczające).

Nasze codzienne, podstawowe pożywienie powinno być naturalne i zrównoważone. Pokarmy skrajnie jin i skrajnie jang powodują w organizmie brak równowagi, mimo że sam organizm do niej dąży. Im więcej używamy produktów ekstremalnie skrajnych, o niezrównoważonej energii, tym proces równoważenia przebiega gwałtowniej i wymaga większego wysiłku, aby utrzymać wewnętrzną homeostazę*. Dlatego, aby nie narażać organizmu na niepotrzebny wysiłek, ważne jest wybieranie pokarmów o zrównoważonej naturze – pokarmów środka (patrz klasyfikacja), tj. pełnych ziaren zbóż, orzechów, strączkowych, warzyw. W naszym codziennym życiu unikanie produktów ekstremalnych jest bardzo trudne. Dwie przeciwstawne energie jin i jang przyciągają się wzajemnie.

Ważna jest jednak ilość produktów ekstremalnych, jakie spożywamy każdego dnia. Szczególnie powinniśmy ich unikać w trakcie leczenia ciężkich chorób (jak np. rak). Najlepszymi wówczas pokarmami są gotowane zboża, uzupełniane dodatkiem warzyw. Produkty o zrównoważonej energii spożywane systematycznie taką samą energię przekazują naszemu organizmowi.

Cukier i sól to produkty o ekstremalnie przeciwstawnych energiach. Cukier ma właściwości silnie jin, a sól jang. Nadmierne spożycie soli powoduje w organizmie stan skupienia i stagnację, a czasami prowadzi do uporu i sztywności w poglądach i postępowaniu. Nadmiar spożycia cukru powoduje efekt przeciwny: dekoncentrację, rozbicie i rozproszenie. Może być to widoczne zarówno w naszym ciele, jak i sposobie postępowania. Zbyt duże spożycie soli i cukru zawsze powoduje niekorzystne skutki w organizmie.

Według praw natury, energia przepływa zgodnie z ruchem wahadła, kołyszącego się między skrajnościami. Nasz organizm utrzymuje się w mniej lub bardziej trwałej równowadze. Lecz jeśli jeden z elementów wyłamie się z proporcji, wahadło wychyli się nadmiernie w jedną stronę i równowaga zostanie zakłócona. Pogarsza się nasze samopoczucie, a na dłuższą metę prowadzi to do chorób.

---

* Homeostaza – zdolność żywego organizmu do zachowania względnie stałego stanu równowagi, np. składu krwi, temperatury, przez odpowiednią koordynację i regulację procesów życiowych (por. Słownik wyrazów obcych, PWN).

Pamiętajmy, że aby utrzymać równowagę organizm, potrzebuje zarówno energii jin, oraz jang i żadna nie jest bardziej lub mniej pożądana niż druga.

Sposób przyrządzania potraw także ma wpływ na działanie rozszerzające (jin) lub obkurczające (jang).

Jin
Produkty surowe
Gotowanie na parze
Gotowanie w szybkowarze
Obsmażanie
Opiekanie
Prażenie
Pieczenie
Smażenie
Marynowanie i kiszenie
Jang

Znając naturę produktów i stosując techniki ich przygotowania, jak: prażenie, moczenie, zakwaszanie, solenie czy odpowiednie przyprawianie ziołami, możemy zadbać o równowagę jin – jang.

I tak, np. chcąc zneutralizować nieco wpływ elementu jin w warzywach w chłodnych porach roku, możemy je dusić, obsmażać czy zapiekać.

Przygotowując danie z owoców (jin), możemy zmienić ich naturę poprzez dodanie pierwiastków jang – a więc krótkie duszenie i przyprawienie szczyptą soli (uwydatnia smak słodki) i cynamonem. Skrapiając rybę (jang) czy mięso (jang) sokiem z cytryny, wzmacniamy w potrawie element jin. Wyprażając przed ugotowaniem zboże, jangizujemy je, natomiast długie moczenie dodaje mu pierwiastka jin.

Ważne jest też zachowanie równowagi kwasowo-zasadowej w organizmie. W praktyce 80% tego, co jemy, powinny sanowić produkty zasadotwórcze, a tylko 20 % kwasotwórcze.

Przykładowe zestawienie produktów wg kwasowości oraz charakteru jin i jang wygląda następująco:

Zasadowe	**Kwasowe**	
warzywa owoce soki	cukier dodatki chemiczne	jin
proso sól	mięso ser żółty zboże	jang

Spożywanie dużych ilości mięsa, ryb, jaj oraz chleba, przy małym udziale w diecie warzyw i owoców, prowadzi do zakwaszenia organizmu. Nieumiejętne przygotowanie potraw może być powodem niekorzystnej zmiany charakteru produktów z zasadowego na kwasotwórczy.

VII. Zegar biologiczny

W cyklu dobowym jesteśmy pod wpływem zegara biologicznego. Każdy z nas może zaobserwować jego działanie na własnym organizmie w postaci określonych zachowań, reakcji czy też dolegliwości. Zegar biologiczny, inaczej zwany zegarem organów, obrazuje przepływ energii „czi" przez 24 godziny. Wynika z niego, że w określonym organie naszego ciała przez dwie godziny jest więcej energii niż w pozostałych. Jest to tzw. maksimum energetyczne tego organu, kiedy to wykazuje on największą aktywność. Przeciwieństwem tego stanu jest minimum energetyczne. W tym czasie określony organ posiada bardzo mało energii, nie wykonuje pracy, tylko wypoczywa. Poznając zegar biologiczny, możemy lepiej przystosować rytm naszego życia do rytmu natury. Obserwując swój organizm, łatwo rozpoznać, który organ jest silny, a który słabszy.

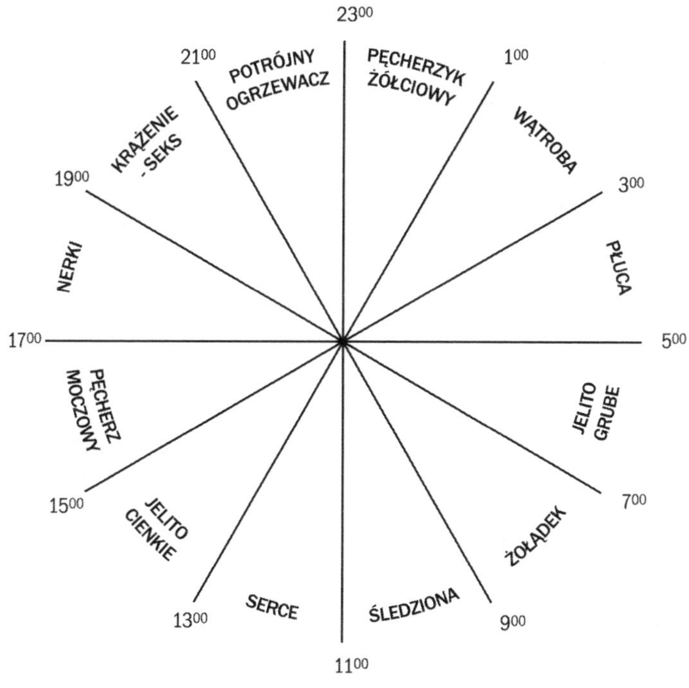

Jeżeli – przykładowo – między godziną 7^{00} a 9^{00} rano żołądek znajduje się w swojej szczytowej formie, posiadając maksimum energii, to zjadając w tym czasie pożywne śniadanie, zapewniamy sobie odpowiednią ilość energii do pracy i nauki. Minimum energii żołądka przypada na godzinę 19^{00}-21^{00}, co objawia się powolnym i utrudnionym trawieniem, dlatego nie powinno się już w tym czasie nic jeść, bo pokarm nie jest już właściwie wykorzystywany i może zatruwać organizm. Trawienie w tym czasie oznacza duże zużycie własnej energii organizmu ze względu na obniżoną wydolność narządów trawiennych.

W godzinach między 5^{00} a 7^{00} rano występuje szczyt wydolności jelita grubego. Jest to najlepsza pora na wypróżnienie. Czynność ta przypadająca w innym czasie może oznaczać nie najlepszą zdolność do oczyszczania. Część odpadów może zalegać w organizmie.

Dla serca maksimum energetyczne przypada w godzinach 11^{00}-13^{00}, a minimum między 23^{00} a 1^{00} w nocy. W obu przedziałach czasowych obserwuje się najwięcej zgonów spowodowanych chorobami serca. Maksimum energetyczne wątroby występuje między 1^{00} a 3^{00} w nocy. Wiele osób z dolegliwościami wątroby budzi się w tym czasie i nie może zasnąć. Oznacza to, że nadmiar energii jang w wątrobie powoduje jej zbyt duże rozgrzanie. Minimum energetyczne wątroby to czas między godziną 13^{00} a 15^{00}. „Wątrobowcy" mogą wówczas odczuwać nadmierną senność, a niekiedy bóle w okolicy tego narządu. Dobrą metodą jest położenie się na kilkanaście minut, aby krew napłynęła do wątroby.

Kłopoty z zasypianiem między godziną 23^{00} a 1^{00} w nocy mogą wskazywać na schorzenia pęcherzyka żółciowego, który wtedy jest najbardziej aktywny, posiadając najwięcej energii. Ważne jest więc wczesne zasypianie (przed godziną 22^{00}), bo sen w tym okresie jest na tyle głęboki, że można przespać maksimum pęcherzyka żółciowego.

Wpływ działania zegara biologicznego jest bardzo wyraźny przy występowaniu różnych schorzeń. Regularne budzenie się o określonej porze w nocy lub osłabienie i senność powtarzające się o tej samej godzinie w ciągu dnia mogą stanowić ważną wskazówkę odnośnie do objawów nierównowagi w określonych organach ciała. Działanie zegara biologicznego jest bardzo wyraźne przy występowaniu różnorodnych chorób. Stosowanie się do jego rytmów pomaga poznać zarówno własny organizm, jak i świadomie wpływać na poprawę zdrowia.

Czas maksimum i minimum organów

Organ wewnętrzny	**Maksimum energetyczne**	**Minimum energetyczne**
wątroba	godz.01^{00}-03^{00}	godz.13^{00}-15^{00}
płuca	godz.03^{00}-05^{00}	godz.15^{00}-17^{00}
jelito grube	godz.05^{00}-07^{00}	godz.17^{00}-19^{00}
żołądek	godz.07^{00}-09^{00}	godz.19^{00}-21^{00}
śledziona i trzustka	godz.09^{00}-11^{00}	godz.21^{00}-23^{00}

serce	godz.11^{00}-13^{00}	godz.23^{00}-01^{00}
jelito cienkie	godz.13^{00}-15^{00}	godz.01^{00}-03^{00}
pęcherz moczowy	godz.15^{00}-17^{00}	godz.03^{00}-05^{00}
nerki	godz.17^{00}-19^{00}	godz.05^{00}-07^{00}
osierdzie i funkcja krążenia krwi	godz.19^{00}-21^{00}	godz.07^{00}-09^{00}
potrójny ogrzewacz – funkcja	godz.21^{00}-23^{00}	godz.09^{00}-11^{00}
pęcherzyk żółciowy	godz.23^{00}-01^{00}	godz.11^{00}-13^{00}

VIII. Prawo Pięciu Przemian

Pięć Przemian (spotyka się też określenia „Pięć Elementów" lub „ Pięć Żywiołów") to system zgodności w funkcjonowaniu wszechświata. Dzięki wnikliwym obserwacjom przyrody Chińczycy już w starożytności opisali i uporządkowali energie odpowiadające porom roku.

Zauważyli oni, że tak jak pory roku następują po sobie w ściśle określony sposób, podobnie w życiu człowieka obserwuje się określone fazy. Wiosnę można porównać do naszych narodzin, lato do dzieciństwa, babie lato do wieku dojrzewania, jesień do wieku dorosłego, a zimę do starości.

Z Prawa Pięciu Elementów, którym posługuje się tradycyjna medycyna chińska, wynika, że żadna Przemiana nie zachodzi w sposób dowolny czy przypadkowy, lecz według ściśle określonego wzorca. Pięć Przemian: Przemiana Drzewa, Przemiana Ognia, Przemiana Ziemi, Przemiana Metalu i Przemiana Wody posiadają cechy, które wzajemnie na siebie oddziałują w powtarzających się regularnie cyklach. Prawo Pięciu Przemian jest uniwersalne i ma zastosowanie w najważniejszych dziedzinach życia: w lecznictwie, biznesie, rolnictwie, ekonomii, polityce, żywieniu itp. Według tej teorii w każdej dziedzinie życia wszystko podlega ustawicznym przekształceniom, a zachodzące zmiany związane są z utrzymaniem dynamicznej równowagi. I tak każda powstająca idea to Przemiana Ognia. Nie ma ona jeszcze naturalnej postaci, ale posiada ogromną energię. Kiedy idea urzeczywistnia się, to staje się Przemianą Ziemi. Następna Przemiana Metalu odpowiada najintensywniejszemu zagęszczeniu materii. To, co powstało, na trwałe zapuszcza korzenie w fizycznym świecie. Po Przemianie Metalu następuje Przemiana Wody – najbardziej trwały i jednocześnie elastyczny etap każdej Przemiany. Dana rzecz lub zjawisko, podobnie jak woda spływająca zawsze do morza, dąży do wytyczonego celu. Kulminacją całego procesu jest Przemiana Drzewa, w której można podziwiać owoce pierwotnej idei.

Drzewo, wydając nasiona, daje początek życiu. I tak rozpoczyna się nowy proces.

W ludzkim ciele energia krąży również według podobnego schematu. Każdy z jego elementów związany jest z grupą narządów, które kolejno, w zamkniętym cyklu przekazują sobie energię (obieg karmiący – matka karmi dziecko).

- **Ogień** – serce i jelito cienkie
  Mówi się, że narządy Ognia są matką narządów Ziemi.

- **Ziemia** – żołądek, śledziona, trzustka
  Narządy te są matką w stosunku do narządów Metalu.

- **Metal** – płuca i jelito grube
  Narządy te są matką narządów Wody.

- **Woda** – nerki i pęcherz moczowy
  Są one matką dla narządów Drzewa.

- **Drzewo** – wątroba i pęcherzyk żółciowy
  Organy te są matką narządów Ognia (serce i jelito cienkie).

W ten sposób cykl się zamyka, a jednocześnie ponownie się rozpoczyna. Istnieją jeszcze inne obiegi: kontrolny, wyczerpujący i raniący. Zainteresowanych odsyłam do specjalistycznej literatury na temat medycyny chińskiej.

Tych Pięciu Przemian energii doświadczamy podczas zmieniających się pór roku, pór dnia, ale dotyczą też innych zjawisk. Istnieją ścisłe powiązania poszczególnych Przemian ze smakami, barwami, zapachami, emocjami itp.

Element	Drzewo	Ogień	Ziemia	Metal	Woda
Pora roku	Wiosna	Lato	Babie lato	Jesień	Zima
Proces rozwoju	Narodziny	Wzrost	Dojrzałość	Starość	Śmierć
Strona świata	Wschód	Południe	Centrum	Zachód	Północ
Doba	Poranek	Południe	Późne popołudnie	Zmierzch	Noc
Czynniki klimatyczne	Wiatr	Gorąco	Wilgoć	Suchość	Zimno
Kolor	Zielony	Czerwony	Żółty	Biały(srebrny)	Czarny (niebieski)
Smak	Kwaśny	Gorzki	Słodki	Ostry	Słony
Zapach	Kwaśny	Spalenizny	Przyjemny	Ostry, Przenikliwy	Stęchły, zgniły
Działanie	Uspokajające	Inspirujące, poznawcze	Harmonizujące	Otwartość, przestrzeń	Siła woli, odwaga wewnętrzna
Emocje	Gniew	Radość	Zatroskanie	Smutek, żal	Strach
Główny produkt	Pszenica	Gryka	Proso	Ryż	Fasole

Narządy jin	Wątroba	Serce	Śledziona	Płuca	Nerki
Narządy jang	Pęcherzyk żółciowy	Jelito cienkie	Żołądek	Jelito grube	Pęcherz moczowy
Tkanki	Mięśnie i ścięgna	Naczynia krwionośne	Tkanka łączna	Skóra i włosy	Kości, włosy na głowie
Narządy zmysłów	Oczy	Język	Jama ustna	Nos	Uszy
Zmysły	Wzrok	Mowa	Smak	Węch	Słuch
Wydzielina	Łzy	Pot	Ślina	Śluz	Mocz
Dźwięki wydawane przez człowieka	Krzyk	Śmiech	Śpiew	Płacz	Ciężkie westchnienia
Temperament	Skłonność do depresji	Zmienność nastrojów	Skłonność do natarczywości	Skłonność do smutku	Bojaźliwość

IX. Pięć Przemian w pożywieniu – smaki

Każdy produkt, który spożywamy, możemy określić według smaku należącego do jednej z Pięciu Przemian oraz według jego właściwości energetycznych.

Zrównoważone odżywianie zawiera wszystkie rodzaje smaków i barw, aby indywidualnie dotrzeć do wszystkich organów i odżywić je.

Każdy smak ma charakterystyczny sposób oddziaływania na ciało.

Smak kwaśny – Drzewo

Jest przyporządkowany wątrobie, ale za dużo kwasu osłabia ją. Wątroba potrzebuje odprężenia, na przykład poprzez smak słodki. Kwaśny smak ma charakter ściągający, zachowuje soki, odprowadza i wydala. Silnemu poceniu można zapobiegać, działając smakiem kwaśnym (np. sokiem cytrynowym), który ściąga i zamyka pory skóry. Smak ten ważny jest np. przy biegunkach, gdyż pomaga zatrzymać płyny w organizmie. Ochota na kwaśne jedzenie w czasie ciąży spowodowana jest niedokrwieniem wątroby.

Smak gorzki – Ogień

Jest przyporządkowany sercu, ale zbyt dużo goryczy (zwłaszcza czarnej kawy) osłabia je, gdyż smak ten wysusza krew. Gorycz obniża gorączkę. Terapią opartą na gorzkim smaku (np. gotowaną przez chwilę kawą) działamy w przypadku gromadzenia się wilgoci w ciele. Zielona herbata (smak gorzki) to ulubiony napój Chińczyków spożywany po posiłku, dzięki czemu ułatwia trawienie (zwłaszcza tłuszczów).

Smak słodki – Ziemia

Jest przyporządkowany śledzionie, ale nadmiar tego smaku osłabia ją. Słodycz odbudowuje, odżywia, podnosi energię, nawilża, przeciwdziała stagnacji (ale na krótki czas). Smak ten udrażnia wątrobę, a to pobudza serce i wywołuje radość i odprężenie. Słodycz harmonizuje ciało i umysł. Nie dotyczy to białego, rafinowanego cukru (a i brązowy jest niewiele lepszy), który działa raczej jak narkotyk. Chodzi przede wszystkim o gotowane ziarna zbóż, słodkie warzywa (np. dynię, marchew, pietruszkę, pasternak) i słodkie owoce (np. brzoskwinie, morele, gruszki, winogrona). W sztuce kulinarnej smak ten odgrywa decydującą rolę.

Smak ostry – Metal

Przyporządkowany jest płucom, ale nadmiar tego smaku osłabia je. Smak ostry jest bardzo pobudzający i ma działanie rozszerzające i rozluźniające. Rozgrzewa i otwiera pory. Poprzez ostry smak gorączka może zostać odprowadzona z ciała po wypoceniu się. Ostry smak rozgrzewa i poprawia ukrwienie. Stosuje się go w wypadkach zastojów i nudności (np. przy zaleganiu jedzenia w żołądku). Stagnację tę przełamuje podana gorąca woda z imbirem (smak ostry).

Smak słony – Woda

Przyporządkowany jest nerkom, ale zbyt dużo soli osłabia je, gdyż energia opada w dół. Sól ma jeszcze jedną funkcję: umacnia środek, wiążąc płyny. Smak ten może być zastosowany do wyeliminowania zaparć wywołanych gorącem (twardy stolec).

Produkty o smaku słodkim i ostrym powodują ruch energii do góry. Produkty o smaku słonym, kwaśnym i gorzkim wywołują w organizmie ruch energii w dół.

W naszym zachodnim społeczeństwie ciągle jeszcze istnieje nadmiar smaku słonego i słodkiego w pożywieniu, co oznacza, że te dwa smaki są silniejsze niż pozostałe. Ma to niekorzystny wpływ na stan zdrowia ludzi. Powoduje zatrzymanie płynów w organizmie, zasluzowanie, nadciśnienie. Dlatego ważne jest gotowanie zgodne ze wszystkimi Pięcioma Przemianami, powodujące ich zrównoważenie w organizmie.

Produkty, należące do poszczególnych Przemian, mogą mieć następujące właściwości:

- gorące *(re)*
- ciepłe *(wen)*
- neutralne *(ping)*
- ochładzające i odświeżające *(liang)*
- zimne *(han)*

Ogólnie rzecz biorąc, produkty gorące i ciepłe związane są z aspektem jang, a ochładzające i zimne z aspektem jin.

Powinniśmy dążyć do zrównoważonego pożywienia, opartego przede wszystkim na produktach mających naturę neutralną, ciepłą i ochładzającą. Nadmiar produktów skrajnych, o naturze zimnej lub gorącej, powoduje brak równowagi w organizmie.

Prawie każdy produkt zawiera pięć smaków, jednak zawsze jeden z nich jest dominujący. W różnych opracowaniach klasyfikacji produktów według Pięciu Przemian spotkałam się z różnicami w zaszeregowaniu produktów do określonych Przemian. Ten sam smak może należeć czasami do dwóch lub nawet trzech Przemian.

I tak np. pomidory wiosną, ze względu na ich kwaśny smak, klasyfikujemy do Przemiany Drewna, ale późnym latem, kiedy są bardzo dojrzałe i słodkie, będą przyporządkowane Ziemi.

Jabłka mogą należeć zarówno do Przemiany Drzewa (kwaśne), jak i Przemiany Ziemi (słodkie).

Świeży koperek jako zielona część rośliny może być zaliczony do Przemiany Drzewa, ale działa też w Przemianie Ognia.

Cynamon ma smak zarówno słodki, jak i ostry, stąd w różnych opracowaniach klasyfikowany jest czasami do Przemiany Ziemi, a niekiedy do Przemiany Metalu.

Najbardziej uniwersalnym rozwiązaniem, które mogę wskazać, jest kierowanie się przede wszystkim własnym smakiem i intuicją. Pamiętajmy jednak, że spożywanie żywności rafinowanej i przetworzonej, z dużą ilością soli i cukru, zmienia smak. Oczyszczenie organizmu i żywienie oparte na naturalnych produktach przywracają go z powrotem. Często jednak wymaga to nieco czasu.

Do książki dołączona jest tablica klasyfikująca produktów, ujednolicona dla wszystkich pór roku.

Jeżeli uznasz, drogi czytelniku, że dowolny produkt w określonym czasie ma nieco inny smak, niż ten podany, to zastosuj go w Przemianie, którą ty wybierzesz. Kieruj się własnym smakiem i intuicją.

Pamiętaj też, że energia produktu bywa zmienna nie tylko ze względu na warunki wegetacji, porę roku i związaną z nią temperaturę oraz pochodzenie, ale też z uwagi na sposób przetworzenia. Poddając produkt określonej obróbce, możemy nadać mu cechy innej Przemiany.

- Prażenie przesuwa produkt do Przemiany Ognia.
- Suszenie nadaje charakter Metalu.
- Solenie – Wody.
- Kiszenie – Drewna
- Gotowanie – Ziemi

X. Zasady gotowania według Pięciu Przemian

Gotowanie według Pięciu Przemian służy zintegrowaniu poszczególnych energii w organizmie człowieka. Dzieje się to za sprawą zrównoważonego odżywiania wszystkich organów poprzez pięć smaków. Im więcej smaków występuje w jednej potrawie, tym lepiej odżywione będą narządy. Smaki powinny być tak połączone i zharmonizowane, aby żaden z nich nie przeważał.

Potrawy gotowane w ten sposób mają pozytywny wpływ na zdrowie poprzez lepszą strawność i większe urozmaicenie. Wzmacniają i harmonizują funkcje organizmu.

Potrzebne jest nieco inwencji i zręczności przy gotowaniu, a niemal zawsze wszystko się udaje. Taki sposób gotowania nigdy się nie znudzi, gdyż te same potrawy będą za każdym razem nieco inne smakowo. Na początku, jak z każdą nową wiedzą, możesz mieć nieco trudności, ale praktyka czyni mistrza. Poniżej omówię zasady, których należy przestrzegać, gotując według Pięciu Przemian oraz wskazówki, jak sobie to ułatwić.

1. Zawieś w swojej kuchni tablicę informującą, do której Przemiany należy każdy produkt. Po pewnym czasie większość opanujesz pamięciowo.
2. Gotując, dodawaj produkty według cyklu karmiącego Przemian, zgodnie z ruchami wskazówek zegara, np. Drzewo – Ogień – Ziemia – Metal – Woda – Drzewo – Ogień itp. Możesz zacząć od dowolnej Przemiany.
3. Narządy Przemiany, w której kończysz gotowanie, otrzymują najwięcej energii „czi". I tak np. kończąc na Przemianie Ognia, zasilasz serce, kończąc na Przemianie Wody, wspierasz nerki itp. Można to wzmocnić i zaczynając, i kończąc na Przemianie, która wspomaga wybrany przez nas narząd.
4. Przez wszystkie Przemiany przechodzimy przynajmniej raz i możemy powtarzać je tyle razy, ile chcemy, oraz skończyć gotowanie w dowolnej Przemianie.
5. Po dodaniu każdego składnika zamieszaj potrawę, aby nowa Przemiana połączyła się z pozostałymi. Zachowaj niewielkie przerwy, trwające od 2 do 5 minut, między Przemianami. Często czas gotowania wymaga dłuższych przerw.

6. W jednej Przemianie możesz dodać kilka składników równocześnie, np. gotując kaszę jaglaną z daktylami – dodaj jednocześnie z Przemiany Ziemi kaszę, daktyle, sklarowane masło i cynamon.
7. Jeżeli zmuszony jesteś wędrować przez wiele Przemian, aby dodać coś, czego jeszcze brakuje potrawie, to przechodź przez poszczególne Przemiany, dodając bardzo małe ilości danego składnika (może się powtarzać).

Na przykład gotujesz zupę porową:

O wrząca woda, tymianek
Z sklarowane masło
M pokrojone pory, płatki owsiane
W sól, sos sojowy
D sok z cytryny.

Okazuje się, że zupa jest mało przyprawiona. Przydałoby się nieco pieprzu i ostrej papryki. Wędrujesz więc znowu z ruchem wskazówek zegara:

O – dodajesz nieco wrzątku
Z – jeszcze odrobinę masła
M – i w końcu nieco pieprzu i szczyptę ostrej papryki.

Gotując w ten sposób, doskonalisz intuicję, która po pewnym czasie sama Cię poprowadzi.

8. Nie jest wskazane przeskakiwanie Przemian, ale możesz cofnąć się o krok (nasze babki robiły znak krzyża nad potrawą, jak im się coś nie udało, można pójść za ich przykładem).

Na przykład: dodałeś do gotującego się żurku sól i chcesz zakończyć w Przemianie Drzewa (zakwas, kefir). Okazuje się jednak, że nie uwzględniłeś cebuli ani pieprzu z Przemiany Metalu. Cofasz się więc i wrzucasz te składniki, a następnie znów szczyptę soli lub nieco zimnej wody (z Przemiany Wody), zanim przejdziesz do następnej Przemiany.

9. Posługuj się wyobraźnią i nie przejmuj się, jak nie wiesz, ile produktu dodać. Odpręż się i zdaj na intuicję. Po pewnym czasie nabędziesz doświadczenia i wypracujesz swój własny sposób gotowania.
10. Sztuką jest umiejętność dozowania przypraw. W swoich przepisach nie określam ich ilości, gdyż pozostawiam to intuicji każdej gotującej osoby.
11. Gorący garnek należy do Przemiany Ognia. Kiedy dodajesz tłuszczu, przechodzisz do Przemiany Ziemi.
12. Zimna woda należy do Przemiany Wody. Jeśli nastawisz garnek z zimną wodą do gotowania, to pierwszy składnik musi pochodzić z tego samego elementu lub z Przemiany Drzewa. Jeśli woda się zagotuje lub dolejesz wrzątku do gotowanej potrawy, znajdziesz się w Przemianie Ognia i następny składnik musi należeć albo do Ognia, albo do Ziemi.
13. Świeża cebula należy do Przemiany Metalu, lecz po przysmażeniu lub zeszkleniu (podlana lekko wodą) nabiera słodkiego smaku i przechodzi do Przemiany Ziemi. W swoich przepisach stosuję często zeszkloną cebulę (Z), gdyż dodaje ona potrawom cudownego aromatu.

14. Gdy nie jesteś pewny, do jakiej Przemiany należy dany produkt, spróbuj go i kieruj się własnym smakiem.
15. Nie trzymaj się sztywno przepisów. Twórz własne. Nie musisz dodawać wszystkich podanych przeze mnie składników, możesz uwzględnić inne z danej Przemiany według własnego uznania. Możesz też zakończyć gotowanie na wcześniejszej Przemianie lub przejść jeszcze przez kilka Przemian, gdy stwierdzisz, że potrawa jest mdła i za mało przyprawiona. Życzę Ci radosnej twórczości!
16. Należy kierować się zasadą, aby możliwie wszystkie smaki były w pokarmie obecne.

Wiosna, ach, wiosna! Wszystko w szczęściu taje,
Drzewa drżą liśćmi, a drzewami gaje.
Światło i ciepło tchnienie ziemi wraca,
Budzi się radość, nadzieja i praca.
Wszystko znów czuje, przeczuwa, pamięta;
Dawnych swych gniazdek szukają ptaszęta;
Skowronek śpiewa tu, gdzie rolnik orze,
Tam pastuszkowie pohukują w borze.
Na trawce muszka, w kwiatku brzęczy pszczoła,
Woń drga w powietrzu, ruch i gwar dokoła!
I jeden tylko słychać tam daleko
Odgłos tęsknoty, w zarośli nad rzeką
Słowik to nuci dźwięki, jękliwemi,
Tej wiośnie ziemi!

S. E. Koźmian

XI. WIOSNA

Przemiana Drzewa

Pora roku: wiosna
Pogoda: wiatr
Kolor: zielony
Organ jin: wątroba
Organ jang: pęcherzyk żółciowy
Smak: kwaśny
Zmysł: wzrok
Głos: krzyk
Emocja: złość

Właściwości „drzewa"

Dodatnie: dynamika, aktywność, kreatywność, elastyczność, umiejętność podejmowania decyzji, wola, energia.

Ujemne: sztywność, ciasnota poglądów, blokada, apatia, otępienie, drażliwość, agresywność.

Przemiana Drzewa symbolizuje wiosnę, przebudzenie energii, dynamikę i siłę twórczą dążącą do przodu. „Drzewo" czyni człowieka elastycznym i twórczym, dzięki niemu człowiek odnajduje własną drogę życia. Ma określone plany i jest konsekwentny w działaniu, aby je zrealizować. Cechuje go zdolność do znajdowania rozwiązań w obliczu przeszkód. Element ten potrzebuje wolności i niezależności.

Blokada „Drzewa" to wpadanie w złość z byle powodu i nadmiar agresji. Mądrość na poziomie Elementu Drzewa polega na zachowaniu wewnętrznego spokoju i wysokiego stopnia samoświadomości w obliczu niesprzyjających sytuacji życiowych.

1. Sztuka gotowania na wiosnę

Najważniejsza technika gotowania wiosennego – gotowanie na niezbyt silnym ogniu (wiosna to małe jang), bez przykrycia i mieszanie potraw drewnianą łyżką.

Inne techniki

Jangizacja – wrzucanie warzyw, a nawet kiełków, na moment do wrzącej wody i natychmiastowe ich wyjęcie. Technika ta jest korzystna dla ludzi wychłodzonych.

Kiełkowanie – kiełki są początkiem życia, mają ogromny potencjał energii życiowej. Kiełkować można zboża (pszenicę, grykę, proso, owies), rośliny strączkowe (soję, fasolę mung i inne), nasiona warzyw (brokuły, gorczycę, rzodkiewkę, lucernę, rzeżuchę i inne). Kiełki zawierają bardzo wartościowe białko, ponieważ zwiększa się w nich udział lizyny, cennego aminokwasu egzogennego, którego całe ziarna mają bardzo mało. Są również ważnym źródłem substancji mineralnych, takich jak żelazo, fosfor, wapń, magnez, chrom, lit, selen i cynk. Zawierają dużo witamin z grupy B, witaminy F oraz E (witamina młodości). Zboża można kiełkować przed gotowaniem. Podkiełkowane są słodsze i lżej strawne, gdyż w czasie kiełkowania następuje częściowa hydroliza substancji zapasowych ziarna. Ugotowane, podkiełkowane zboża są odpowiednie dla małych dzieci, szczególnie dla niemowląt karmionych sztucznie oraz osób z chorym przewodem pokarmowym, nieprzyzwyczajonym do trawienia zbóż.

Gotowanie w szybkowarze – dotyczy to zwłaszcza twardych zbóż, jak pszenica, orkisz i pęczak, oraz nasion roślin strączkowych.

Fermentacja – krótkie kiszonki z warzyw, zaledwie kilkudniowe, żur z mąki żytniej, zakwas z buraków i inne. Kiszonki wspierają wątrobę.

Krótkie duszenie lub gotowanie – dotyczy przede wszystkim warzyw. Podlewamy je lekko wodą i dusimy, a na końcu dodajemy olej tłoczony na zimno, aby w pełni zachować jego cenne właściwości.

Wiosną gotujemy często zupy, ale już znacznie krócej niż zimą i nie używamy zbyt wielu gorących przypraw. Wiosną, częściej niż w innych porach roku, jemy pszenicę. Jest to wspaniały lek regenerujący wątrobę, np. po żółtaczce. Spożywamy ją w postaci gotowanego całego ziarna, płatków, kiełków, makaronu czy też chleba. Pszenica korzystnie działa na serce, ochrania płuca, wzmacnia śledzionę, pomaga przy bezsenności, a także w wypadku występowania nocnych potów oraz nierównowagi emocjonalnej. Niestety, coraz więcej ludzi uczulonych jest na pszenicę. Można ją zastąpić jej starą odmianą – orkiszem. Obecnie orkisz jest rzadko uprawiany, a jego dostępność mniejsza, a i cena dużo wyższa. Zwłaszcza dotyczy to wyrobów z orkiszu (makarony, mąka, pieczywo, płatki).

Jeżeli chcemy szczególnie wzmocnić narządy Przemiany Drzewa, to dobrze jest łączyć pszenicę lub orkisz z innymi produktami należącymi do tej samej Przemiany, np. z kiełkami lub zielonymi liśćmi, np. mniszka, pokrzywy, rzod-

kiewki. Wszystkie zboża, a szczególnie pszenica i orkisz, oraz zielone rośliny pomagają w odtruwaniu organizmu.

Zioła i warzywa mające smak gorzki (np. mniszek, sałata) uspokajają jang wątroby i pobudzają przepływ żółci. Aby wątrobę oszczędzać i zregenerować wiosną, należy zrezygnować z obfitych kolacji na rzecz lekkich, jarskich dań. Wiosną nie mamy zbyt dużego wyboru warzyw i owoców. Z owoców pozostają nam przechowane rodzime jabłka i gruszki, które są znakomite nie tylko w swej naturalnej postaci, ale też upieczone lub krótko gotowane w formie kompotu. Pamiętajmy, że zrównoważony posiłek to zestawienie pokarmów o neutralnym, chłodnym i ciepłym charakterze. Produktów o właściwościach zimnych i gorących używa się bardzo ostrożnie.

2. Przemiana Drzewa – wątroba

W medycynie chińskiej wątroba i pęcherzyk żółciowy to para narządów tworzących razem Przemianę Drzewa, przyporządkowaną wiośnie. Właśnie wtedy wątroba zasilana jest najwyższą ilością energii i jest najbardziej podatna na uzdrawianie. Element Drzewa to kolor zielony, który dominuje w przyrodzie wiosną.

W wielu kulturach wątrobę uważa się za „miejsce duszy". Utrzymuje ona zarówno fizyczną, jak i emocjonalną równowagę ciała.

Główne funkcje wątroby:

1. Wspomaga przemianę białek, węglowodanów, tłuszczów.
2. Wychwytuje i unieszkodliwia różne substancje trujące:
   a) nadmiar hormonów i substancji toksycznych powstających podczas trawienia pokarmu,
   b) leki,
   c) konserwanty, barwniki i substancje chemiczne poprawiające smak, dostarczane z żywnością,
   d) zanieczyszczenia z powietrza i wody.
3. Syntetyzuje białka we współpracy z trzustką.
4. Współdziała z trzustką w utrzymaniu właściwego poziomu cukru we krwi.
5. Produkuje wiele substancji wyjściowych, które wykorzystywane są w procesach budowania komórek i tkanek organizmu.
6. Dostarcza krew i energię „czi" do mięśni, ścięgien, wiązadeł i paznokci.
7. Dostarcza krew i energię „czi" do oczu.
8. Odpowiada za zdrowy i głęboki sen.
9. Stabilizuje emocje.

Mimo iż wątroba jest narządem o niewiarygodnej sile i zdolności regeneracji, nadmiar toksyn wchłanianych z pożywienia i powietrza może przekroczyć jej wydolność. Kumulują się wtedy w ciele człowieka, a toksyczne środowisko staje się podłożem różnych chorób. Ograniczenie funkcji wątroby sprawia, że odpowiedzialne za oczyszczanie krwi stają się nerki. Kiedy w dalszym ciągu nie zostanie odcięty dopływ substancji toksycznych, przeciążone są nie tylko wątroba i nerki, ale cały układ immunologiczny. Powstaje wtedy toksemia wewnętrzna, której objawami są powtarzające się bóle głowy, przewlekłe zmęczenie, niedokrwistość, skurcze, alergie, zapalenie i stłuszczenie wątroby. W krańcowych przypadkach dochodzi do raka. Zakłócenia w pracy wątroby mają też wpływ na nasze najgłębsze uczucia.

Głównymi emocjami związanymi z wątrobą są złość i gniew. Wątroba i pęcherzyk żółciowy mają skłonności do zastoju, gorąca, niedoboru krwi i soków. Drażliwość i napięcie emocjonalne są wyrazem zastoju „czi" wątroby.

Regularne spożywanie w małych ilościach produktów z Przemiany Drzewa, których większość ma naturę chłodną lub zimną, doskonale chroni narządy przed nadmiernym gorącem. Kwaśno-zimne produkty osłaniają organizm przed utratą soków.

Chińscy mędrcy utrzymują, że wątroba powiązana jest z płaczem. Kiedy odzyskuje zdrowie, zmagazynowany w jej tkankach gniew opuszcza ją w postaci płaczu. Wątroba otrzymuje optymalne ilości energii „czi" w godzinach 1^{00} – 3^{00} i w tym czasie, kiedy to zwykle ma miejsce sen nocny, jest w stanie się uzdrawiać. Ludzie, którzy w tym okresie prowadzą aktywny tryb życia i nie wypoczywają, szkodzą swojej wątrobie (i nie tylko jej). Wątroba jako narząd oczyszczający nasze ciało jest metaforą zdolności do utrzymywania czystego i uporządkowanego otoczenia. Ludzie, wokół których panuje bałagan, a sprzątają od święta, cierpią na brak równowagi wątroby, która też jest „zaśmiecona".

Wątroba niedoenergetyzowana (jin)

Objawy: podatność na zmęczenie (wątroba wydziela za mało glikogenu), zawroty głowy, senność, osłabiony popęd płciowy (nawet impotencja), stany gorączkowe, kłopoty z prostatą, skłonność do wypadków. Brak energii „czi" w kolanach, ścięgnach i wiązadłach powoduje ich większą skłonność do uszkodzeń. Ludzie o niskim poziomie energii w wątrobie są podatni na stany zapalne i inne schorzenia tego narządu. Osoby o słabej wątrobie są perfekcyjne, niezdecydowane, niecierpliwe, zmienne, nietolerancyjne, małostkowe, nerwowe i szybko tracą panowanie nad sobą. Nie mają skłonności do tycia. Twarz osoby z taką kondycją wątroby jest blada, napięta i pełna zmarszczek, stawy są nadmiernie sztywne.

Przyczyny: dieta obfitująca w tłuszcze (zwłaszcza zwierzęce), rafinowany cukier i sól, oczyszczone ziarna i białą mąkę oraz w pokarmy głównie przetworzone z dodatkiem środków konserwujących. Skutkiem takiego odżywiania wątroba staje się nadmiernie skurczona, przekrwiona i ospała. Jej funkcje ulegają osłabieniu, a narządy, które odżywia energią „czi", otrzymują jej niedostateczną ilość.

Wątroba przeenergetyzowana

Objawy: obsesja na punkcie pracy, tzn. pracoholizm, uczucie ciężkości w głowie, zawroty głowy i słabe trawienie; nadwyżka energii powoduje parcie w górę, co napina zwieracz i wywołuje hemoroidy oraz problemy z prostatą i jądrami u mężczyzn. U kobiet powoduje kłopoty z jajnikami, cysty, zapalenia narządów rodnych i zespoły napięcia przedmiesiączkowego. U obu płci występuje napięcie w okolicy brzucha, częste wzdęcia i gazy, a także gnicie tkanek powodujące nieprzyjemny zapach ciała. Nadmiar energii jang (głównie mięso) przyciąga energię jin (alkohol) i powoduje skłonność do alkoholizmu. Ludzie o przeenergetyzowanej wątrobie są uparci, ironiczni, nadwrażliwi, agresywni, porywczy i bardzo emocjonalni, często wybuchają gniewem i mają z tego powodu wyrzuty sumienia. Dopisuje im apetyt i mają skłonność do otyłości. Twarze osób z taką kondycją wątroby są w większości przypadków czerwone, co spowodowane jest leżącymi tuż pod skórą rozszerzonymi naczynkami włosowatymi. Przeenergetyzowana wątroba jest bardziej podatna na zapalenia, marskość i raka.

Przyczyny: dieta bogata w pokarmy pochodzenia głównie zwierzęcego i alkohol. Połączenie takie powoduje nadczynność i rozprężenie.

Typ „wątrobowy" człowieka

Przejawia trudne do przewidzenia zachowania (ekstremalne emocje, raz wybuchy złości, a za chwilę popadanie w nadmierną wesołość). Są to oznaki nierównego przepływu krwi i „czi", co powoduje ogólne napięcie. Czasami bywa szorstki i opryskliwy. Jego nastroje często ulegają zmianie i oscylują między wyjątkowym zainteresowaniem a rezygnacją i obojętnością. W pracy tacy ludzie poświęcają się, wykazując perfekcjonizm i pomysłowość, lecz poza nią w chwilach wolnych łatwo się złoszczą i są impulsywni.

Przywracanie równowagi chorej wątrobie

Należy wyeliminować:

– produkty pochodzenia zwierzęcego obfitujące w tłuszcze i cholesterol,
– żywność rafinowaną i przetworzoną, z dodatkami chemicznymi,
– rafinowany cukier i sól (chlorek sodu),
– alkohol.

Nie należy nadużywać leków!

Zgodnie z prawem Pięciu Elementów:

– Woda (nerki i pęcherz moczowy), zaopatruje w energię „czi" Drzewo (wątrobę i pęcherzyk żółciowy),
– Drzewo odżywia Ogień (serce i jelito cienkie),
– Drzewo kontroluje Ziemię (żołądek i śledziona).

W wypadku chorób wątroby należałoby w codziennej diecie zwiększyć pokarmy z Elementów: Wody, Drzewa i Ognia. Trzeba jednocześnie zredukować żywność Elementu Metalu, ale nie całkowicie wyeliminować.

Element Drzewa związany jest ze smakiem kwaśnym.

Umiarkowanie kwaśny smak pomaga uzdrawiać wątrobę i pęcherzyk żółciowy, gdyż:

– stymuluje krążenie w wątrobie i wzmaga jej aktywność, eliminuje stagnację,

– wspomaga eliminację toksyn znajdujących się we krwi,
– zwiększa przepływ krwi oraz energii „czi" przez wątrobę, równoważąc i redukując złość,
– wzmaga apetyt i krążenie.

Nadmiar smaku kwaśnego wywołuje określone skutki (należy pamiętać, że skrajności osłabiają organizm):
– powoduje skurczenie się wątroby, co uniemożliwia skuteczną eliminację odpadów,
– wpływa na rodzenie się uczucia zazdrości,
– pobudza gniew z powodu zwiększenia ambicji i oczekiwań bez jednoczesnego działania (człowiek może być często „skwaszony"),
– powoduje niezdolność do akceptacji tego, co niesie życie.

Pokarmy uzdrawiające wątrobę:
1) pełne ziarna zbóż (największy uzdrawiający wpływ na wątrobę ma pszenica i orkisz),
2) rośliny strączkowe w niewielkich ilościach (leczniczy wpływ ma głównie zielona soczewica, groch oraz fasola typu lima),
3) tofu i tempeh,
4) zielone warzywa liściaste (szczególnie brokuły, pietruszka, sałata, kapusta), które stymulują narząd do otwarcia się na przepływ krwi oraz tlenu,
5) marchew, buraki i dynia – przygotowane w najróżniejszy sposób, w tym również soki z tych warzyw wzmacniają funkcje wątroby,
6) wodorosty morskie,
7) kiełki,
8) niewielkie, ale regularnie spożywane porcje produktów sfermentowanych, czyli kiszonek (np. miso, krótkie kiszonki warzywne, surówki-prasowanki, kiszona kapusta, ogórki i inne warzywa),
9) czarna rzepa, biała rzodkiew i inne rzodkwie,
10) pokarmy kwaśne (np. cytryna, grejpfrut, kiszona kapusta),
11) z owoców, poza wyżej wymienionymi, korzystnie działają zielone jabłka, wiśnie i pomarańcze,
12) małe ilości olejów roślinnych tłoczonych na zimno (np. oliwa z oliwek, olej sezamowy, ostowy),
13) niskotłuszczowe ryby (ok. 2 razy w tygodniu) – najlepiej świeże,
14) inne produkty – czosnek (działanie – przeciwgrzybiczne, antybakteryjne i wzmacniające odporność),
15) herbatka z mniszka lekarskiego (neutralizuje kwasy i pobudza wątrobę do oczyszczania krwi i usuwania odpadów wraz z żółcią),
16) herbatka z korzenia mniszka i korzenia łopianu (działanie odtruwające),
17) inne zioła – gorzknik kanadyjski, glistnik (stosować według wskazówek lekarza), rozmaryn, tysiącznik pospolity, cykoria podróżnik, kurkuma, bobrek trójlistny, mięta pieprzowa.

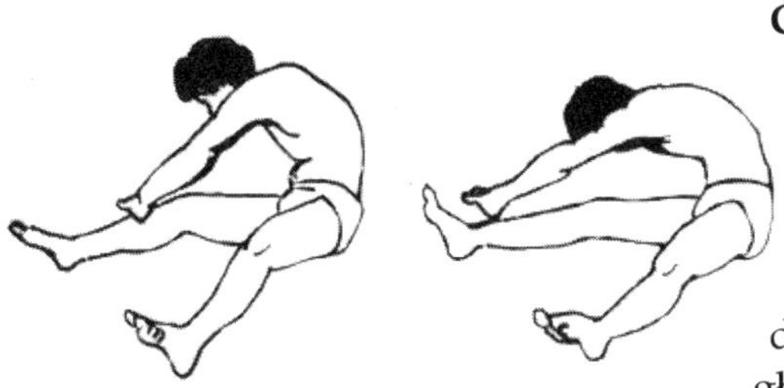

Ćwiczenie wzmacniające wątrobę i pęcherzyk żółciowy

Usiądź na podłodze i wyciągnij przed siebie nogi, rozszerzając je w taki sposób, jak tylko się da. Złącz dłonie, wyprostuj ręce ponad głową, a potem pochyl się na bok, raz lewy, a raz prawy i spróbuj dotknąć palców u nóg wnętrzem złączonych dłoni.

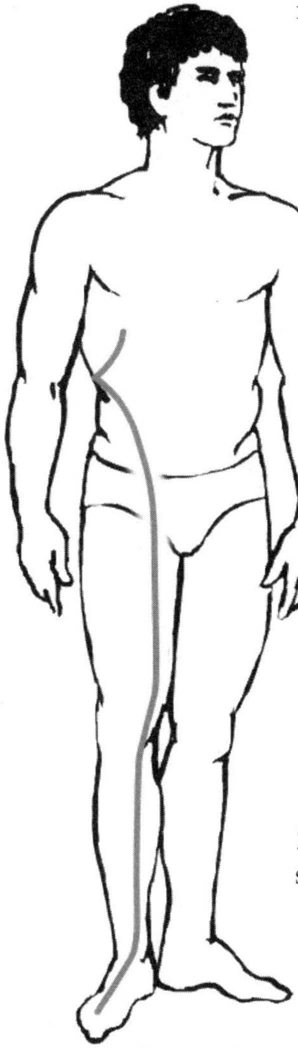

Meridian wątroby

Meridian* wątroby zaczyna się na wierzchniej części palucha i przebiega wzdłuż grzbietu stopy po wewnętrznej powierzchni łydki, uda, pachwiny i brzucha do podstawy klatki piersiowej (bezpośrednio pod wątrobą) i do punktu między 6. a 7. żebrem, poniżej brodawki piersiowej. Meridian ten związany jest z zapasem substancji odżywczych i energii.

Inne środki przywracające prawidłowe funkcjonowanie wątroby:

1) Termofor – zaleca się 30-minutowe okłady zawsze po posiłkach, najlepiej w pozycji leżącej (na prawym boku). Wątroba najlepiej pracuje w temperaturze 39-41^{0} C. Zimno zmniejsza jej aktywność, w wolniejszym tempie przebiega wówczas filtrowanie krwi i wydalanie jest zredukowane do minimum. Ciepłe okłady mogą przywrócić prawidłowe funkcjonowanie, a nawet zwiększyć efektywność pracy wątroby.

2) Masaż stosownych punktów refleksorycznych stopy (patrz odpowiednia literatura na ten temat, np. książka K. Lewandowicza).

---

*Meridiany – sieć kanałów energetycznych wewnątrz ciała ludzkiego, gdzie w pewien ściśle uporządkowany sposób płynie energia. Każdy meridian jest niczym strumień energii, która biegnie od pewnego punktu na ciele do innego, dokładnie określonego punktu.

Ćwiczenie
Medytacja – wzmocnienie i oczyszczenie wątroby

1. Usiądź lub połóż się w wygodnej pozycji. Zamknij oczy
2. Zrób kilka głębokich oddechów i poprzez oddychanie połącz się z wątrobą (skup uwagę w miejscu, gdzie się znajduje).
3. Nawiąż kontakt ze swoją wątrobą. Poświęć czas na wyczucie klimatu, atmosfery i drgań wątroby. „Porozmawiaj" z nią i spytaj, jak się miewa. Uśmiechnij się do swojej wątroby z całego serca i napełnij ją siłą uzdrawiania wewnętrznego uśmiechu.
4. Połóż obie dłonie na wątrobie i powiedz „szszszsz". Skieruj ten dźwięk bezpośrednio do wątroby i pozwól, by jego drgania odciążyły i uzdrowiły wątrobę.

3. Przemiana Drzewa – pęcherzyk żółciowy

„Pęcherzykiem" jest woreczek żółciowy (stąd jego druga nazwa), w którym gromadzona jest żółć. Wydostaje się ona z wątroby dwoma przewodami wątrobowymi połączonymi ze sobą i tworzącymi przewód żółciowy wspólny, który uchodzi do dwunastnicy.

Pojemność pęcherzyka zależna jest od budowy ciała człowieka i wynosi ok. 10 cm długości i 3 cm szerokości. Głównym zadaniem pęcherzyka jest magazynowanie i zagęszczanie żółci. Żółć jest niezbędna w naszym organizmie dla trawienia i przyswajania tłuszczów. Rozbija większe cząsteczki tłuszczu na mniejsze, jak również udrażnia pracę jelit i zapobiega zaparciom. Gdyby żółci zabrakło, doszłoby do zakłócenia prawidłowego wchłaniania nie tylko tłuszczów, ale i innych składników.

Wydzielanie żółci jest utrudnione, jeżeli:

a) wątroba jest przeciążona nadmiarem złej jakości pożywienia,
b) wydzielina żółciowa jest zbyt gęsta i zawiera dużą ilość odpadów
c) znajdujemy się w sytuacjach stresowych.

Pęcherzyk żółciowy jest bardzo wrażliwy na nadmiar tłuszczów i cholesterolu w diecie. Bywa to główną przyczyną powstawania kamieni. Społeczeństwa Zachodu, gdzie dieta obfituje w białko zwierzęce, tłuszcze i cholesterol, mają bardzo wysoki wskaźnik występowania kamieni żółciowych. Zjawisko to występuje niezmiernie rzadko u ludów odżywiających się głównie produktami pochodzenia roślinnego, o niskiej zawartości tłuszczu. Najbardziej powszechną formą leczenia tego typu schorzenia w medycynie zachodniej jest chirurgiczne usunięcie pęcherzyka żółciowego (cholecystektomia). To, co pozostaje po zabiegu chirurgicznym, przypomina pomost między wątrobą a dwunastnicą. Od tej pory chory zmuszony jest do przestrzegania ścisłej diety i używania środków żółciopędnych.

Pęcherzyk żółciowy otrzymuje optymalne ilości energii „czi" w godzinach 23^{00} – 1^{00}. W tym czasie może pojawić się bezsenność i wzmożona aktywność umysłowa, zwłaszcza jeżeli późno kładziemy się spać. Wczesne chodzenie spać powoduje, że zwykle przesypiamy godziny wzmożonej aktywności pęcherzyka żółciowego i wątroby, a narządy te odpoczywają i regenerują się. Bywa też, że ciągle budzimy się o tej samej godzinie w nocy, co wskazuje na dysharmonię narządu, który w tym czasie otrzymuje optymalne ilości energii „czi". Pęcherzyk żółciowy odgrywa ważną rolę w podejmowaniu decyzji życiowych. Niezdecydowanie, a także ciągłe zmiany zdania wskazują na brak równowagi tego narządu.

Kiedy wątroba i pęcherzyk żółciowy są zdrowe, to wszystkie wybory życiowe dokonywane są w oparciu o emocjonalną równowagę.

Pęcherzyk żółciowy niedoenergetyzowany

Objawy: niski poziom kwasów żółciowych, złe trawienie, częste rozwolnienia, zawroty głowy, trudności ze spaniem, blada cera, wydzielina oczna, nadkwasota żołądkowa i nieprzyjemne odczucia na prawo od splotu słonecznego*. Ludzie o niedoenergetyzowanym pęcherzyku są potulni, nerwowi, łatwo dają się zastraszyć, brak im zdecydowania.

Pęcherzyk żółciowy przeenergetyzowany

Objawy: białka oczu zabarwione na żółto, gałki oczne wysadzone pod wpływem wewnętrznego ciśnienia, gorzki smak w ustach, bóle barków, sztywne mięśnie, migreny, zaparcia, kłopoty ze spaniem, zbyt aktywne myślenie i planowanie, kiepski apetyt, nadmierne spożycie słodyczy i niechęć do produktów kwaśnych.

Ludzie o zwiększonym poziomie energii w pęcherzyku żółciowym, przyjmują na siebie za wiele obowiązków. Są przesadnie ambitni. Łatwo się denerwują, są niecierpliwi i ciągle się spieszą. Za dużo uwagi poświęcają szczegółom.

Przywracanie równowagi choremu pęcherzykowi żółciowemu

Obowiązują takie same zasady eliminacji produktów jak przy chorobach wątroby.

Pokarmy uzdrawiające pęcherzyk żółciowy

Podobnie jak przy uzdrawianiu wątroby.

Ponadto:

1. sok jabłkowy (bez cukru i nie pasteryzowany),
2. sok grejpfrutowy,
3. sok z buraka,
4. herbatka z mniszka lekarskiego,
5. karczoch – sok rozpuszczony w wodzie (wzmaga wydzielanie żółci, ułatwia trawienie i pomaga w usuwaniu cholesterolu),

---

*Jest to ważne centrum energetyczne w ciele człowieka, umiejscowione pośrodku brzucha.

6. zioła – jaskółcze ziele (zmniejsza stan zapalny przewodów żółciowych), bobrek trójlistny (oczyszcza wątrobę i woreczek żółciowy), tysięcznik pospolity (oczyszcza wątrobę i woreczek żółciowy), rozmaryn (ma działanie pobudzające pracę wątroby i woreczka żółciowego), kurkuma (wzmaga pracę woreczka żółciowego i sprzyja wydzielaniu żółci), mięta pieprzowa (pobudza wydzielanie żółci),
7. kuracja oliwna.

   Do tej kuracji należy stosować oliwę z oliwek extra virgine (pierwsze tłoczenie). Ma ona właściwości pobudzające wątrobę i wydzielanie się żółci z woreczka żółciowego, znakomicie oddziałując na jego pracę.

Oto dwie metody kuracji:

I. Przez 10-15 dni na czczo połykać 1-2 łyżki oliwy z oliwek. Kurację trzeba powtarzać kilka razy w roku.

II. Wieczorem przed kuracją należy pościć. Następnego ranka na czczo trzeba małymi łykami wypić połowę lub całą szklankę oliwy (100-200 ml). Potem położyć się na prawy bok, pod żebra i biodra położyć dwie poduszki w taki sposób, aby ramiona były ułożone niżej. Po upływie 30 minut oliwa będzie znajdowała się w pobliżu dwunastnicy i dotrze do otworu wydalającego wątroby i woreczka żółciowego. Poprzez naoliwienie narządy te ponownie zaczną funkcjonować. Kurację powinno się powtarzać raz w miesiącu lub trzy dni z rzędu. Jej działanie polega na oczyszczeniu nabrzmiałego pęcherzyka żółciowego. Do oliwy można dodać świeżo wyciśnięty sok z cytryny; co ułatwi spożycie oliwy. Kurację tę zaleca się osobom, które nie mają problemów z krążeniem i trawieniem. Nie powinny się jej poddawać osoby nadmiernie szczupłe i nerwowe.

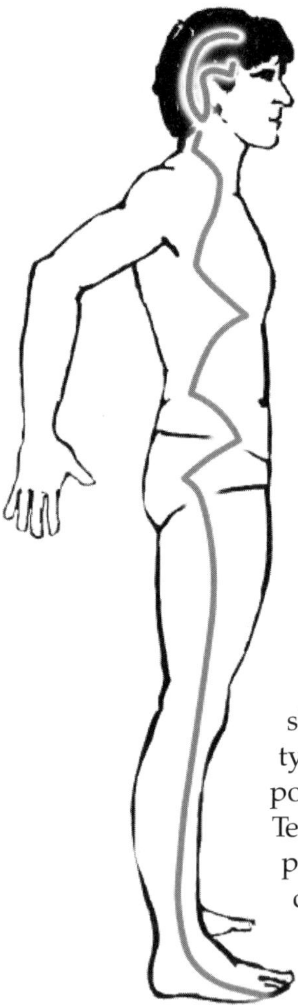
Meridian pęcherzyka żółciowego

Meridian pęcherzyka żółciowego rozpoczyna się na skroni z prawej strony, biegnie dookoła ucha, opada ku tyłowi głowy, po czym wznosi się bokiem aż do punktu powyżej skroni i znowu opada – tym razem aż do szyi. Ten dziwny, raz opadający, raz wznoszący się, tor przypomina sierp Księżyca. Od szyi meridian pęcherzyka żółciowego opuszcza się na przednią część barku i niżej, zygzakowatym ruchem poprzez brzuch dociera do biodra, a dalej, po zewnętrznej stronie nogi osiąga czwarty palec stopy. Kanał ten związany jest z rozprowadzaniem energii.

Ćwiczenie
Medytacja – oddychanie zielonym światłem.

Zieleń świata przyrody pomaga odzyskać spokój i równowagę. Gdy poczujesz wytrącenie z równowagi lub gdy opanuje cię gniew, możesz przywrócić harmonię emocjonalną za pomocą wdychania zielonego światła.

1. Usiądź z prostym kręgosłupem. Zamknij oczy. Oddychaj powoli i spokojnie.
2. Wyobraź sobie zielone światło, spływające z góry do czubka twojej głowy.
3. Przy każdym wdechu wyobraź sobie, że wchłaniasz to zielone światło. Wypełnia ono twoją głowę i całe ciało. Podczas wydechu wypływa na zewnątrz i otacza całe twoje ciało.
4. Robiąc wdech i wchłaniając zielone światło, powiedz w myślach „wdycham spokój i równowagę".
5. Wraz z wydechem uwolnij przyczynę swojego napięcia.
6. Posiedź tak wypełniony zielonym światłem i poczuj, jak ogarnia cię spokój i równowaga.

Ćwiczenie ochronne organów
Ćwiczenie służy zapobieganiu rozprzestrzeniania się negatywnych emocji zarówno własnych, jak i przyjmowaniu cudzych:

– przy wzburzeniu i zdenerwowaniu chroń wątrobę, mówiąc „szsz",
– przy niepokoju i niecierpliwości chroń serce, wymawiając „ha",
– przy braku koncentracji chroń swoją śledzionę, naśladując parskanie,
– przy smutku chroń płuca głoską „sss",
– przy lęku i niecierpliwości chroń nerki, dmuchając „hu".

Za każdym razem jednocześnie przesyłaj wewnętrzny uśmiech do danego organu.

4. Wiosenne oczyszczanie organizmu

4.1. Zanieczyszczenie

Przyczyną wszystkich chorób jest zanieczyszczenie środowiska wewnętrznego w organizmie człowieka, a nasz organizm jest odzwierciedleniem otoczenia, w którym żyjemy. Obecnie nagromadzenie zanieczyszczeń w wodzie, powietrzu i glebie jest tak duże, że bakterie i inne drobnoustroje, o dużej toksyczności, bardzo łatwo dostają się do organizmu ludzkiego, wywołując choroby. Stosowane w rolnictwie środki ochrony roślin (herbicydy, fungicydy, insektycydy) osłabiają jeszcze bardziej jego odporność. To samo dotyczy spożywania mięsa zwierząt z hodowli intensywnej. Do pasz dla zwierząt dodawane są hormony i antybiotyki, które mają zwiększyć w krótkim czasie przyrost ich wagi oraz zapobiegać chorobom w tych nienaturalnych warunkach ich życia. Leki skumulowane w mięsie spożywanym przez ludzi przyczyniają się do osłabienia ich odporności.

Współczesny przemysł spożywczy, oparty w głównej mierze na metodach przetwarzania i rafinacji żywności, stosuje wiele wymyślnych środków „polepszających". Wraz z przetworzoną żywnością wprowadzamy do organizmu barwniki, emulgatory, wzmacniacze smaku, stabilizatory, środki konserwujące i nienaturalne przeciwutleniacze. Substancje te mają za zadanie poprawić smak, wygląd i przedłużyć trwałość produktu. Działanie wielu z nich nie jest jeszcze dokładnie zbadane.

Nagminne spożywanie produktów, w których dodatków chemicznych jest bardzo dużo, powoduje, iż nasz organizm, może nie poradzić sobie z ich usuwaniem. Prowadzi to do ich kumulacji, a w konsekwencji do chorób takich, jak alergia czy nowotwory.

Toksyczne substancje przedostają się do organizmu nie tylko drogą pokarmową, ale też drogami oddechowymi. Codziennie wchłaniamy pyły przemysłowe i spaliny samochodowe. Poprzez skórę przenikają się do organizmu szkodliwe substancje z pudrów, farb do włosów, perfum, kremów czy dezodorantów.

Liczba toksyn w organizmie wzrasta w razie stresów i nieumiejętności poradzenia sobie z nimi. Stres powoduje, że częściej sięgamy po używki (kawa, alkohol) i słodycze, które pomagają zmniejszyć napięcie, ale i zatruwają. Prócz zanieczyszczeń ze środowiska w organizmie wytwarzane są toksyny, które są produktami ubocznymi procesów przemiany materii. Źle strawione pożywienie zalega, fermentuje i ulega procesom gnilnym. Nadmierne objadanie się prowadzi nie tylko do otyłości, ale do odkładania się szkodliwych substancji w organizmie.

Brak ruchu i niedostateczna ilość tlenu w organizmie (płytki oddech) także sprzyjają gromadzeniu się różnych odpadów i trucizn. Jeśli substancje szkodliwe nie są wydalane z organizmu, to mało, że zanieczyszczona jest krew, ale następuje ich kumulacja w określonych narządach (mięśnie, stawy, tkanka łączna). Sprzyja to stanom zapalnym, bólom. Znajomość wszelkich zagrożeń, mogących osłabić organizm, pomaga w znalezieniu środków skutecznych do ich zwalczania. Uświadomienie sobie szkodliwości własnego trybu życia jest pierwszym krokiem na drodze do zmian i chronienia swego organizmu. Zmiana powinna obejmować sposób odżywiania, źródła pochodzenia produktów, ich ilość i jakość. Ważna jest całkowita odpowiedzialność każdego człowieka za swój organizm. Od nas przecież zależy nasz tryb życia. My sami odpowiadamy za działania, które nam szkodzą i nie są zgodne z naturą. Stare przysłowie mówi, że ten, kto chce zmienić świat, powinien najpierw zacząć od siebie.

Głównie od nas zależy zahamowanie chorób cywilizacyjnych poprzez ograniczenie takich produktów, jak cukier i słodycze, kawa, produktów z białej mąki, soli rafinowanej, białka i tłuszczów pochodzenia zwierzęcego oraz palenia tytoniu. Powszechnie wiadomo, że zanieczyszczenie środowiska jest lustrem naszego obcowania z naturą. A przecież my, ludzie, jako cześć mikrosystemu w skali makro stajemy się tacy sami jak środowisko, w którym żyjemy. Jego degradacja obraca się zawsze przeciwko nam.

Jednym ze sposobów poprawy sytuacji jest powrót do naturalnych pokarmów i stosowanie ich w odpowiednim czasie, wtedy, kiedy mają najkorzystniejsze właściwości dla naszego organizmu (zgodnie z porami roku). Aby przestawić organizm na bardziej naturalne pożywienie, dobrze jest go przedtem oczyścić.

4.2. Metody oczyszczania organizmu

Wszystie praktyki oczyszczające prowadzą do usunięcia z organizmu szkodliwych substancji. Na całym świecie w różnych kulturach wykorzystuje się techniki oczyszczania organizmu w celu eliminacji chorób. Szczególnie cenione są kąpiele parowe, zwiększające wydzielanie potu, a wraz z nim toksyn zalegających w organizmie, np. sauna w krajach skandynawskich, parujące kąpiele – hammam w krajach arabskich, słynna bania w Rosji. Z takich kąpieli korzystają też plemiona indiańskie w Ameryce Północnej.

Prawie wszystkie religie zalecają swoim wyznawcom regularne posty. Również w naszej tradycji przestrzegano dawniej bardzo skrupulatnie postu w okresie przed Wielkanocą. Praktyki te są bardzo korzystne nie tylko dla duszy. Uwolniony od codziennej dostawy pożywienia organizm uruchamia zdolność do pozbywania się zanieczyszczeń.

Czyste wewnętrznie ciało to zarazem sprawniej pracujący umysł. Ale jest jeszcze druga strona tego zagadnienia. Nie starajmy się dążyć do idealnego stanu wyczyszczenia organizmu. Przesadne, obsesyjne oczyszczanie jest szkodliwe – prowadzi nie tylko do naruszenia flory bakteryjnej jelit, ale do lęków i nerwic. Należy dbać o sprawną pracę organów oczyszczających, nie dopuścić do kumulowania się toksyn. Organizm potrafi oczyszczać się sam – drobne stany zapalne są tego dowodem.

Wiosna jest najkorzystniejszą porą roku do kuracji oczyszczających. Podobnie jak porządkujemy i odświeżamy nasze mieszkanie po zimie, tak oczyszczanie wiosenne jest zaprowadzeniem porządku w naszym organizmie.

Jest wiele różnych metod i środków takiej kuracji, ja wybrałam te, które sama wypróbowałam. Są proste w stosowaniu i skuteczne w działaniu. Wśród omówionych niżej metod każdy z pewnością znajdzie odpowiednią dla siebie.

Polecane przeze mnie metody oczyszczania:

1. Monodieta zbożowa – czas trwania od 9 do 14 dni.
2. Dieta zbożowa – czas trwania od 9 do 14 dni.

3. Dieta owocowo-warzywna – minimum 2 tygodnie, jednak najlepsze wyniki uzyskuje się po około 6 tygodniach.
4. Post na płynach – czas trwania od 3 do 40 dni.

Mieszkając w dużym mieście, w zanieczyszczonym środowisku lepiej przeprowadzać okresowe kuracje, stosując monodietę zbożową, dietę owocowo-warzywną bądź krótkotrwałe posty (np. 3 dni – jeden raz w miesiącu lub 1 raz w tygodniu). Dłuższe posty są dużym wysiłkiem dla organizmu i najlepiej podejmować je w miejscu, gdzie jest bezpośredni kontakt z przyrodą. Czyste powietrze i słońce znacznie podnoszą energię organizmu i lepiej wykorzystuje on wrodzony mechanizm samouzdrawiania.

A) Monodieta zbożowa

Pełne ziarna zbóż są najbezpieczniejszym pokarmem do przeprowadzenia takiej diety. Zboża jednocześnie oczyszczają, regenerują i odbudowują organizm.

Ważne jest, aby ziarna były dobrze ugotowane. Można je przedtem namoczyć na noc, co skraca czas ich przygotowania do spożycia. Postępujemy tak z ziarnami pszenicy, orkiszu, pęczakiem lub naturalnym ryżem. Niekiedy w wypadku wychłodzenia i uczucia zimna w organizmie dobrze jest umyte ziarna wyprażyć na suchej patelni, przez cały czas mieszając, aż do uzyskania lekko orzechowego zapachu. Wówczas ziarna zalewamy wodą i gotujemy do miękkości. Wszystkie ziarna, które stosujemy w celu przeprowadzenia monodiety leczniczej, gotujemy bez soli. Szczególnie ważne jest ich dokładne żucie aż do jednolitej, papkowatej konsystencji. Wielkość jednorazowej porcji powinna być taka, aby zaspokoić głód. Częstotliwość spożywania posiłków nie ma większego znaczenia. Można jeść trzy lub cztery razy dziennie. Jeżeli odczuwamy głód, a pokarm jest dobrze trawiony, to jedzmy częściej, ale tylko ziarna. Najlepiej też nie pić w ciągu dnia, chyba że bardzo tego potrzebujemy. Pijemy dowolną ilość płynów na czczo i wieczorem, po dłuższej przerwie od ostatniego posiłku. Najkorzystniejsza jest woda źródlana lub mineralna niegazowana, średnio lub niskomineralizowana. Mogą też być wywary z ziół indywidualnie dobrane dla danej osoby, odpowiednio do stanu jej zdrowia.

Wszystkie pełne ziarna zbóż należą do Przemiany Ziemi, a więc oczyszczają, harmonizują i odbudowują cały nasz organizm, jednak między nimi są pewne różnice, dlatego też określone zboża są najkorzystniejsze w odpowiedniej porze roku oraz do leczenia pewnych organów.

Wiosna – okres powstawania nowego życia w przyrodzie jest najbardziej odpowiednim czasem dla podjęcia kuracji odtruwania organizmu. Możemy stosować następujące, niżej omówione diety oczyszczające:

I. Monodieta z pszenicy lub orkiszu (odmiana pszenicy) – minimum 9 do 14 dni.

Pszenica lub orkisz najlepiej usuwają z organizmu toksyczne złogi, gdyż wzmacniają i oczyszczają wątrobę, woreczek żółciowy, serce i układ krążenia oraz jelito cienkie.

Gotowanie pszenicy lub orkiszu

Przygotuj 1 szklankę pszenicy lub orkiszu, umyj i odsącz na sicie.

W W garnku z kilkoma szklankami wody
D namocz pszenicę lub orkisz (najlepiej na noc) w wodzie z dodatkiem żurku.
Następnego dnia wodę odlej
O i zalej 3-4 szklankami wrzątku.

Gotuj minimum 3 godziny na małym ogniu. Ziarna powinny być miękkie, aby łatwo je było żuć.

Jeżeli toksyczne złogi są bardziej zastarzałe, również w przypadku raka, w ciągu pierwszych kilku dni można stosować całe, gotowane ziarna, a później mleko z pszenicy.

Mleko z pszenicy lub orkiszu

Przygotuj 1 szklankę pszenicy lub orkiszu, umyj, namocz w zakwaszonej żurkiem wodzie. Odsącz na sicie.

W W garnku z 14 szklankami dobrej wody
D namocz pszenicę lub orkisz i zostaw na noc.

Następnego dnia gotuj przez 4-5 godzin na słabym ogniu (lub o połowę krócej w szybkowarze). Odstaw z ognia i lekko przetrzyj przez rzadkie sito. Lekiem jest płyn, który przez pewien czas stosujemy jako wyłączny pokarm w ilości całkowicie dowolnej, najlepiej ok. dwóch do trzech litrów na dobę.

Zapamiętaj! Wszystkie pełne ziarna zawierają związki fitynowe, które wiążą minerały w organizmie, przez co zubażają go w to, co najcenniejsze. Istnieją dwie metody radzenia sobie z tym problemem. Pierwsza – to namoczyć na noc pełne ziarno w wodzie zakwaszonej żurkiem. Rano wodę odlać i gotować w świeżej. Drugą, bardzo dobra metodą, jest wcześniejsze lekkie podkiełkowanie ziarna, a następnie ugotowanie go. Obie metody czynią ziarno bardziej strawnym.

Pszenica nie jest korzystna dla wszystkich, czasami powoduje uczulenia. O wiele bezpieczniejszym, nie wywołującym reakcji alergicznych zbożem jest orkisz.

Przy monodiecie z pszenicy lub orkiszu jako jedyny napój rano i wieczorem pijemy po jednej szklance herbaty ze świeżych liści pietruszki.

Herbata z liści pietruszki

W Na jedną szklankę zimnej wody
D dodaj jedną łyżkę pokrojonej natki.
O Gotuj 10 minut. Pozostaw na 10 minut pod przykryciem do naciągnięcia.

II. Monodieta z kaszy jaglanej – minimum 9 do 14 dni

Kasza jaglana ogrzewa organizm, odkwasza i oczyszcza go z nadmiaru śluzu i wilgoci. Bardziej ogrzewa i bardziej osusza, jeżeli przed ugotowaniem jest podprażona. W takiej postaci należy stosować ją w wypadku dużego wychłodzenia organizmu. Wzmacnia układ immunologiczny i regeneruje błony śluzowe (m.in. z uwagi na zawartość krzemu).

W kuracjach leczniczych stosujemy ją w chorobach śledziony, trzustki i w wypadku chorób krwi (zwłaszcza przy anemii i po wyniszczających krwotokach). Kasza jaglana wzmacnia organy kobiece i poprawia funkcjonowanie żeńskich gruczołów płciowych. Leczy bezpłodność, białe upławy u kobiet i grzybicę narządów rodnych.

B. Dieta zbożowa

Czas trwania 9-14 dni

Bardzo zbliżona do monodiety, z tym, ze stosujemy nie jedno, lecz trzy rodzaje zbóż (mieszanie większej liczby gatunków nie jest wskazane przy tego typu kuracjach). Najlepiej do tego służą: kasza jaglana, pełny ryż i pęczak jęczmienny. Ale można też zastosować inne kombinacje zbóż, np.: orkisz (lub pszenicę*), kaszę jaglaną i ryż lub kaszę jaglaną, orkisz, pęczak jęczmienny. Na kolejne posiłki w ciągu dnia spożywamy inny rodzaj zboża, dobrze ugotowanego i najlepiej bez soli.

Np.: na śniadanie – kasza jaglana, na obiad – pęczak jęczmienny, na kolację – ryż.

Można też zastosować inny wariant, tj. przez trzy dni jeść wyłącznie kaszę jaglaną, przez kolejne trzy dni – pęczak jęczmienny i przez następne – pełny ryż.

Wszystkie wymienione zboża, oprócz kaszy jaglanej, dobrze jest wcześniej namoczyć, np. na noc, co znacznie skraca czas gotowania, oraz przyrządzać je w większych ilościach, aby wystarczyły np. na dwa dni. Czas gotowania kaszy jaglanej jest znaczenie krótszy, więc lepiej spożywać ją świeżo przyrządzoną. Poza tym w diecie tej obowiązują takie same zasady jak przy monodiecie.

Gotowanie ryżu

1 szklankę ryżu pełnego wypłucz w zimnej wodzie.

M Wsyp ryż do garnka,

W zalej 2 szklankami zimnej wody i zagotuj, następnie trzymaj na małym ogniu (najlepiej na metalowej płytce) przez ok. 50 minut. Czas gotowania ryżu zależy od jego gatunku.

---

* Część zbóż można skiełkować i posypać kaszę kiełkami.

Gotowanie pęczaku jęczmiennego

1 szklankę pęczaku jęczmiennego namocz na noc w zakwaszonej żurkiem wodzie. Po czym odlej i wypłucz.

M Odcedzony pęczak,
W 3 szklanki wody.

Gotuj 1 godzinę.

Gotowanie kaszy jaglanej

0,5 szklanki kaszy jaglanej wypłucz w ciepłej wodzie.

O Podgrzej w garnku 1-1,5 szklanki wody,
Z wsyp kaszę i zagotuj. Trzymaj na małym ogniu (najlepiej na metalowej płytce pod przykryciem ok. 30 minut).

Zapamiętaj! Aby kasza działała bardziej rozgrzewająco, można ją przed gotowaniem uprażyć. Prażymy w garnku na małym ogniu, przez cały czas mieszając, dopóki nie zacznie przyjemnie pachnieć. Następnie dolewamy gorącej wody i gotujemy na małym ogniu pod przykryciem ok. 20-25 minut. Dodając więcej niż szklankę wody, otrzymamy kaszę o bardziej kremowej konsystencji.

C. Dieta owocowo-warzywna (według dr E. Dąbrowskiej)

Ten typ kuracji stosuj najlepiej wiosną, latem i wczesną jesienią.

Czas oczyszczania od 2 do 6 tygodni.

W czasie kuracji zaleca się spożywać następujące warzywa i owoce:

korzeniowe: marchew, seler, pietruszkę, buraki, rzodkiew, chrzan, rzepę, białą rzodkiew,

liściaste: sałatę, seler naciowy, jarmuż, zieloną pietruszkę, koper, rzeżuchę, zioła,

cebulowe: cebulę, por, czosnek,

psiankowate: paprykę, pomidory (przeciwwskazane są w przypadkach chorób reumatycznych i gośćca),

kapustne: kapustę białą, czerwoną, włoską, pekińską, kalafiora, kalarepę,

dyniowate: dynię, kabaczki, cukinię, ogórki,

owoce: jabłka, cytryny, grejpfruty.

Nie należy w tym czasie jadać: zbóż, ziemniaków, orzechów, strączkowych, mleka, olejów, masła, mięsa, chleba ani słodkich owoców. Są one zbyt odżywcze i hamują proces spalania własnych złogów tłuszczu i zwyrodniałych tkanek.

Nie pić czarnej herbaty, kawy naturalnej, alkoholi i nie palić papierosów. Warzywa zaleca się spożywać w postaci surówek, soków, warzyw duszonych, gotowanych (zwłaszcza na parze), blanszowanych i np. gotowanych na wodzie bez tłuszczu. Ilość pokarmów jest dowolna, jednak pamiętajmy, aby zakończyć posiłek z lekkim niedosytem, tak jak przy diecie pełnowartościowej.

Codziennie zaleca się spożywanie pokarmów zawierających bakterie kwasu mlekowego, np. zakwas z buraków (rozcieńczony wodą), kiszone ogórki i kapustę. Ważną rolę w tej diecie spełnia dodatek czosnku i chrzanu do potraw, mających właściwości niszczenia bakterii gnilnych. Wolno używać niewielkich ilości soli z mikroelementami, gdyż warzywa i owoce prawie nie posiadają soli. Potrawy z warzyw należy dokładnie przyprawiać majerankiem, tymiankiem, bazylią, pieprzem ziołowym, ziołami prowansalskimi, kminkiem i innymi. W razie wzdęć dodawać do potraw zmielony kminek z majerankiem lub używać Raphacholinu (sok z czarnej rzepy).

Przykładowe jadłospisy diety owocowo-warzywnej

I.

Śniadanie:	Sok z marchwi, zakwas buraczany (rozcieńczony wodą 1:1) Surówka: biała kapusta, marchew, jabłko + sok z cytryny Gotowane warzywa: biała rzodkiew, seler i marchew Owoce: jabłko
Obiad:	Zupa jarzynowa (cebula + marchew + seler + biała kapusta) zakwaszona zalewą z kiszonych ogórków Surówka: seler, marchew, jabłko + ocet jabłkowy Gotowane warzywa: gołąbki z kapusty z nadzieniem z marchwi Owoce: 1/2 grejpfruta
Kolacja:	Sok z jabłek i selera Surówka: biała rzodkiew z marchwią + zielona pietruszka Gotowane warzywa: kabaczek duszony z przecierem pomidorowym Dodatek surowych warzyw: ogórek kiszony Herbata z dzikiej róży

II.

Śniadanie:	Sok wielowarzywny (marchew, burak, seler) Surówka: marchew, jabłko, chrzan + rzeżucha Gotowane warzywa: buraki na gorąco Owoce: jabłko Napar z mięty
Obiad:	Zupa cebulowa z zieloną pietruszką Surówka: biała kapusta z jabłkiem i marchewką Gotowane warzywa: dynia na parze Owoce: jabłko
Kolacja:	sok z kiszonej kapusty Surówka z selera i jabłka + zielona pietruszka

Gotowane warzywa: leczo wielowarzywne (kabaczek, cebula, marchew, kapusta + przecier pomidorowy)
Herbata owocowa

III.

Śniadanie: Sok z marchwi i jabłka
Surówka: por, ogórek kiszony + rzeżucha
Gotowane warzywa: kapusta biała, marchew, zielona pietruszka
Owoce: 1/2 grejpfruta

Obiad: Barszcz ukraiński (buraki, cebula, pietruszka, kapusta biała, seler + zakwas z buraków)
Surówka: seler z marchwią
Gotowane warzywa: kapusta czerwona krótko duszona z jabłkiem + sok z cytryny + rzeżucha
Owoce: jabłko
Herbatka wieloowocowa

Kolacja: Sok z marchwi, buraka i jabłka
Surówka: seler z marchwią i porem + zielona pietruszka
Gotowane warzywa: marchew, cebula na parze
Dodatek warzyw: ogórek kiszony
Herbatka malinowa

Kurację owocowo-warzywną można przeprowadzić samemu, jeśli nie przyjmujemy żadnych leków. W wypadku stosowania leków chemicznych należy być pod kontrolą specjalisty. Lekarz może w miarę poprawy stanu zdrowia stopniowo redukować i odstawiać dotychczasowe leki. W razie nieodstawienia leków istnieje niebezpieczeństwo pojawienia się ubocznych działań polekowych. Niektóre lekarstwa hamują samoleczące zdolności organizmu (np. leki przeciwzapalne, hormony, beta blokery, tiazydy i inne).

Jest to dieta o dużej zawartości błonnika, który oczyszcza jelita, więc nie ma potrzeby robienia lewatyw. Jednak w razie zaparć, dobrze jest pić wywar warzywny gotowany z siemieniem lnianym i łyżką otrębów oraz wody mineralnej (Zuber, Kryniczanka, Jan).

Na uregulowanie wypróżnień dobrze działają zakwas z buraków, sok z kiszonej kapusty i woda po kiszeniu ogórków. W czasie kuracji dobrze jest stosować codzienną gimnastykę oraz spacery na świeżym powietrzu. Po jej zakończeniu należy stopniowo i ostrożnie wprowadzać żywienie pełnowartościowe. Przez pierwszych kilka dni nie należy jeść białka pochodzenia zwierzęcego ani potraw smażonych, pieczonych i innych ciężkostrawnych. Po wszelkich kuracjach oczyszczających pojawia się zwykle subtelniejszy smak i lepsze trawienie. Szkoda byłoby to zaprzepaścić błędami w żywieniu wynikającymi z pośpiechu i braku rozsądku.

Po kilku dniach diety uczucie głodu mija, co sprzyja ograniczeniu ilości spożywanych pokarmów. Najtrudniejszym okresem kuracji jest kilka początkowych dni, kiedy to następuje przestawienie organizmu na tory spalania wewnętrznego. Do krwi uwalniają się rozpuszczone w tłuszczu toksyny, co ma wpływ na pojawienie się osłabienia, bólów głowy i dreszczy. Trzeba przetrwać ten kryzys, bo po kilku dniach przykre objawy same ustępują.

W czasie kuracji mogą występować tzw. kryzysy ozdrowieńcze w postaci nasilenia niektórych dolegliwości, które miały miejsce wcześniej (np. obrzęki, bóle w miejscach urazów, szum w uszach).

W wypadku nietolerancji pokarmów surowych dobrze jest zastosować kilka dni postu o wodzie lub soku (np. z marchwi), następnie wprowadzić warzywa gotowane i stopniowo surówki. Niezmiernie ważne jest dokładne żucie surowych warzyw. Kiedy pojawi się uczucie zimna w organizmie, należy pić rozgrzewające herbatki: cynamonową, goździkową lub wodę z imbirem.

<u>A oto przykładowe jadłospisy po zakończeniu diety owocowo-warzywnej</u>

I.

Śniadanie: Napój z kiszonego barszczu buraczanego (patrz rozdział XVI *Dodatkowe przepisy*)
Płatki owsiane gotowane z dynią + namoczone rodzynki + zmielone siemię lniane (1 łyżeczka)

Obiad: Zupa-krem z marchewki
Ryż brązowy, warzywa duszone z tofu
Surówka z kapusty pekińskiej + kiełki lucerny

Kolacja: Warzywa gotowane na parze, kasza jaglana, prażony słonecznik
Herbatka z dzikiej róży i melisy

II.

Śniadanie: Zupa warzywna z amarantusem i miso (1 łyżeczka)
Chleb chrupki + pasta orzechowa

Obiad: Zupa porowa z makaronem
Soczewica gotowana z marchewką i cebulą
Kasza gryczana, buraczki z chrzanem

Kolacja: Sok warzywny
Ryż zapiekany z jabłkami.

III.

Śniadanie: Napój z miodu i cytryny (miód rozpuszczony w letniej wodzie na noc)
Krem z kaszy jaglanej z suszonymi śliwkami lub morelami + zmielone pestki dyni, słonecznika i siemię lniane (dodane na surowo)

Obiad: Barszcz ukraiński z fasolą
Pęczak jęczmienny z gulaszem warzywnym
Surówka z ogórka kiszonego, papryki i cebuli

Kolacja: Sałatka warzywna (z warzyw gotowanych na parze) + kiełki rzeżuchy
Chleb z masłem orzechowym
Napar z mięty

D. Post

Post oczyszcza organizm z wieloletnich toksyn i odnawia siły obronne organizmu.

Najkrótszy okres postu, aby organizm mógł się przestawić na odżywianie wewnętrzne, tzn. spalić odpady i na nowo ustalić swoje funkcje, powinien trwać nie mniej niż 10 dni. Najdłużej post nie powinien przekroczyć 40 dni, aby nie doszło do wyniszczenia organizmu.

Post powyżej 10 dni najbezpieczniej jest prowadzić pod nadzorem lekarskim. Najlepiej rozpocząć go zaraz po pełni księżyca, a skończyć przed nowiem.

Nów jest tutaj symbolem końca oczyszczania i czasem oczekiwania nowego początku. Po poście od nowa rozpoczynamy odżywianie organizmu.

Post i głodówka to nie to samo.

Post – oznacza czasowe wstrzymanie się od spożywania jakichkolwiek pokarmów i picie wyłącznie płynów. Jest to metoda naturalnego uzdrawiania, w której dochodzi do odżywiania wewnętrznego organizmu chorymi, zdegenerowanymi tkankami oraz substancjami toksycznymi, co prowadzi do ich spalenia i usunięcia. W ten sposób następuje samooczyszczenie.

Głodówka – jest procesem wyniszczającym organizm. Zaczyna się wtedy, kiedy kończy się post. Gdy organizm wykorzysta już możliwość odżywiania się niepotrzebnymi i szkodliwymi substancjami, zaczyna czerpać z niezbędnych do życia mięśni i narządów. Jest to proces szkodliwy i zagrażający życiu.

Przeciwwskazania do postu są następujące:

1. Mała dojrzałość emocjonalna. Stany depresyjne, lęki.
2. Zaawansowana starość z towarzyszącym jej osłabieniem.
3. Ciąża i karmienie piersią.
4. Upośledzenie umysłowe.
5. Choroba Basedowa
6. Ciężkie uszkodzenia serca
7. Poważne stany ropne w organizmie (gangrena, ropnica krwi, martwica i inne).
8. Wiek poniżej 14. roku życia

Etap pierwszy: przygotowanie postu

Zalecenia

I. Żywienie na 2 tygodnie przed postem

Wyeliminować z jadłospisu: mięso, nabiał i słodycze. Odstawić kawę naturalną oraz czarną herbatę. Pić herbatki ziołowe, owocowe, soki z warzyw i owoców (należy uważać, aby zbytnio nie wychłodzić organizmu) oraz wywary z jarzyn. Stosować właściwe połączenia pokarmów, aby utrzymać prawidłowe trawienie, szczególnie zwracać uwagę na niełączenie białka zwierzęcego z produktami zawierającymi dużo skrobi (zboża, ziemniaki, chleb).

II. Żywienie na tydzień przed postem

Wyeliminować bezwzględnie wszystkie produkty pochodzenia zwierzęcego i przejść na dietę roślinną (kasze, płatki, warzywa, owoce i nieco strączkowych). W ten sposób zmienia się flora bakteryjna w jelitach i są one lepiej przygotowane do głodówki. Poza tym odtruwanie organizmu w pierwszych dniach głodówki jest mniej uciążliwe. Dobrze jest zacząć dzień od lekkiego posiłku zbożowego (np. kaszy jaglanej, płatków owsianych lub orkiszowych) z dodatkiem suszonych owoców lub warzyw. W ciągu dnia spożywać gotowane lub duszone warzywa, duże ilości surowych warzyw, kiszonki, suszone owoce, chleb i lekkie zupy.

III. Żywienie na 2 dni lub dzień przed postem

Należy zrezygnować ze wszystkich gotowanych potraw. Jeść warzywa w postaci surówek (marchew, pietruszka, seler, por, cebula, czosnek, kapusta, ogórki kiszone z dodatkiem zielenin – pietruszki i szczypiorku). Najlepiej nie używać do nich soli lub dodawać przyprawy, takie jak: majeranek, tymianek, zioła prowansalskie, kminek, oregano i inne. Pożądany jest dodatek dobrej jakości oleju tłoczonego na zimno (oliwa z oliwek, olej sezamowy, ostowy, słonecznikowy, lniany). Najlepiej, jeżeli warzywa pochodzą z upraw ekologicznych i są tylko dokładnie myte, a nie obierane. Składniki mineralne nie są rozłożone równomiernie w warzywach, niektóre z nich występują bezpośrednio pod skórką. Dlatego ważne jest, aby zjadać całości pokarmowe. W tym czasie należy jeść również owoce suszone (rodzynki, śliwki, morele, figi) oraz nasze sezonowe: jabłka i gruszki.

Zapamiętaj! Osoby, które źle tolerują pokarmy surowe, mogą skutecznie przygotować się do postu, stosując przez kilka dni monodietę zbożową, np. z pszenicy, orkiszu lub z pszenicy i orkiszu jedzonymi na przemian z pełnym ryżem. Do tego pije się napar z zielonej pietruszki lub suszonej pokrzywy. Część pszenicy czy orkiszu możemy skiełkować i posypywać gotowane zboże kiełkami. Dla urozmaicenia diety warto upiec z mąki pszennej razowej lub orkiszowej podpłomyki i jeść na przemian z gotowanym zbożem.

Podpłomyki pszenne lub orkiszowe

D Mąkę najlepiej ze świeżo zmielonego ziarna w dowolnej ilości wysyp na stolnicę.

O Zalej taką ilością gorącej wody, aby dało się zarobić ciasto, podobnie jak na makaron. Ciasto dokładnie wyrób i przykryte ściereczką odstaw na minimum godzinę. Po rozwałkowaniu pokrój je na kawałki i piecz na blasze.

Zapamiętaj! Im cieniej rozwałkujesz ciasto, tym podpłomyki będą bardziej chrupiące.

Dodatkowe zabiegi przy poście

Lewatywa – można zacząć je robić już 2 tygodnie przed postem. Bardzo dobrze wspomaga oczyszczanie jelit. Im bardziej wysokobiałkowa jest dieta, tym lewatywa jest bardziej konieczna przed przystąpieniem do postu. Wykonujemy ją raz na dwa dni, a ostatnią co najmniej dzień przed postem. Wskazane jest wykonanie co najmniej trzech takich zabiegów. Najlepiej do tego celu nadaje się worek do lewatyw, dostępny w aptekach.

Zapamiętaj! Lewatywy nie są konieczne, jednak rezygnacja z nich wiąże się z większymi dolegliwościami w pierwszym okresie postu, takimi jak bóle i zawroty głowy, mdłości oraz gorsze samopoczucie. Aby dolegliwości te zminimalizować, należy dwukrotnie przed rozpoczęciem postu w odstępie dwóch dni zażyć środek przeczyszczający.

Kąpiele – przed kąpielą najlepiej całe ciało wymasować szczotką, aby lepiej wydalać toksyny poprzez skórę. W tygodniu poprzedzającym post można codziennie raz lub dwa razy, nie dłużej niż 10 minut, poleżeć w wannie z ciepłą wodą. Jeżeli są przeciwwskazania do takich kąpieli, to lepiej brać natryski. Jeżeli mamy możliwość skorzystania z sauny i nie ma przeciwwskazań, to ma ona ważne działanie odtruwające.

Ciepłe okłady – stosowane na wątrobę i drogi żółciowe są bardzo pomocne w oczyszczaniu organizmu. Najskuteczniej działają między godzinami pierwszą a trzecią w nocy, kiedy to, zgodnie z wiedzą medycyny chińskiej, jest największa aktywność wątroby. Aby jednak nie przerywać sobie snu, okład można nałożyć wieczorem.

Okład z rycyny na okolice wątroby

Kilka warstw materiału bawełnianego (np. flanela lub pielucha) nasączamy dobrze olejem rycynowym (ok. 3-4 buteleczki na jeden okład). Można też wcześniej skropić materiał gorącą wodą i dopiero nasączyć olejem. Przykładamy na brzuch – od żeber do spojenia łonowego na ok. 1 godzinę. W tym czasie dogrzewamy brzuch termoforem lub poduszką elektryczną. Okład można robić codziennie lub np. przez 3 dni w tygodniu.

Rycyna pobudza cały układ limfatyczny, powodując usuwanie toksyn. Po każdym okładzie należy zmyć skórę wodą z sodą (1 łyżka sody na 1 litr ciepłej wody) oraz wziąć kąpiel. Dobrze jest wypić 1 łyżkę oliwy z oliwek tłoczonej na zimno, a jeżeli okłady robi się seriami, to po trzecim okładzie należy wypić 2 łyżki oliwy z oliwek. Ma ona działanie łagodnie czyszczące wątrobę.

Zapamiętaj! Przed rozpoczęciem postu wskazane jest więcej ruchu na świeżym powietrzu, np. spacery, aby usprawnić działanie poszczególnych narządów w organizmie i zwiększyć przemianę materii. Dostarczenie organizmowi większej ilości tlenu (seria ćwiczeń oddechowych) sprzyja lepszemu odtruwaniu. Należy też zadbać o ciepłe ubieranie się i uważać, aby nie wyziębić stóp i dłoni.

Etap drugi: reguły poprawnego przeprowadzania postu

Początek postu powinien przypadać na pełnię księżyca lub początkowy moment jego ubywania.

Post może być oparty na:

A) wodzie i ziołach

B) sokach

A. Post (inaczej odżywianie wewnętrzne) na wodzie i ziołach

1. Oczyszczenie przewodu pokarmowego

Wieczorem w przeddzień planowanego postu należy zażyć wybrany produkt przeczyszczający, np.:

- tabletki z rzewienia (1,5 g),
- lub Alax (3 drażetki przed snem),
- albo herbatkę przeczyszczającą o składzie: liść strączyńca wąskolistnego 75g, kora kruszyny pospolitej 50 g, owoc kruszyny kolczastej 50 g, owoc biedrzeńca anyżowego 25 g, korzeń lukrecji gładkiej; zioła należy zmieszać i przechowywać w torbie papierowej; sposób użycia: wsypać 1 łyżkę ziół na 1 szklankę wody, gotować 5 minut, przecedzić i wypić przed snem.

Działanie środka przeczyszczającego zacznie się o świcie. Po wyjściu z toalety należy wziąć letni prysznic oraz wypić małymi łykami 2-3 szklanki ciepłej, dobrej jakości wody, aby uzupełnić jej brak, spowodowany działaniem środków przeczyszczających. Uczucie głodu ustępuje natychmiast w ok. 70-80%, a podczas kolejnych 2-3 dni znika prawie całkowicie, ponieważ organizm przechodzi na odżywianie wewnętrzne.

2. Picie wody i napojów ziołowych

Codziennie można wypić ok. 1,5 do 3 litrów wody i napojów ziołowych zalecanych przez lekarza (np. co 2 godziny 1 szklanka). Należy obserwować swój organizm. Jeżeli mamy obrzęki, słomkowaty i obfity mocz, wilgotne dłonie i stopy – to znaczy, że organizm ma nadmiar wody. Można wtedy ograniczać jej spożycie.

Natomiast, jeżeli odczuwamy suchość w ustach, mamy spierzchnięte wargi, a mocz ciemny i w niewielkiej ilości – jest to znak odwodnienia organizmu. Należy wówczas zwiększyć ilość płynów nawet do 10-15 szklanek na dobę. Wodę pić małymi łykami, zatrzymując ją na chwilę w ustach. Najlepiej po oczyszczeniu zębów, języka i wypłukaniu gardła oraz w razie uczucia łaknienia. Używać wody źródlanej, ze studni lub destylowanej. Może też być niegazowana woda mineralna, jednak nie zawierająca dużo soli ze względu na możliwość powstania obrzęków.

3. <u>Czyszczenie zębów i języka</u>
Podczas postu język jest zwykle obłożony toksycznym nalotem. Należy codziennie co 2 godziny czyścić zęby oraz język szczoteczką i pastą do zębów. Najlepiej robić to przed wypiciem wody.

4. <u>Dezynfekcja gardła</u>
Płukanie gardła zapobiega rozwijaniu się szkodliwych mikroustrojów pod warstwą nalotu na błonach śluzowych jamy ustnej. Najlepiej do tego celu nadają się napary z ziół dezynfekujących, np. z liści eukaliptusa, kwiatu rumianku, kwiatu nagietka, szałwii, dziurawca lub mięty (do wyboru jedno z wymienionych). Można też gardło płukać rozpuszczoną w wodzie sodą spożywczą (1 łyżeczka na 1 szklankę wody).

5. <u>Aktywność ruchowa</u>
Proste ćwiczenia gimnastyczne oraz spacery przyspieszają usuwanie szkodliwych produktów przemiany materii. Jeśli nie odczuwamy chęci ich wykonywania, a organizm nie ma ochoty na aktywność, to lepiej się nie zmuszać. Najlepiej wtedy dużo wypoczywać. Jednak nie rezygnujemy ze spacerów i ruchu na świeżym powietrzu.

6. <u>Masaże</u>
Zaleca się codzienne szczotkowanie całego ciała od stóp do głowy w kierunku serca. Najlepiej po tym zabiegu wziąć prysznic. Można kupić specjalne przyrządy do masażu lub skorzystać z zabiegów zawodowego masażysty.

7. <u>Lewatywy oczyszczające</u>
Podczas postu do jelit wydzielane są szkodliwe substancje, skąd ponownie przedostają się do krwiobiegu. Powoduje to uczucie osłabienia. Aby temu zapobiec i czuć się dobrze, należy systematycznie usuwać je z organizmu. Toteż przed snem trzeba zrobić sobie lewatywę. Najlepiej wziąć do tego celu 1-1,5 litra naparu rumianku, szałwii lub pokrzywy.

8. <u>Kąpiele wodne, powietrzne i słoneczne</u>
Po lewatywie wskazany jest letni (ok. 30^0 C) prysznic lub kąpiel w wannie od 10 do 20 minut. Należy unikać gorącej wody, ponieważ może spowodować ona osłabienie i zawroty głowy. Jeżeli pozwala nam stan zdrowia, można w trakcie

głodówki korzystać z sauny bądź kąpieli w basenie, rzece, jeziorze lub morzu. Wskazane są kąpiele powietrzne (1-2 godziny w cieniu) lub słoneczne (15-30 minut). Takie zabiegi przyspieszają detoksykację organizmu, polepszają nastrój i dają siłę.

9. Odzież i kosmetyki

Podczas głodówki nie ubierać się w bieliznę i odzież syntetyczną, która uniemożliwia skórze właściwe oddychanie. Może też powodować pocenie się. Należy także ograniczyć stosowanie kosmetyków, z których poprzez skórę przenika wiele środków chemicznych do organizmu, co jest sprzeczne z naszym celem oczyszczania organizmu.

10. Kontakt z ziemią

Jeżeli pozwala na to pogoda, można podczas spaceru położyć się na plecach na ziemi, popatrzeć w niebo i pomedytować lub porozmyślać. Nic tak nie dodaje człowiekowi energii jak bezpośredni kontakt z ziemią oraz kilkadziesiąt minut kontemplacji na świeżym powietrzu. Kontakt z naturą ma na nas uzdrawiający wpływ.

Sposoby radzenia sobie z nieprzyjemnymi objawami w czasie postu

1. Bóle głowy podczas pierwszych dni głodówki – wypić napar mięty (ok. 1-2 szklanki). Masaż pleców i głowy, spacery, lewatywy, prysznic.
2. Lekkie odczucie głodu, spowodowane drażnieniem przez soki żołądkowe ścian żołądka – wypić 1-2 szklanki cieplej wody i odczekać ok. 15 minut.
3. Uczucie zimna, dreszcze – wypić małą łyżeczką 1-2 szklanki gorącej wody, wziąć gorący prysznic, cieplej się ubrać. Można też stosować kompresy z imbiru na nerki, np. co drugi dzień lub co dwa, trzy dni.
4. Gorzki smak w ustach, a nawet wymioty, co jest wywołane przez wlew do żołądka żółci – wypić 1-2 szklanki letniej (o temp. ciała) wody. Spacerować minimum 1 godzinę na powietrzu. Nie siedzieć i nie leżeć.
5. Gruby nalot na języku, spierzchnięte dochodzące do pękania wargi – usunąć nalot szczoteczką do zębów. Pić więcej wody. Smarować wargi wazeliną.
6. Bóle żołądka – pić 3 razy dziennie po 0,5-1 szklanki naparu z liści babki, kwiatu lipy, ziela dziurawca, koszyczków rumianku i pączków brzozy.
7. Silne bóle serca w stanie spoczynku – pić napary ziołowe z koszyczków rumianku, korzenia waleriany i arcydzięgla, kwiatostanu głogu, liści melisy, kwiatów lawendy, szyszek chmielu.
8. Samoistne drgania mięśni łydek – stosować ćwiczenie: należy kilkakrotnie wspiąć się na palce stóp i opaść. Zażyć tabletkę wit. B_1 (25mg dziennie) oraz 0,5 szklanki naparu z ziela bylicy pospolitej, koszyczków rumianku, korzenia pokrzywy, liści melisy i kłącza perzu.
9. W razie grypy i stanów przeziębieniowych – nie przerywać głodówki, ponieważ w czasie jej trwania grypa mija w ciągu 3-4 dni bez leków i bez powikłań. Można pić napar z wiązówki błotnej, kwiatu lipy i kwiatu czarnego bzu.

10. Obrzęki nóg – nie pić wody mineralnej. Zmniejszyć ilość wypijanych płynów.
11. Wcześniejsza lub spóźniona menstruacja – kontynuować głodówkę, w wyniku której wróci ona do normy. Na ogół zaleca się rozpoczynać głodówkę 7 - 10 dni po zakończeniu menstruacji.
12. Kryzys samopoczucia w 6 -10 lub 16 - 20 dniu głodówki – regularnie stosować poranne ćwiczenia gimnastyczne oraz lewatywy. Trzy razy dziennie można pić po 0,5 - 1 szklanki naparu z mięty lub innych zalecanych ziół z 1-2 łyżeczkami świeżego soku cytrynowego lub grejpfrutowego (na 1 szklankę płynu). Zwykle kryzys trwa 1-2 dni, po czym mija i samopoczucie zdecydowanie się poprawia. Dobrze jednak jest skontaktować się z lekarzem, pod którego opieką pozostajemy w trakcie dłuższej głodówki.

Post na sokach

Zarówno owoce, jak i warzywa mają naturalną zdolność do rozkładania odpadów przemiany materii i stymulowania organów wydalania. W czasie oczyszczania tego rodzaju zaleca się picie soków owocowych lub warzywnych przygotowanych metodą domową, z sokowirówki. Soki dostępne w handlu mogą być sztucznie słodzone i zawierać konserwanty, a przede wszystkim poddawane są procesowi pasteryzacji, w którym giną żywe enzymy z warzyw i owoców. Soki należy rozcieńczać ciepłą wodą (2:1 lub 3:1) tak, aby uzyskać temperaturę zbliżoną do temperatury ciała. Wiosną można pić soki:

warzywne:	**owocowe:**
z marchwi	z jabłek
z marchwi i buraczka	z jabłek i gruszek
z selera	z cytryny
z marchwi i selera	z pomarańczy
	z grejpfruta

W ciągu dnia ogółem można wypić ok. 4 litrów rozcieńczonych soków oraz ciepłej wody, choć jest to sprawa bardzo indywidualna. Osoby z obrzękami powinny wypijać mniej.

Wśród zwolenników postu wyróżnia się rozmaite szkoły. Zwolennicy jednej z nich uważają, że najlepsze efekty, poza postem na wodzie, uzyskuje się, pijąc soki owocowe, których działanie jest oczyszczające. Natomiast soki warzywne – odżywiają, czyli ich picie nie jest postem, ale płynnym odżywianiem. Podczas postu z użyciem soków postępujemy w podobny sposób jak w czasie postu na wodzie.

Etap trzeci: okres rehabilitacji, czyli powót do odżywiania zewnętrznego

1. Okres rehabilitacji trwa tak długo jak post.
2. Należy spożywać produkty roślinne w stanie naturalnym, nieprzetworzone: warzywa, owoce i nasiona na surowo oraz zboża skiełkowane na suro-

wo i pełne ziarno oraz kasze gotowane. Wskazane są krótko gotowane lekkie zupy oraz skiełkowane lub gotowane rośliny strączkowe.

3. Należy uzupełnić florę bakteryjną przewodu pokarmowego żywymi pałeczkami kwasu mlekowego w postaci np. *lactobacillus acidophilus, lakcid, laktobif* (preparaty dostępne są w aptekach). Można też pić ukiszony metodą domową barszcz z buraków.
4. Przerwy między posiłkami powinny wynosić 3-4 godziny, aby nie zakłócać prawidłowego trawienia.
5. Jednorazowa porcja jedzenia nie powinna objętościowo przekraczać ok. 2 szklanek, bo taka jest mniej więcej objętość nierozciągniętego żołądka.
6. Wszelkie napoje pić godzinę przed posiłkiem lub co najmniej 2 godziny po posiłku.
7. Zwracać uwagę na dokładne przeżuwanie pokarmu do postaci płynnej.
8. Spożywać posiłki możliwie jednorodne, w prostych połączeniach, aby uniknąć niestrawności i fermentacji. Stosować różnorodność produktów w ciągu dnia, tygodnia, miesiąca i roku, co jest gwarancją dostarczania organizmowi wszystkich niezbędnych składników pokarmowych.

Zapamiętaj! W tym okresie należy całkowicie wyłączyć żywność pochodzenia zwierzęcego (mięso, ryby, drób, nabiał, jaja) oraz potrawy przygotowane z ich udziałem. Wykluczyć też sól, cukier, ocet i majonez. Nie stosować pieczenia, smażenia oraz żywności marynowanej, wędzonej i solonej.

<u>Dieta pierwszych pięciu dni okresu rehabilitacji</u>

Dzień 1.

Przygotowujemy świeżo wyciśnięty sok z marchwi, rozcieńczony wodą 1:1 o temperaturze pokojowej. Pijemy bardzo powoli, małymi łykami, co dwie godziny. Za każdym razem powinien to być świeżo wyciśnięty sok.

Dzień 2.

Pijemy co 2 godziny po jednej szklance czystego, świeżego soku (już bez wody), w sumie ok. siedmiu szklanek w ciągu doby. Może to być sok z marchwi na przemian z sokiem jabłkowym lub grejpfrutowym czy pomarańczowym.

Dzień 3.

W ciągu dnia należy spożyć 1-1,5 kilograma świeżych owoców, np. jabłka, grejpfruty, pomarańcze, dokładnie je przeżuwając.

Dzień 4.

Na godzinę przed każdym posiłkiem należy wypić jedną do dwóch szklanek ziołowej herbatki z miodem lub sok owocowy czy warzywny.

Śniadanie: 200 g świeżych owoców

Obiad: surówka warzywna z dodatkiem 25 g świeżo zmielonego siemienia lnianego lub mieszanki siemienia, słonecznika i pestek dyni. Surówkę zakwasić cytryną. Pamiętajmy o dokładnym żuciu.

100 g żyta, pszenicy lub owsa zmielić w młynku, lekko podprażyć, dodać gotowanej wody (ok. 200 g), wymieszać i zjeść tę gęstą zupę posypaną np. kiełkami.

Kolacja: Zjeść ponownie 200-250 g owoców, ale innych niż na śniadanie, starannie przeżuwając.

Dzień 5.

Podobnie jak dzień 4. Możemy spożywać również kompot z suszu na surowo (susz owocowy zalać wieczorem przegotowaną letnią wodą, a rano mamy już kompot). Stopniowo wprowadzamy gotowane zboża, prócz surówek warzywnych również warzywa na parze lub duszone, zupy (pożądane żury i barszcz z buraków). Im dłuższy post, tym dłuższy powinien być okres rehabilitacji i spożywanie wyłącznie produktów surowych.

Etap czwarty: okres powrotu do żywienia pełnowartościowego

Jest to czas powrotu do pełnowartościowego odżywiania, najlepiej wegetariańskiego. Dla osób, które nie chcą zrezygnować z jedzenia mięsa, wskazane jest zminimalizowanie jego spożycia do dwóch razy w tygodniu. A oto jak procentowo powinno wyglądać dzienne spożycie podstawowych czterech grup pokarmowych:

– 40% pełne ziarna zbóż (ziarna, kasze, płatki, makarony pełnoziarniste, mąki z pełnego przemiału, chleb pełnoziarnisty),

– 30-40% warzywa (w miesiącach chłodnych 2/3 w postaci gotowanej, 1/3 na surowo, w miesiącach ciepłych – 2/3 na surowo, 1/3 gotowanych),

– 10% strączkowe,

– 10-20% inne produkty (nasiona oleiste, orzechy, owoce świeże i surowe, oleje tłoczone na zimno, grzyby, świeże ryby, jaja od kur hodowanych w sposób ekologiczny, drób – jeżeli ktoś je mięso, produkty mleczne fermentowane – jogurt naturalny, kefir, twarożek).

Pominięcie któregoś z etapów postu lub jego nieprawidłowe przeprowadzenie nie tylko nie przyniesie efektów, lecz może być niebezpieczne. W trakcie trwania postu, jeżeli nie oczyści się wcześniej jelita grubego lewatywami, może dojść do samozatrucia w wyniku wchłaniania się toksyn z gnijących białek i fermentujących węglowodanów. Niebezpieczne może być też pominięcie okresu rehabilitacji i zbyt szybkie przejście na pełną, lecz nieprawidłową dietę (białka i tłuszcze zwierzęce, produkty solone i wędzone).

5. Wiosenne przepisy

PASTY I PASZTETY

Pasta z grochu

M 2 łyżki płatków owsianych
W 1/2 szklanki wody
D 1/2 szklanki podkiełkowanej pszenicy
O majeranek, tymianek

Z szklanka ugotowanego grochu, 2 łyżki świeżo zmielonego siemienia lnianego
M 2 ząbki czosnku, pieprz

Rozgrzej rondel i wypraż płatki. Wlej wodę, gotuj płatki ok. 20 minut i odstaw do wystudzenia. Wymieszaj płatki z podkiełkowaną pszenicą, szczyptą soli, majeranku i tymianku oraz roztartym na gładką masę grochem. Dokładnie wymieszaj, dodając siemię oraz przeciśnięty czosnek i pieprz. Podawaj jako dodatek do pieczywa.

Masło czosnkowe

Z masło śmietankowe
M czosnek
W sól
D zielona pietruszka

Utrzyj masło z posiekanym czosnkiem, dodaj szczyptę soli. Wymieszaj z posiekaną zieloną pietruszką.

Pasta z zielonego groszku

Z 20 dag ugotowanego groszku (suszonegop lub konserwowego), 1 przesmażona na oleju cebula, 3 łyżki oleju tłoczonego na zimno (np. sezamowy, lniany, oliwa z oliwek)
M cząber, pieprz ziołowy
W sól, sos sojowy

Zmiksuj zielony groszek z cebulą, olejem, przyprawami i solą. Wlej nieco sosu sojowego. Wymieszaj.

Pasta migdałowa (lub orzechowa)

Z 20 dag migdałów (lub orzechów laskowych), 2 łyżki oliwy z oliwek, kilka daktyli lub łyżka miodu
M szczypta imbiru
W sól

Migdały sparz i obierz ze skórki. Migdały (lub orzechy) lekko wypraż w nagrzanym piekarniku. Po przestudzeniu zmiel. Daktyle sparz i odsącz na sicie. Do migdałów dodaj daktyle lub miód, szczyptę imbiru, soli i dokładnie zmiksuj. Pastę tę możesz przechowywać w lodówce do dwóch tygodni.

Pasta ze słonecznika

O 1 szklanka wrzątku
Z 3/4 szklanki słonecznika, cynamon
M imbir
W sól
D 2 upieczone jabłka

Do wrzącej wody dodaj słonecznik i gotuj 3 minuty. Wystudź. Odlej nieco wody. Następnie dodaj do słonecznika po szczypcie cynamonu, imbiru i soli. Zmiksuj z upieczonymi i wystudzonymi jabłkami na gładką pastę.

Zapamiętaj! Do pasty możesz użyć surowego, wcześniej namoczonego słonecznika, jednak jest ona mniej trwała w przechowywaniu.

Masło pokrzywowe

Z 1/2 kostki masła (najlepiej niepasteryzowanego), 1/2 szklanki drobniutko posiekanej pokrzywy, kminek
M 2 łyżki posiekanego szczypiorku
W sól
D 2 łyżki podkiełkowanej zmiksowanej pszenicy

Utrzyj masło, dodając drobniutko posiekaną pokrzywę, szczyptę kminku, posiekany szczypiorek, odrobinę soli i na końcu zmiksowaną, podkiełkowaną pszenicę.

Pasztet z soczewicy i pieczarek

Z 2 szklanki soczewicy, 50 dag pieczarek, 1 podsmażona na oleju cebula, 2 łyżki oleju
M 1/2 szklanki płatków owsianych, pieprz, gałka muszkatołowa, oregano, 2-3 ząbki czosnku
W sól, sos sojowy
D nieco soku z cytryny
O majeranek, tymianek

Gotuj soczewicę przez 25 minut, odparowując wodę. Pieczarki drobno pokrój i uduś na oleju. Dodaj do nich podsmażoną cebulę oraz płatki owsiane. Trzymaj na ogniu, aż masa zgęstnieje. Wymieszaj z soczewicą. Dopraw masę po kolei przyprawami z kolejnych Przemian. Umieść w foremkach wysmarowanych tłuszczem i piecz 30 minut.

Zapamiętaj! Inny sposób przygotowania pasztetu polega na zmieleniu soczewicy i masy pieczarkowo-owsianej, a następnie przyprawieniu i upieczeniu. Posyp pasztet siemieniem lnianym lub sezamem.

ZUPY

Żurek

O 1 l wrzątku, szczypta tymianku, majeranku i lubczyku
Z 1 łyżka sklarowanego masła, ok. 6 ziemniaków, 1 pietruszka, 20 dag pieczarek lub boczniaków
M 1 średnia cebula, kilka ziaren angielskiego ziela
W ok. 2 łyżek glonu arame lub hiziki, sól
D ok. 1/2 szklanki kiszonego barszczu (ilość zależy od tego, czy jest kwaśny), kilka łyżek kefiru

Do wrzącej wody dodaj po szczypcie tymianku, majeranku i lubczyku. Wrzuć pokrojone w kostkę ziemniaki oraz pokrojoną w zapałkę pietruszkę. Dodaj łyżkę sklarowanego masła oraz umyte pieczarki. Następnie dołóż pokrojoną drobno cebulę i kilka ziaren angielskiego ziela. Gotuj ok. 20 minut. Glony namocz na kilka minut w zimnej wodzie, po czym wodę odlej i wrzuć je do zupy. Gotuj ok. 10 minut, następnie dopraw solą i wlej kiszony barszcz. Zagotuj i odstaw. Małą ilość zupy odlej, np. do filiżanki, przestudź, dodając stopniowo kefir, tak aby się nie zwarzył, i wlej do całości.

Zupa pokrzywowa

O 2 l wrzącej wody, tymianek
Z 1 łyżka sklarowanego masła
M 3/4 szklanki płatków owsianych, 1 średnia cebula, pieprz
W sól, sos sojowy
D odrobina soku z cytryny
O nieco rozmarynu
Z 2-3 garście pokrzyw (z czubka rośliny)

Do wrzącej wody dodaj tymianek, masło, pokrojoną cebulę i płatki. Gotuj 20 minut, po czym dodaj nieco pieprzu, soli, sosu sojowego, soku z cytryny, rozmarynu oraz wypłukane pokrzywy. Gotuj jeszcze przez ok. 3 minuty, po czym odstaw garnek z zupą z ognia i zmiksuj ją na krem. Podawaj z prażonym słonecznikiem lub z gomasio.

Zupa z soczewicy z pokrzywą

O 2 l wrzącej wody, tymianek, majeranek, świeży lubczyk
Z 1 łyżka masła, 1/2 szklanki soczewicy czerwonej, garść pokrzywy
M oregano, 2-3 ząbki czosnku
M sól, 2 łyżki miso lub tamari
D młode listki selera i babki, zielona pietruszka

Do wrzącej wody dodaj przyprawy, masło i soczewicę. Gotuj 30 minut, aż soczewica się rozgotuje. Wrzuć wypłukane i posiekane listki pokrzywy. Gotuj 3 minuty i zupę odstaw z ognia. Następnie dodaj szczyptę oregano i posiekane ząbki czosnku, sól oraz rozmieszane w małej ilości zupy miso lub nieco sosu tamari. Na końcu dodaj posiekane drobno zielone liście i przykryj zupę pokrywką, aby się lekko zaparzyły.

Zupa jarzynowa z pszenicą lub orkiszem

O 2 l wrzącej wody, tymianek, lubczyk
Z 2-3 marchewki, 1 pietruszka, 3-4 łyżki przecieru z dyni (niekoniecznie), 2 łyżki sklarowanego masła, słodka papryka w proszku, 1 szklanka ugotowanej pszenicy lub orkiszu
M małe kawałki selera oraz pora, pieprz, ziele angielskie
W sól, 4 łyżeczki miso lub sos sojowy,
D natka pietruszki

Do wrzącej wody wsyp nieco tymianku i lubczyku. Dodaj drobno pokrojoną marchew i pietruszkę, masło, przecier z dyni, szczyptę słodkiej papryki oraz ugotowaną pszenicę. Seler i por drobno pokrój i również wrzuć do zupy. Wsyp nieco pieprzu, dodaj ziele angielskie. Gotuj ok. 20 minut, po czym zupę odstaw z ognia. Odlej ok. 1/2 filiżanki zupy i rozmieszaj w niej miso. Dodaj do całości. Podawaj z posiekaną natką pietruszki.

Botwinka

O 2 l wrzątku, liść laurowy, tymianek
Z pęczek młodych buraczków, 2 marchewki, 4-5 ziemniaków, 1 pietruszka, kminek, 1 łyżka sklarowanego masła
M kawałek pora lub 1 średnia cebula, 2-3 łyżki płatków owsianych
W sól
D sok z cytryny
O szklanka posiekanych liści botwinki

Do wrzącej wody dodaj liść laurowy i tymianek. Wymyj i drobno pokrój warzywa i kolejno dokładaj do zupy według przemian. Wsyp płatki owsiane i gotuj 25 minut, po czym dodaj sól, nieco soku z cytryny oraz drobno posiekane listki botwinki.

Zapamiętaj! Do zupy można dodać 2-3 łyżki kefiru (D).

POTRAWY ZE ZBÓŻ

Gotowanie pszenicy lub orkiszu (przepis podstawowy)

W 3 szklanki wody
D 1 szklanka pszenicy

Pszenicę umyj i namocz na noc w zakwaszonej żurkiem wodzie. Następnie zalej świeżą wodą i gotuj na małym ogniu – najlepiej na metalowej płytce. Korzystanie z szybkowaru skraca czas gotowania o połowę.

Potrawa śniadaniowa

O 4 szklanki wrzącej wody, 2 łyżki wyłuskanych i posiekanych orzechów włoskich, szczypta kurkumy
Z 4 łyżki kaszki kukurydzianej, cynamon, kilka daktyli, 2 łyżki sklarowanego masła, 1 łyżka siemienia lnianego
M 1/2 szklanki płatków owsianych, imbir
W sól, ewentualnie nieco zimnej wody
D 1 utarte jabłko

Do wrzącej wody dodaj orzechy, kurkumę, kaszkę kukurydzianą (trzeba energicznie mieszać, aby połączyła się z wodą), siemię, opłukane daktyle, masło, cynamon, płatki owsiane i nieco imbiru oraz soli. Gotuj potrawę 25-30 minut. Gdyby była za gęsta, wlej nieco zimnej wody. Dodaj starte jabłko, zagotuj i odstaw z ognia.

Kasza jaglana gotowana z morelami

O 4 szklanki wrzącej wody
Z 8-10 łyżek kaszy jaglanej, szczypta cynamonu, 15 dag suszonych moreli, 2 łyżeczki sklarowanego masła
M plasterek świeżego imbiru lub szczypta suszonego
W odrobina soli, ewentualnie zimna woda
D nieco soku z cytryny

Do gotującej się wody dodaj wypłukaną kaszę jaglaną, szczyptę cynamonu oraz sparzone wrzątkiem i namoczone w świeżej wodzie pokrojone, suszone morele. Następnie dołóż do potrawy masło oraz plasterek imbiru (może być szczypta suszonego). Dopraw solą, a gdyby potrawa była za gęsta, dodaj nieco zimnej wody. Czas gotowania potrawy wynosi ok. 25-30 minut i uzależniony jest od gatunku kaszy. Na końcu wlej nieco świeżo wyciśniętego soku z cytryny.

Zapamiętaj! Jeżeli lubisz potrawę bardziej słodką, dodaj w Przemianie Ziemi nieco daktyli lub słodu.

Drugi sposób: po doprawieniu potrawy sokiem z cytryny dodaj składnik z Przemiany Ognia, np. nieco wrzącej wody, a na końcu nieco miodu (**Z**). W temperaturze powyżej 40^0C ulegają rozpadowi enzymy zawarte w miodzie, należy więc przedtem potrawę lekko ostudzić.

Płatki orkiszowe lub pszenne z rodzynkami

D 1,5 szklanki płatków orkiszowych lub pszennych
O 1 l wrzącej wody, szczypta kurkumy
Z 2 łyżeczki sklarowanego masła, cynamon lub anyżek, 1/2 szklanki rodzynek, 4 łyżeczki świeżo zmielonego siemienia lnianego
M imbir
W sól
D 1 utarte jabłko lub nieco soku z cytryny

Płatki wypraż na suchej patelni i wrzuć do gotującej się wody. Dodaj kurkumę, masło i cynamon. Gotuj 20 minut. W tym czasie namocz rodzynki. Do ugotowanych płatków odstawionych z ognia wrzuć odcedzone rodzynki, zmielone siemię lniane, szczyptę imbiru, sól oraz utarte jabłko. Wymieszaj i podawaj.

Wzmacniająca zupa z amarantusem

O 1,5 l wrzącej wody, szczypta kurkumy, 4 łyżki amarantusa, rozmaryn
Z 1 łyżka sklarowanego masła, kawałek dyni
M 2 łyżki płatków owsianych, 1 por
W 1-2 łyżki miso lub sosu sojowego, sól
D sok z cytryny, zielone liście (np. pokrzywy, rzodkiewki, kalarepy)

Do wrzącej wody wrzuć szczyptę kurkumy i rozmarynu oraz amarantus. Dynię pokrój w drobną kostkę lub zetrzyj na tarce o grubych oczkach i dodaj do zupy. Włóż masło, płatki owsiane oraz pokrojony drobno oczyszczony por. Gotuj 20 minut, po czym odlej odrobinę zupy i wymieszaj w niej miso. Dodaj do całości i zupę odstaw z ognia. Dodaj drobno pokrojone młode zielone listki. Potrawę przykryj pokrywką, aby liście się zaparzyły.

Zapamiętaj! Potrawa ta jest doskonała również bez dodatku płatków owsianych. Zwiększ wówczas ilość amarantusa do 6-7 łyżek.

Ryż z jabłkami i bananem

Z 2 słodkie jabłka, dojrzały banan, 2 łyżki sklarowanego masła, anyżek lub cynamon
M utarty świeży imbir, ugotowany ryż (ok. 2 szklanki)
W sól, łyżka zimnej wody
D sok z cytryny, 2-3 łyżki naturalnego jogurtu (niekoniecznie)

Postaw garnek na ogniu, włóż masło, pokrojone w grubą kostkę jabłka i banana. Przykryj pokrywką i duś na małym ogniu 10 minut, po czym dodaj ugotowany ryż oraz nieco anyżku i utartego świeżego imbiru (może być też szczypta suszonego). Trzymaj potrawę na ogniu do momentu, aż się podgrzeje. Dodaj szczyptę soli, łyżkę zimnej wody, nieco soku z cytryny. Odstaw z ognia. Na końcu możesz wymieszać potrawę z jogurtem, ale nie jest to konieczne.

Makaron razowy z jabłkiem

Z 2 łyżki sklarowanego masła
M szczypta imbiru
W sól
D 2-3 jabłka, 2-3 łyżki naturalnego jogurtu (niekoniecznie)
O 1 łyżka wrzącej wody
Z cynamon, 3 szklanki ugotowanego makaronu, 1/2 szklanki namoczonych rodzynek

Rozpuść masło, dodaj szczyptę imbiru i soli oraz pokrojone w cienkie półplasterki jabłka. Duś 5-10 minut na małym ogniu pod przykryciem. Odstaw z ognia, dodaj jogurt, łyżkę wrzącej wody, cynamon i wymieszaj z ugotowanym makaronem. Na końcu posyp potrawę rodzynkami.

Pszenne placki chapati

D mąka pszenna razowa lub orkiszowa (ok. 2 szklanki)
O szczypta kakao
Z 3 łyżki oliwy z oliwek
M pieprz
W 1/2 łyżeczki soli
D odrobina soku z cytryny
O gorąca woda (ok. 3/4 szklanki)

Do mąki dodaj kakao, oliwę z oliwek, pieprz, sól, odrobinę soku z cytryny i tyle gorącej wody, aby zagnieść elastyczne ciasto. Dokładnie je wyrób, po czym rozwałkuj na placki i piecz na blasze w piekarniku lub smaż na patelni wysmarowanej oliwą. Podawaj jako dodatek do potraw.

Chleb na zakwasie

Zakwas

Do ciepłej wody wsyp 1/2 szklanki pszennej mąki razowej i wymieszaj. Powinno się uzyskać konsystencję kwaśnej śmietany. Odstaw w ciepłe miejsce, przykrywając gazą lub ściereczką. Po ok. dwóch dniach, kiedy na powierzchni pojawią się bąbelki i czuć będzie kwasem, zakwas jest gotowy.

Do zakwasu dodaj trochę ciepłej wody, 1 kg mąki pszennej razowej, rozmieszaj i ponownie wlej ciepłej wody tak, aby ciasto było dość gęste ale zarazem luźne.

Z do ciasta dodaj 2 łyżki oleju, sezam, kminek
M kolendrę, czarnuszkę
W 1 łyżeczkę soli
D trochę skiełkowanej pszenicy

Dokładnie wyrób ciasto. Natłuść formę, napełnij ją mniej niż do połowy ciastem i odstaw w ciepłe miejsce do wyrośnięcia, przykrywając ściereczką. Piecz 1 godzinę do godziny 20 min., wstawiając foremkę z ciastem w nieco większą, napełnioną do 1/3 wysokości wodą. Dzięki parowaniu wody chleb tak nie wysycha. Gdyby na wierzchu mocno się zarumienił, przykryj go pergaminem i piecz dalej.

Zapiekanka z makaronu, pieczarek i szpinaku

Z 50 dag pieczarek, 2-3 łyżki sklarowanego masła lub oleju, 40 dag makaronu, 50 dag szpinaku, 1 drobno pokrojona i podsmażona cebula
M pieprz, 2-3 ząbki czosnku
W sól, sos sojowy
D sok z cytryny

oraz tłuszcz do wysmarowania naczynia do zapiekania.

Zamiast szpinaku możesz użyć pokrzywy lub pół na pół szpinak z pokrzywą. Możesz też do zapiekanki dodać jajko (**Z**) i krótko zapiec.

Ugotuj makaron. Szpinak przebierz, oczyść i krótko zagotuj w dużym garnku. Odcedź na durszlaku. Podsmaż cebulę. Pieczarki oczyść i pokrój w cienkie plasterki. Podduś je na maśle i wymieszaj z makaronem, cebulką oraz posiekanymi listkami szpinaku. Dodaj pieprzu, posiekane ząbki czosnku, soli i sosu sojowego do smaku. Skrop sokiem z cytryny. Przełóż do wysmarowanego naczynia żaroodpornego i zapiekaj przez ok. 15 minut.

POTRAWY Z WARZYW

Cebula duszona z botwinką

Z 2 łyżki oleju, kminek
M 4 cebule, kolendra
W sól, odrobina zimnej wody
D 1 łyżka mąki pszennej, 2 pęczki botwinki, sok z cytryny

Rozgrzej patelnię i wlej olej. Dodaj kminek, pokrojoną w półplasterki cebulę, po szczypcie kolendry i soli. Duś pod przykryciem na małym ogniu. W odrobinie zimnej wody rozmieszaj mąkę. Do cebulki dodaj drobno pokrojoną botwinkę i duś jeszcze 5 minut. Na końcu zagęść zawiesiną z mąki (niekoniecznie) i dodaj nieco soku z cytryny (niekoniecznie).

Warzywa duszone

O odrobina gorącej wody
Z marchew, pietruszka, dynia
M seler, cebula, czosnek, pieprz
W sól, sos sojowy
D odrobina soku z cytryny
O szczypta tymianku
Z nieco oliwy z oliwek lub oleju sezamowego

W odrobinie gorącej wody poddduś pokrojone w słupki warzywa, wkładając je po kolei według Przemian. Dodaj przeciśnięty czosnek i odrobinę pieprzu. Warzywa przykryj pokrywą i duś przez kilka minut, od czasu do czasu mieszając. Następnie dopraw solą, sosem sojowym, sokiem z cytryny i szczyptą tymianku. Na końcu wlej nieco oliwy z oliwek lub oleju sezamowego. Podawaj z kaszami lub makaronem.

Zapamiętaj! Ustaw garnek na metalowej płytce i duś warzywa na małym ogniu.

Warzywa gotowane na parze

Na parze można gotować dowolne warzywa: marchew, pietruszkę, seler, cebulę, białą rzodkiew, dynię, por, kapustę, zielone warzywa liściaste i inne. Ugotowane w ten sposób jarzyny są lekkostrawne i zachowują w największym stopniu witaminy i składniki mineralne. Warzywa pokrój na dowolne kawałki, niektóre gotuj w całości. Do przyrządzania potraw na parze służy specjalny garnek o podwójnym dnie. Można do tego celu także użyć durszlaka dopasowanego do garnka, w którym gotuje się woda. Poziom wody powinien być taki, aby nie sięgała ona jarzyn, a w trakcie gotowania należy ją uzupełniać.

Czas gotowania zależy od rodzaju jarzyn, najkrócej gotują się zielone liściaste (2-3 minuty, powinny być soczystozielone, a nie ciemnozielone). Warzywa gotowane na parze są świetne do przyrządzania sałatek.

Zapamiętaj! Dla osób chorych i małych dzieci warzywa należy gotować dłużej, dla ludzi zdrowych najlepsza jest ich postać półtwarda.

Jarzyny po chińsku

Z 3-4 łyżki oleju sezamowego, 1/2 szklanki pokrojonych dowolnych grzybów, 1/2 szklanki zielonego groszku (może być konserwowy), 1 marchew
M 1 mały seler, 1 cebula, imbir, pieprz
W sos sojowy, sól
D 2 filiżanki kiełków soi, zielona pietruszka

Rozgrzej rondel na ogniu, wlej olej. Grzyby pokrój w paseczki (jeżeli są suszone, to wcześniej namocz i obgotuj). Marchew, seler i cebulę pokrój w słupki. Do rondla z olejem wkładaj kolejno marchew, grzyby, groszek, cebulę, seler oraz po szczypcie imbiru, pieprzu oraz soli i sosu sojowego. Smaż 5 minut, przez cały czas mieszając. Dodaj wypłukane kiełki soi i duś pod przykryciem 10 minut. Odstaw z ognia i posyp zieloną pietruszką. Podawaj z ryżem i kaszami oraz jako dodatek do makaronu.

Biała kapusta duszona z rodzynkami i jabłkiem

O odrobina wrzącej wody, tymianek
Z 15 dag rodzynek
M 1 średniej wielkości główka kapusty, 1-2 łyżki płatków owsianych, imbir
W sól
D 1-2 kwaskowe jabłka, sok z cytryny

Do wrzącej wody dodaj tymianek, sparzone wcześniej rodzynki oraz pokrojoną kapustę. Wsyp płatki owsiane, szczyptę imbiru. Gotuj 10-15 minut. Potrawę lekko posól, dodaj starte na tarce o grubych oczkach jabłka i gotuj jeszcze 5-10 minut. Wlej nieco soku z cytryny i wymieszaj.

Zapamiętaj! Jeżeli na końcu chcesz do kapusty dodać nieco oliwy lub masła (**Z**), to najpierw wlej odrobinę wrzącej wody z Przemiany Ognia. Może to być też szczypta tymianku.

Surówka z marchwi

Z 4-5 marchwi
M 2 łyżeczki tartego chrzanu
W sól
D kiełki pszenicy, 1 jabłko, 2 mandarynki, 2-3 łyżki jogurtu naturalnego

Oczyszczoną marchew zetrzyj na tarce, dodaj chrzanu, lekko posól, przyciśnij talerzykiem i obciąż np. słoiczkiem z wodą. Odstaw na 30 minut. W tym czasie umyj i obierz mandarynki, podziel je na cząstki. Wypłucz kiełki pszenicy na sitku. Jabłko umyj i zetrzyj na tarce. Do marchwi z chrzanem dodaj kiełki, owoce oraz jogurt. Dokładnie wymieszaj.

Surówka wiosenna

O szczypta tymianku
Z 1 łyżka oliwy z oliwek
M 2 średniej wielkości pory, kilkanaście rzodkiewek, kilka gałązek jarmużu (niekoniecznie), 2 łyżki rzeżuchy
W sól
D 2 łyżki opłukanych kiełków pszenicy, listki rzodkiewek, 1 kiszony ogórek, kilka łyżek naturalnego jogurtu lub kefiru

Pory oczyść, przekrój wzdłuż na połowę i rozchylając listki, dokładnie umyj. Pokrój drobno w paseczki i sparz wrzącą wodą przez ok. 5-10 minut. Rzodkiewki

umyj i zetrzyj na tarce o grubych oczkach. Jarmuż umyj i drobno pokrój. Możesz go sparzyć, ale nie jest to konieczne. Listki rzodkiewki drobno posiekaj, a ogórek kiszony zetrzyj na tarce o grubych oczkach. Do miski wsyp szczyptę tymianku, daj sparzone i odcedzone pory, rzodkiewki, jarmuż i rzeżuchę oraz wlej oliwę. Wymieszaj i posól. Następnie dodaj kiełki pszenicy, listki rzodkiewek, ogórek kiszony oraz nieco jogurtu lub kefiru. Podawaj jako dodatek do potraw.

Surówka z porów

M 2-3 pory, oregano
W sól, pieprz
D 2 kiszone ogórki, 2 łyżeczki kiełków (np. z lucerny, rzodkiewki lub pszenicy), 1 jabłko
O tymianek
Z 2-3 łyżki majonezu (patrz przepis na str. 215)

Pory dokładnie oczyść, przekrawając je wzdłuż, po czym drobno pokrój w paseczki i sparz wrzącą wodą przez 5-10 minut. Odsącz na sicie. Do sparzonych porów dodaj po szczypcie oregano, soli i pieprzu. Wymieszaj, a następnie dołóż wypłukane na sicie kiełki, starte na tarce o grubych oczkach ogórki i jabłko. Dokładnie wymieszaj ze szczyptą tymianku i majonezem. Podawaj jako dodatek do potraw.

Sałatka wiosenna

O 1-2 sałaty
Z 2-3 łyżki oliwy, 1 ogórek
M pęczek rzodkiewek, szczypiorek, oregano
W sól
D sok z cytryny

Sałatę wymyj i odsącz. Rozdziel listki na mniejsze kawałki i dodaj dobrze umyty i pokrojony ze skórą w półplasterki ogórek. Dodaj starte na tarce o grubych oczkach rzodkiewki, pokrojony szczypiorek oraz szczyptę oregano i soli. Wymieszaj i skrop sokiem z cytryny. Podawaj jako dodatek do potraw.

Krótka kiszonka z marchwi, białej rzodkwi i cebuli

Z 2-3 marchwie
M 1 biała rzodkiew, 2 cebule, kilka ziaren gorczycy
W przegotowana, zimna, lekko słona woda

Oczyszczoną marchew pokrój w plasterki, a następnie w paseczki. Dodaj do niej umytą i pokrojoną w ten sam sposób białą rzodkiew oraz cebulę posiekaną w „piórka". Przełóż do słoiczków, dodając do każdego po kilka ziaren gorczycy. Zalej słoną wodą, przykryj nakrętką, nie zakręcając. Pozostaw w ciepłym miejscu do zakiszenia. Po 3-4 dniach słoiczki z ukiszonymi warzywami zakręć i umieść w lodówce. Podawaj jako dodatek do potraw ciepłych oraz do kanapek. Zalewę po wykorzystaniu warzyw używaj do zup.

INNE POTRAWY

Kotleciki pieczarkowe

Z 30 dag pieczarek, 4 łyżki sklarowanego masła (lub oleju), 1 łyżka skrobi kukurydzianej lub mąki ziemniaczanej
M 3/4 szklanki płatków owsianych, pieprz
W sól
D sok z cytryny

oraz olej do smażenia i bułka tarta do obtaczania

Pieczarki wymyj i utrzyj na tarce o grubych oczkach. Płatki owsiane zalej wrzącą wodą, tak aby woda tylko je przykryła. Odstaw do napęcznienia na 20 minut. Na łyżce masła podsmaż pieczarki, aż do wyparowania sosu i odstaw do wystygnięcia. Do pieczarek dodaj skrobię, wystudzone płatki, szczyptę pieprzu, sól i odrobinę soku z cytryny. Masę dokładnie wyrób. Formuj małe kotleciki, obtaczaj w bułce tartej i smaż na sklarowanym maśle lub na oleju.

Zapamiętaj! Jeżeli uformowane kotlety schłodzisz nieco w lodówce – wtedy lepiej się smażą. Możesz je też upiec w piekarniku.

Kotleciki z tofu

O 20 dag kaszy gryczanej, 1/2 l wrzącej wody, tymianek
Z 1 cebula zeszklona na oleju, 30 dag tofu naturalnego, 1 łyżka skrobi kukurydzianej
M pieprz
W sól

oraz bułka tarta do obtaczania kotletów i olej do smażenia

Do wrzącej wody wsyp kaszę, dodaj szczyptę tymianku i gotuj 10-15 minut. Po czym pozostaw pod przykryciem na 15 minut, w celu napęcznienia. Tofu odsącz z zalewy, rozgnieć widelcem i razem z zeszkloną cebulą ogrzewaj na ogniu 2-3 minuty przez cały czas mieszając. Połącz z kaszą, dodaj skrobię. Dopraw pieprzem i solą. Dokładnie wyrób. Uformuj mokrymi dłońmi małe kotleciki i obtaczaj w bułce tartej. Smaż na oleju po obu stronach.

Wiosenna tarta z warzywami

Ciasto:

D 25 dag mąki pszennej razowej lub orkiszowej
O szczypta kurkumy
Z 12 dag masła
M szczypta imbiru
W zimna woda do zarobienia ciasta, 1/2 łyżeczki soli

Masa jarzynowa:

Z po 15 dag marchwi, ugotowanego grochu i kalarepy, 10 dag pieczarek, 1 łyżka sklarowanego masła, 1 jajko (lub łyżka skrobi kukurydzianej)

M szczypta gałki muszkatołowej, pieprz, 4-5 cebul dymek
W sól

oraz tłuszcz do wysmarowania foremki, świeża trybula do posypania gotowej potrawy

Do mąki dodaj kurkumę, masło, imbir i posiekaj nożem. Dodaj sól oraz nieco zimnej wody (ostrożnie), tak aby szybko skleić dość gęste ciasto. Schłodź w lodówce przez minimum 30 minut.

W tym czasie przygotuj masę jarzynową. Na maśle podduś drobno pokrojone warzywa: marchew i kalarepę, ugotowany groch oraz drobno pokrojone pieczarki. Dodaj jajko lub skrobię kukurydzianą, dokładnie wymieszaj. Następnie dodaj drobno pokrojoną cebulę dymkę, przypraw gałką muszkatołową i pieprzem. Wsyp sól do smaku.

Tortownicę średniej wielkości wysmaruj tłuszczem, wyłóż ciastem, formując trochę wyższy brzeg. Ponakłuwaj widelcem małe dziurki i wstaw ciasto do nagrzanego, piekarnika, aby podpiec je na złoty kolor (ok. 15-20 minut). Następnie wypełnij tartę masą warzywną i wstaw jeszcze na ok. 10-15 minut do piekarnika. Po upieczeniu posyp posiekanymi ziołami świeżej trybuli.

Zapamiętaj! Tartę możesz przyrządzić z różnymi warzywami, w zależności od pory roku. Niektórych nie trzeba wcześniej dusić (np. cukinia, papryka, pomidory). Najważniejsze, aby masa była dobrze przyprawiona. Nie żałuj ziół i przypraw.

Kapusta kiszona krótko duszona z fasolą

D 50 dag kiszonej kapusty
O 1/2 szklanki wrzącej wody, majeranek,tymianek
Z 2 łyżki sklarowanego masła lub oleju, 1-2 starte słodkie jabłka, 2-3 łyżki ugotowanej kaszy jaglanej lub innej kaszy
M pieprz
W 3/4 szklanki ugotowanej ciemnej fasoli, sól, sos sojowy

oraz kiełki z pszenicy do posypania potrawy

Do rondla włóż kapustę, postaw na ogniu i wlej wrzącą wodę. Dodaj nieco majeranku i tymianku, masło, starte jabłka oraz resztki ugotowanej pozostałej, np. ze śniadania, kaszy jaglanej (może być z dodatkami). Duś kapustę pod przykryciem na małym ogniu 10 minut, często mieszając. Wsyp nieco pieprzu i soli, dodaj fasolę. Wymieszaj i gotuj jeszcze 5-10 minut. Na końcu wlej nieco sosu sojowego. Potrawę podawaj posypaną kiełkami z pszenicy.

SOSY

Sos koperkowy

O 0,5 l wrzącej wody, tymianek
Z łyżeczka masła
M 3 łyżki płatków owsianych (lub mąki owsianej), pieprz ziołowy
W sól
D 1-2 pęczki młodego koperku, 1-2 łyżki naturalnego jogurtu lub kefiru (niekoniecznie), sok z cytryny do smaku

Zagotuj wodę, dodaj tymianek, masło, płatki owsiane, pieprz i sól do smaku. Gotuj 15 minut, po czym odstaw z ognia i dokładnie zmiksuj. Dodaj posiekany drobno koperek oraz jogurt i nieco soku z cytryny. Podawaj jako dodatek do kasz, kotletów, pieczeni i innych potraw.

Sos warzywny do makaronu lub ryżu

D 1,5 łyżki mąki pszennej razowej
O tymianek, majeranek
Z 2 łyżki sklarowanego masła lub oliwy, 1 marchew, kilka kawałków papryki konserwowej
M mały por, pieprz, 1-2 ząbki czosnku
W 1,5-2 szklanki wody, sól
D 2-3 łyżki przecieru z pomidorów, 1 łyżka posiekanej natki z pietruszki

Marchew utrzyj na tarce. Paprykę i por drobno pokrój. Mąkę wypraż w suchym rondelku o grubym dnie. Dodaj po szczypcie tymianku i majeranku, masło lub oliwę, startą marchew, posiekaną paprykę, por, szczyptę pieprzu, posiekany czosnek oraz stopniowo wodę. Wymieszaj i gotuj ok. 8-10 minut. Posól i dodaj przecier pomidorowy. Wymieszaj i odstaw z ognia. Posyp natką pietruszki.

Zapamiętaj! Sos będzie bardziej pożywny, jeżeli dodasz do niego ugotowaną fasolę (**W**) lub pokrojony w kostkę tempeh lub tofu (**Z**).

Sos zielony

M 3 łyżki płatków owsianych (lub mąki owsianej)
W 1/2 l, wody, sos sojowy, sól
D 5 łyżek mieszanych zielonych roślin: rzeżuchy, szczypiorku, natki pietruszki i dowolnych kiełków, odrobina soku z cytryny, 1-2 łyżki naturalnego jogurtu
O gorąca woda (gdyby sos był za gęsty), tymianek

Płatki wypraż w suchym rondelku o grubym dnie. Dodaj wodę. Gotuj 15 minut, odstaw z ognia i zmiksuj. Dopraw solą i sosem sojowym. Wsyp drobniutko posiekaną zieleninę, dodaj nieco soku z cytryny, jogurt oraz tymianek. Dokładnie wymieszaj. Gdyby sos był za gęsty, dolej nieco wrzącej wody. Podawaj do kasz, makaronu, pieczeni, kotletów i innych potraw.

Zimny sos z tahiny (lub masła orzechowego)

Z 4 łyżki tahiny (lub masła orzechowego) bez cukru, 2 łyżki słodu lub 1 łyżka miodu
M szczypta imbiru lub nieco soku ze świeżego korzenia imbiru
W odrobina soli, przegotowana zimna woda

Tahinę lub masło rozetrzyj ze słodem, dodaj imbir, szczyptę soli. Stopniowo wlewaj zimną przegotowaną wodę, tak aby uzyskać dość gęstą konsystencję sosu. Podawaj jako dodatek do kasz i deserów.

Zapamiętaj! Chcąc uzyskać nieco inny smak, dodaj 1 łyżkę karobu (**Z**), soku z cytryny (**D**) i rumu (**O**). Jeżeli użyjesz mniejszą ilość wody, uzyskasz doskonały krem do przełożenia ciast, bardziej rozcieńczony – będzie słodkim sosem do deserów.

DESERY

Jabłka pieczone nadziewane

Z 4 jabłka, 3 łyżki masła orzechowego, 2 łyżki słodu jęczmiennego lub miodu, 4 śliwki suszone bez pestek, cynamon
M szczypta imbiru mielonego
W sól, zimna przegotowana woda

Z jabłek wydrąż gniazda nasienne. Masło orzechowe wymieszaj ze słodem lub miodem. Dodaj sparzone wcześniej wrzątkiem i pokrojone drobno śliwki, szczyptę cynamonu, imbiru, soli oraz tyle zimnej wody, aby po wymieszaniu masa była dość gęsta. Wypełnij jabłka tym nadzieniem. Ułóż na blasze i zapiekaj przez 20-30 minut w temp. ok. 180°C.

Ciasteczka sezamowe

D 1 szklanka mąki orkiszowej lub pszennej pełnoziarnistej
O 1 łyżeczka kakao
Z 1 szklanka mąki kukurydzianej, 12 dag masła lub 10 łyżek oleju, 15 dag sezamu, 3 łyżki miodu
M szczypta imbiru
W szczypta soli, zimna woda

Na stolnicę wsyp mąkę orkiszową, dodaj kakao, mąkę kukurydzianą, tłuszcz oraz wypłukany sezam i miód. Wszystkie składniki dokładnie posiekaj nożem. Dodaj szczyptę imbiru oraz soli i jeszcze posiekaj. Wlej ostrożnie tyle zimnej wody, aby wszystkie składniki połączyć w dość gęste ciasto. Nie wyrabiaj! Włóż do lodówki na co najmniej 1 godzinę.

Wykrawaj foremką z rozwałkowanego ciasta drobne ciasteczka i piecz ok. 15 minut w piekarniku (temp. 180°C) lub ciasto rozwałkuj i przełóż na blachę. Pokrój ciasteczka na blasze i upiecz jak wyżej.

Szarlotka z migdałami

Ciasto:

D 2 szklanki mąki orkiszowej lub pszennej, 1/2 łyżeczki sody
O szczypta kurkumy
Z 5 łyżeczek sklarowanego masła (ewentualnie zwykłego śmietankowego) lub oleju, wytłoki z sokowirówki po wyciśnięciu 3-4 marchwi (niekoniecznie), 100 g zmielonych lub posiekanych drobno migdałów, 4-5 łyżek miodu, 1/2 łyżeczki cynamonu
M szczypta goździków
W sól, zimna woda

Nadzienie:

D 1 kg jabłek

O 2 łyżeczki gorącej wody

Z 10 dag rodzynek, cynamon

M szczypta imbiru

W 1,5 łyżeczki agar – agaru

oraz tłuszcz do wysmarowania blachy i obrane migdały (do dekoracji)

Wysyp mąkę na stolnicę, dodaj sodę, kurkumę, masło, wytłoki z marchwi (niekoniecznie), migdały, miód, cynamon oraz goździki. Posiekaj energicznie nożem, lekko posól i wlej tyle zimnej wody, aby szybko połączyć wszystkie składniki. Ciasto tylko zlep, ale nie wyrabiaj! Schłodź w lodówce przez minimum 30 minut.

Nadzienie:

Umyte jabłka pokrój ze skórką na niewielkie kawałki. Jeżeli skórka jest brzydka, to ją obierz. Dodaj gorącej wody, szczyptę cynamonu oraz namoczone wcześniej rodzynki i razem gotuj na małym ogniu. Daj odrobinę imbiru oraz rozpuszczony w małej ilości zimnej wody agar – agar. Gotuj jeszcze 10 minut, mieszając, aby się jabłka nie przypaliły.

Ciasto w całości rozwałkuj, podsypując je mąką i umieść w wysmarowanej tłuszczem tortownicy lub w foremce do tarty. Ponakłuwaj ciasto widelcem i piecz 20 minut (do zarumienienia) w dobrze nagrzanym piekarniku (ok. 180^{0}C). Na upieczone ciasto wyłóż masę jabłkową, udekoruj migdałami i wystudź.

Kruchy placek z suszonymi owocami

Ciasto

D 2 szklanki mąki pszennej razowej lub mąki orkiszowej, skórka otarta z 1 cytryny

O szczypta kurkumy

Z 1/2 kostki masła

M szczypta imbiru

W sól, ok. 1/2 szklanki zimnej wody

Masa owocowa

O wrząca woda

Z suszone morele, śliwki, daktyle, figi

M płatki owsiane do zagęszczenia

Mąkę wysyp na stolnicę, dodaj otartą skórkę z jednej wyszorowanej szczoteczką i wyparzonej cytryny, szczyptę kurkumy, masło, szczyptę imbiru i soli. Wszystko razem posiekaj dokładnie nożem i dodaj tyle zimnej wody, aby szybko zlepić ciasto. Nie wyrabiaj! Ciasto schłodź w lodówce, a w tym czasie przygotuj masę owocową. Owoce sparz wrzącą wodą, odsącz na sicie. W garnku z wrzącą wodą gotuj je przez ok. 30-40 minut, a następnie zagęść płatkami owsianymi. Ciasto rozwałkuj, umieść na blasze. Wyłóż masę owocową i piecz ok. 20-30 minut w gorącym piekarniku (ok. 180^{0}C).

Zapamiętaj! Ciasto możesz udekorować po upieczeniu namoczonymi suszonymi owocami, orzeszkami lub migdałami obranymi ze skórki.

Wielkanocna babka drożdżowa

D 50 dag mąki orkiszowej lub pszennej pełnoziarnistej, 8 dag drożdży
O kieliszek spirytusu
Z 50 dag mąki kukurydzianej, 15 dag brązowego cukru (lub nieco mniej miodu lub przecieru z daktyli), 6 żółtek, 1/2 l mleka
M szczypta imbiru
W 1/2 łyżeczki soli
D skórka otarta z całej cytryny, nieco soku cytrynowego
O szczypta kurkumy
Z 12 dag masła, 10 dag rodzynek

oraz mąka pszenna do podsypania, tłuszcz do wysmarowania formy

Sporządź rozczyn: z drożdży, 2 łyżek mąki pszennej, 1 łyżeczki cukru oraz takiej ilości mleka, aby masa miała konsystencję kwaśnej śmietany. Odstaw do wyrośnięcia. Rodzynki namocz. Cytrynę umyj mydłem, wyszoruj szczoteczką i sparz wrzącą wodą. Do mąki pszennej daj wyrośnięty rozczyn, spirytus i utarte do białości żółtka z cukrem. Wsyp mąkę kukurydzianą, wlej mleko, dodaj imbir, sól, przez cały czas wyrabiając ciasto ręką. Otrzyj skórkę z cytryny do ciasta, daj szczyptę kurkumy, odsączone rodzynki oraz rozpuszczone i przestudzone masło. Dokładnie ciasto wyrób tak, aby odstawało od ręki i przełóż do wysmarowanej masłem formy. Gdy ciasto rosnąc wypełni formę, wstaw do nagrzanego piekarnika (180°C) i piecz ok. 1 godziny.

Zapamiętaj! Nie wlewaj od razu do ciasta całej porcji mleka. Dodając stopniowo, reguluj konsystencję ciasta.

Mazurek porzeczkowy

Ciasto

D 2 szklanki mąki orkiszowej
O szczypta kurkumy
Z 3 łyżeczki przecieru z daktyli lub miodu, 15 dag masła
M szczypta imbiru
W sól, woda

Masa

Z słoik dobrego dżemu porzeczkowego, 10-15 dag orzechów laskowych lub migdałów, smażona skórka pomarańczowa

oraz 1 łyżeczka miodu rozpuszczonego w 1/2 filiżanki wody

Mąkę posiekaj z kurkumą, masłem, przecierem z daktyli, imbirem i solą. Wlej tyle zimnej wody, aby zlepić ciasto. Nie wyrabiaj go! Wstaw do lodówki do schłodzenia. Z 2/3 ciasta rozwałkuj prostokąt i ułóż na blasze. Z reszty ciasta zrób wałeczek o średnicy 1 cm i ułóż wzdłuż boków prostokąta, pona-

cinaj wierzch wałeczka w ukośną kratkę i posmaruj wodą z miodem. Ciasto należy piec w gorącym piekarniku ok. 7-10 minut. Dżem porzeczkowy wymieszaj ze zmielonymi orzechami (możesz je też podprażyć). Masę wyłóż na upieczony mazurek, posyp drobniutko pokrojoną skórką pomarańczową. Wstaw do niezbyt gorącego piekarnika na kilka minut.

NAPOJE

Herbatka odprężająca

O 0,5 l wrzącej wody
Z kilka daktyli, cynamon
M goździki
W odrobina zimnej wody
D 1 łyżka owoców dzikiej róży, 1 łyżka melisy

Do wrzącej wody dodaj kilka daktyli, szczyptę cynamonu oraz goździków i gotuj 10 minut. Wlej odrobinę zimnej wody, wsyp owoce dzikiej róży i gotuj 5 minut. Dodaj melisę, odstaw z ognia i parz przez kilka minut pod przykryciem. Uzyskany napar jest dość mocny, więc rozcieńczaj go gorącą wodą.

Kawa zbożowa

O 1 l wrzącej wody, 3 łyżki kawy zbożowej
Z szczypta cynamonu
M 1-2 nasionka kardamonu, plasterek świeżego imbiru

Do wrzącej wody dodaj kawę oraz cynamon, kardamon i imbir, Zagotuj i zmniejsz ogień. Odczekaj, aż kawa osiądzie i wyłącz.

Zapamiętaj! Kawa ta dobrze smakuje osłodzona miodem (**Z**), z dodatkiem mleka (**Z**).

6. Przykładowe jadłospisy na wiosnę

I

Śniadanie:	Napój z miodu i cytryny Płatki orkiszowe z rodzynkami Pasta ze słonecznika (str. 72), pieczywo razowe, kiełki z pszenicy, ogórek kiszony.
Obiad:	Botwinka (str. 75) Kotleciki z tofu (str. 82) Kasza jaglana gotowana z cebulą Warzywa duszone (str. 79), surówka wiosenna (str. 80)
Deser:	Szarlotka (str. 85), kawa zbożowa (str. 88)
Kolacja:	Zapiekanka z makaronu, pieczarek i szpinaku (str. 78) Herbata kukicha

II

Śniadanie:	Napój z kiszonego barszczu buraczanego (str. 214)
	Wzmacniająca potrawa śniadaniowa z amarantusa (str. 76)
	Pasztet z soczewicy i pieczarek (str. 73), chrzan, kiełki lucerny
Obiad:	Zupa pokrzywowa (str. 74)
	Kapusta kiszona krótko duszona z fasolą (str. 83)
	Kasza gryczana, warzywa gotowane na parze (str. 79)
Deser:	Jabłka pieczone nadziewane (str. 85)
Kolacja:	Wiosenna tarta z warzywami (str. 82)
	Sos zielony (str. 84), herbatka ziołowa

III

Śniadanie:	Zupa miso (z dowolnych warzyw)
	Kasza jaglana gotowana z morelami (str. 76)
	Masło pokrzywowe (str. 72), chleb razowy
	Herbata ziołowa
Obiad:	Zupa jarzynowa z pszenicą lub orkiszem (str. 74)
	Kotleciki pieczarkowe (str. 82), makaron razowy, sos koperkowy (str. 83), warzywa gotowane na parze, surówka z porów (str. 81).
Deser:	Kisiel owocowy z jabłkami), ciasteczka sezamowe (str. 85)
Kolacja:	Jarzyny po chińsku (str. 79)
	Pasta migdałowa lub orzechowa (str. 72)
	Pszenne placki chapati (str. 77), kawa zbożowa

Lipy kwitną... Woń przesłodka dyszy,
Puch się kwietny sypie poprzez płoty,
Wskróś szerokiej, wskróś porannej ciszy
Brzęczy w słońcu pszczelny rój nasz złoty!
Lipy kwitną... Złoty rój nasz brzęczy,
Miodem pachnie prastara pasieka,
Malowany kolorami tęczy
Tuman siny wieje gdzieś z daleka.
Lipy kwitną... W sinym wskróś tumanie
Ciche, senne, w zorzach widać chaty,
A do każdej światła zwiastowanie
Jasną stopą niesie duch skrzydlaty
Lipy kwitną... Idą w gości duchy,
Do chat czarnych, do niskiej zagrody,
A wskróś drogi polatują puchy,
A wskróś drogi pachną białe miody. (...)

Maria Konopnicka

XII. LATO

Przemiana Ognia

Pora roku:	lato
Pogoda:	upał
Kolor:	czerwień
Organ jin:	serce
Organ jang:	jelito cienkie
Smak:	gorzki
Zmysł:	mowa
Głos:	śmiech
Emocja:	radość

Element Ognia – serce i jelito cienkie

Właściwości „ognia"

Dodatnie: radość życia, wesołość, siła twórcza, ciepło, współczucie, świadomość, pełnia emocjonalna, serdeczność, entuzjazm.

Ujemne: egoizm, brak serdecznych uczuć, nacisk, stres, zależność.

Siły „ognia" potrzebujemy, by właściwie ocenić swoje emocje i idee. Ogień oznacza żywotność ludzkich pragnień, miłość, entuzjazm oraz umiejętność współodczuwania z innymi. Jego brak powoduje wewnętrzną pustkę i uzależnienie od innych.

Nadmiar „ognia" wprowadza nas w stan niepokoju i wystawia nasze życie na ciągły stres. Czas, według filozofii medycyny chińskiej, należy do obszaru rządzonego przez Przemianę Ognia, to stąd pochodzi odczuwanie ciągłej presji upływającego czasu.

Lato to pora roku o tendencji silnie jang. Nasz organizm w tym czasie wymaga większej ilości energii jin. Z latem związane są: serce i jelito cienkie, otrzymujące najwięcej energii w tym czasie. Jednak upał i silne pocenie szkodzą sercu, wyczerpując jego soki. Odpowiednie równoważenie energii jang za pomocą odżywiania chroni nie tylko serce, ale też cały organizm.

Latem energia rozprzestrzenia się. Gotowanie w otwartym naczyniu w połączeniu z szybkim mieszaniem, umożliwia łatwe rozprzestrzenianie się energii.

1. Sztuka gotowania latem:

– krótkie gotowanie zup, lekkich i niezbyt gęstych. Pożądane buliony warzywne, zupy – kremy (przecierane lub miksowane), zupy owocowe i chłodniki, znakomicie ochładzające w upalne dni; pamiętajmy, aby nie przyprawić ich zbyt intensywnie ani nadmiernie nie solić (sól zatrzymuje wodę w organizmie),

– gotowanie na parze – szczególnie warzyw, pozwala na pełne wykorzystanie ich właściwości odżywczych; wodę, w której gotowały się warzywa na parze, wykorzystujemy do zup,

– krótkie obsmażanie i jednoczesne mieszanie, sprawia, że produkty będą soczyste, chrupkie i zachowają swoje właściwości odżywcze,

– zapiekanie (makarony, kasze, ziemniaki zapiekane z różnymi dodatkami).

Latem spożywamy więcej pokarmów na surowo (zależy to jednak od kondycji i zdrowia naszego układu pokarmowego). Korzystajmy z sezonu na owoce i zjadajmy je najlepiej osobno, nie łącząc z innymi pokarmami. Czasami dobrze zaplanować jeden dzień owocowy w tygodniu i jeść tylko i wyłącznie np. czereśnie, co będzie z korzyścią dla zdrowia (wzmacniają serce). Dotyczy to również i innych owoców.

W tym okresie korzystamy z bogatych plonów pól i sadów w postaci warzyw i owoców. Powinny być one podstawą naszego żywienia, aby nasycać organizm solami mineralnymi i witaminami. Latem odczuwamy większą potrzebę jedzenia produktów odświeżających, takich jak sałatki, surówki, owoce, lody, soki owocowe, koktajle i inne zimne napoje. Jednak lepiej zachować umiar w spożywaniu tego rodzaju produktów. Nie są wskazane lodowato zimne napoje, gdyż nawet w zdrowym żołądku, przy panującym na zewnątrz upale, wywołują szok termiczny. Nadużywanie produktów odświeżających powoduje wychłodzenie i osłabienie funkcji przewodu pokarmowego oraz nerek. Wielu ludzi źle trawi spożywane na surowo warzywa i owoce. Objawia się to rozluźnionymi stolcami zawierającymi nie strawione resztki pożywienia.

Dla tych osób najlepszymi metodami, pozwalającymi na zachowanie wysokiej wartości odżywczej warzyw i owoców, są:
– blanszowanie (krótkie gotowanie przez 2-3 minuty),
– krótkie duszenie,
– gotowanie na parze.

Przy problemach z trawieniem ważne jest też spożywanie zup: latem – lekkich i krótko gotowanych, w chłodnych porach roku – dłużej gotowanych i bardziej zawiesistych. Rozgrzewają one żołądek i usprawniają proces trawienia.

Ciepło lata i ruch na świeżym powietrzu to cechy energii jang, której w tym okresie mamy pod dostatkiem. Pozwala to ograniczyć ilość białek pochodzenia zwierzęcego. Z produktów białkowych wykorzystujemy rośliny strączkowe (świeżą fasolkę, zielony groszek, bób), grzyby, nieco nabiału. Właśnie latem najlepiej smakuje nabiał i wykorzystujemy jego wychładzające działanie. Aby zwiększyć właściwości odżywcze zup i potraw z warzyw (również strączkowych), dodajemy do nich kefir lub jogurt naturalny. Latem doskonale smakuje przygotowany w warunkach domowych świeży twarożek z pełnego mleka wiejskiego. Pamiętajmy jednak, żeby nie nadużywać nabiału, ze względu na jego właściwości śluzotwórcze. Są ludzie z problemami chorobowymi, którzy nie powinni go w ogóle spożywać. Osobną grupą są ci, którzy źle tolerują nabiał.

Duże ilości różnorodnych warzyw w połączeniu z olejami tłoczonymi na zimno, zbożami, kiełkami, orzechami, nasionami i ziołami oraz świeże owoce są najważniejszymi składnikami letniej kuchni.

Nie zapominajmy o spożywaniu zielonych liści: kalafiorów, brokułów, kalarepy, rzodkiewek oraz sałaty i roślin dziko rosnących. Jest ich w tym okresie najwięcej i stanowią najlepsze źródło chlorofilu i dobrze przyswajanego wapnia i magnezu. Garnirujmy potrawy posiekanym szczypiorkiem, zieloną pietruszką, koperkiem oraz świeżymi listkami ziół.

Lato to czas spotkań towarzyskich, imprez i biesiadowania, kiedy lubimy podawać słodkie „co nieco" w postaci galaretek z owocami (z agar-agarem*), budyni i kremów na mleku sojowym, owoców zalanych słodkimi sosami, sałatek owocowych, ciast i ciasteczek pieczonych na miodzie. Bogate plony owoców, występujących w tym okresie, przetwarzamy domowymi sposobami jako zapasy na zimę. Gotując owoce we własnym soku, np. na dżem, dobrze jest dodać nieco agar-agaru. Nie trzeba wtedy długo odparowywać soku (obniża to wartość odżywczą), a przetwory będą miały właściwą, lekko zawiesistą konsystencję. Ilość agar-agaru zależy od ilości soku wydzielonego przez owoce (najczęściej daje się mniej więcej 1 łyżeczkę na 1,5 l owoców we własnym soku). Agar-agar należy rozpuścić w małej ilości zimnej wody i dodać do owoców na 10-15 minut przed końcem gotowania.

2. Przemiana Ognia- serce

Wszystko, czego potrzebujesz, to miłość
Jezus

Serce z jelitem cienkim tworzy parę narządów należących do Elementu Ognia. Serce odgrywa w naszym życiu, zarówno w sensie fizjologicznym, jak i psychicznym oraz duchowym, szczególną rolę. Steruje ono naszą siłą życia, która przejawia się w postaci osobistych cech psychicznych i fizycznych. Jest to miejsce uczuć, sumienia i myśli. Z serca bierze się nasza indywidualność, sprawia ono, że my – to my, że nie ma takiej drugiej osoby we wszechświecie.

---

* Agar-agar – glon morski

Według filozofii Dalekiego Wschodu, serce związane jest ze sposobem komunikowania się. Jest to zarówno komunikacja ze światem zewnętrznym, ale przede wszystkim z samym sobą. Słuchanie wewnętrznego głosu swojego serca to zarazem szanowanie swojej indywidualności. Sposób mówienia (bardzo szybki lub zbyt wolny) i słuchania wpływa bezpośrednio na zdrowie naszego serca, ale i odwrotnie – jego kondycja zdrowotna warunkuje umiejętność słuchania i mówienia. Zdrowie serca przejawia się w spójności i równowadze wewnętrznej, dobrych relacjach międzyludzkich oraz aktywności i zaangażowaniu w to, co się robi. Można to określić jako nieustanny apetyt na życie.

Ten niezwykły organ znajduje się w środku klatki piersiowej, poza mostkiem, ma wielkość ludzkiej pięści i jest nieznacznie skręcony w lewą stronę. Serce bije 60 do 80 razy na minutę, czyli 100 000 razy na dobę. Rytm jego uderzeń jest odbiciem pracy całego naszego organizmu i odwrotnie – zakłócenia w pracy serca powodują słabość innych narządów i ciała. Praca serca odzwierciedla się na twarzy. Są ludzie o „gołębim sercu", szczerzy i zaangażowani tak, że cokolwiek czynią, to z całym sercem, ale i tacy, o których się mówi, że mają zatwardziałe serce lub nieczułe serce z kamienia. Serce jest siedliskiem ducha i świadomości, miejscem, w którym przejawia się nasza prawdziwa natura. Jakość jego działania sygnalizuje nos, oczy i uszy. Wyraźną oznaką źle pracującego serca jest zaczerwieniona, fioletowa twarz, pokryta dużą ilością cienkich żyłek.

Wspieramy swoje serce poprzez określony styl życia, zachowania i postępowania. Najskuteczniej wspomaga je optymizm i pełne radości nastawienie do życia. Radość pojawia się od wewnątrz, kiedy postępujemy w zgodzie ze swoją prawdziwą naturą. Strach odbiera nam radość, a im on jest większy, tym mniejszą mamy możliwość działania w zgodzie z samym sobą. Wszelkie lęki, według medycyny chińskiej, rzutują na pracę nerek, a one z kolei kontrolują pracę serca. Tak więc im więcej lęków w naszym życiu, tym bardziej nerki nie są w stanie należycie kontrolować pracy serca. Wynika to z tego, że Ogień (serce i jelito cienkie) kontrolowany jest przez Wodę (nerki i pęcherz moczowy). Pierwszym objawem niedoboru energii i dysharmonii w obrębie serca jest osłabienie słuchu, który związany jest też z nerkami.

Współczesna nauka (m.in. psychoneuroimmunologia) udowodniła, jak wielki jest wpływ emocji na nasze zdrowie i zarazem na pracę serca. Wnosząc w swoje życie radość, śmiech i spontaniczność, wzmacniamy serce. Jednak śmiech sztuczny, histeryczny i niepohamowany rozprasza jego energię. Radość umiarkowana leczy i wprowadza harmonię.

Wszelkie zakłócenia w pracy serca organizm sygnalizuje dużo wcześniej, zanim wystąpi choroba. Obok widocznych fizycznych objawów, takich jak zaczerwieniony czubek nosa i twarz, zbyt szybki lub zbyt wolny sposób mówienia, są jeszcze inne symptomy. Jest to tęsknota za czymś bliżej nieokreślonym, popadanie w skrajność i chaos w życiu. Wynika to z tego, że Ogień (serce i jelito cienkie) kontrolowany jest przez Wodę (nerki i pęcherz moczowy).

Przyczynami chorób serca są:
1) złe nawyki żywieniowe,
2) brak ruchu i ćwiczeń fizycznych,
3) palenie tytoniu i picie alkoholu,
4) nadwrażliwość na stresy,
5) dziedziczność (ale tylko u 5% populacji).

Nieumiejętność radzenia sobie w sytuacjach stresowych, popadanie w depresję powodują niedomagania serca. Stres rzutuje na podniesienie poziomu cholesterolu w organizmie, co przyczynia się do miażdżycy. Drugą przyczyną jest niewłaściwe jedzenie, obfitujące w tłuszcze nasycone (zwłaszcza mięso i nabiał). Miażdżyca to choroba, w której złogi cholesterolu odkładane na ściankach tętnic wieńcowych blokują przepływ krwi do serca. Jest to proces bardzo złożony, rozwijający się zwykle przez wiele lat. Miażdżyca jest jedną z głównych przyczyn nadciśnienia. Kiedy wewnątrz ścian naczyń krwionośnych powstają złogi cholesterolu, droga przepływu krwi ulega zwężeniu, co powoduje wzrost ciśnienia w całym układzie krwionośnym. Jeżeli złogi te stają się dość duże, mogą uniemożliwić dostarczanie odpowiedniej ilości krwi i tlenu do tkanek, w tym do serca i mózgu. Grozi to zawałem bądź udarem. Miażdżyca w tętnicach wieńcowych serca jest źródłem dusznicy bolesnej i arytmii, czyli nieregularnej akcji serca. Choroba wieńcowa jest najczęstszą przyczyną śmierci ludzi na Zachodzie. Duży wpływ na to ma ich sposób odżywiania, oparty na przetworzonej przemysłowo żywności, ubogiej w składniki mineralne i witaminy, a obfitującej w białko i tłuszcze nasycone. W Polsce na choroby serca umiera rocznie ok. 200 tys. osób.

Wzrost liczby zachorowań wśród społeczeństw Zachodu spowodowany jest także tempem współczesnego życia, któremu nie wszyscy mogą sprostać. Prowadząc nadaktywny tryb życia, często ulegamy różnym presjom i ograniczeniom czasowym i nawet jeśli ciało przestaje pracować, nie przerywa pracy mózg, który ciągle rozpamiętuje, planuje i martwi się. Energii nam ubywa, a my czujemy się zmęczeni i wyczerpani. Można nauczyć się sterować swoją energią i wiedzieć, w którym momencie należy się zdystansować i wyciszyć. Techniki oddechowe i relaksacyjne oraz codzienna medytacja najlepiej służą do utrzymania wysokiego poziomu energii witalnej w organizmie.

Zmiany w trybie życia i żywienia skutecznie chronią przed chorobami serca, ale wpływają też na cofanie się procesu chorobowego, co sprawia, że nawet pacjenci w zaawansowanych stanach choroby nie muszą być operowani. W 1990 r. dr Dean Ornish, pracujący na Uniwersytecie Kalifornijskim w San Francisco, przeprowadził badania na dwóch grupach kontrolnych pacjentów ze schorzeniami serca, poddając ich opracowanej przez siebie nowej terapii, obejmującej nie tylko dietę, ale i zmianę sposobu życia. Uzyskane wyniki doświadczalne wykazały, że poprzez konsekwentne zastosowanie zmian, płytki miażdżycowe, które narastały przez dziesięciolecia, w wyniku terapii zaczęły się zmniejszać i rozpuszczać.

„Nasze badania i cztery inne wykazały, że – ogólnie rzecz biorąc – stan pacjentów kardiologicznych, którzy wprowadzają umiarkowane zmiany – mniej czerwonego mięsa, więcej ryb i kurczaków, usuwanie skóry z kurczaka, mniej jajek itp. – wykazuje tendencję do pogarszania się – powiedział doktor Ornish. Ich tętnice stają się węższe, a przepływ krwi utrudniony. Natomiast ci pacjenci, którzy gotowi są na radykalniejsze zmiany, mają naprawdę dobre perspektywy. Zaczynają się lepiej czuć, mają więcej energii, ból w piersiach z reguły ustępuje natychmiast, a światło tętnic z czasem się zwiększa" (Neal Barnard, *Uciec przed chorobą*).

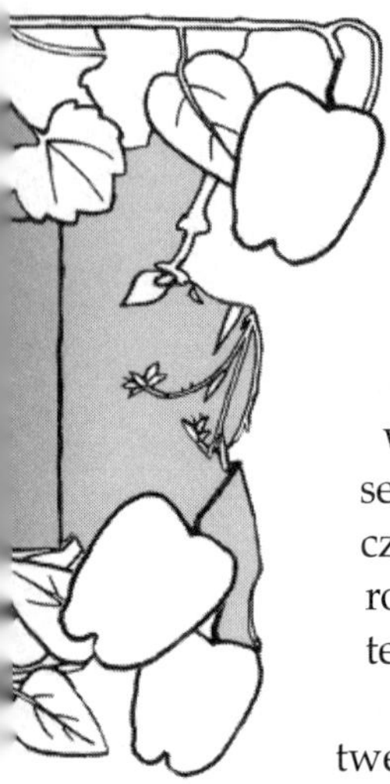

Przemiana Ognia związana jest ze smakiem gorzkim. Wspomaga on i harmonizuje pracę serca. Taki smak posiadają: mniszek, tymianek, majeranek, orzechy włoskie, kawa zbożowa, rozmaryn, kurkuma cząber i inne. Kiedy nasze serce domaga się smaku gorzkiego, bardzo często sięgamy po sztucznie spreparowany smak gorzki w postaci lekarstw, a także po używki. Nie jest to jednak to, co uzdrawia serce. Przemiana Ognia to kolor czerwony – w niewielkich ilościach na talerzu i w naszym otoczeniu harmonizuje on pracę serca i pobudza do działania. Największą ilość energii serce posiada latem. Chińczycy twierdzą, „że w lecie serce staje się cesarzem narządów". O tej porze roku i w godzinach od 11^{00} do 13^{00} otrzymuje optymalne ilości energii „czi". Są to też okresy, w których najczęściej ujawniają się zaburzenia związane z sercem.

Możesz zapanować nad własnym zdrowiem. Oto porady, które pomogą twemu sercu.

1. Utrzymuj właściwą masę ciała. W razie nadwagi staraj się o jej zlikwidowanie.
2. Stosuj ćwiczenia fizyczne (minimum 3 do 5 razy w tygodniu po ok. 30 min.).Postaraj się wytrwale ćwiczyć przez sześć tygodni, tyle bowiem potrzeba czasu, aby wykształcić nowy nawyk w swoim życiu.
3. Wyklucz wszelkie używki. Sięgasz po nie zwykle, aby rozładować stresy. Zastosuj techniki relaksacyjne, które pomogą ci się odprężyć i zdystansować.
4. Zaakceptuj siebie i podnoś systematycznie swoją samoocenę, poprzez dokonywanie zmian na lepsze w swoim życiu.
5. Dokonaj przewartościowania w sposobie postrzegania siebie i innych.
6. Uświadom sobie, jakie przesłanie niesie ci choroba? Co powoduje brak równowagi w twoim życiu? Co może sprawić, że będziesz się lepiej realizować? Poszukaj odpowiedzi w sobie.
7. W sytuacjach niepokojących i stresujących zacznij głęboko oddychać. Uświadom sobie swoje uczucia i przyglądaj się im z pozycji obserwatora.
8. Poradzenie sobie z własnymi uczuciami pomoże ci nawiązać kontakty z innymi ludźmi, „otworzyć serce" zarówno dosłownie, jak w przenośni.
9. Wybaczaj, nie gromadź w sobie uraz.
10. Dostrzegaj drobne, codzienne radości.
11. Naucz się właściwych technik oddychania i zastosuj je, aby doprowadzić organizm do równowagi. Czy wiesz, że „Ten żyje pełnią życia, kto oddycha pełną piersią" (E. B. Browning)?
12. Doceń miłość w życiu. Jest ona najlepszym lekarstwem dla chorego serca.
13. Przysłowie chińskie mówi, że natura, czas i cierpliwość to najwięksi lekarze.

Serce niedoenergetyzowane:

Objawy: palpitacje, napięcie w okolicach brzucha, spocone dłonie, zmęczenie, obłożony język, duszność, blada twarz.

Osoby o słabym sercu narażone są na atak serca.

Objawy psychiczne: ciągłe napięcie, nerwowość, zmęczenie psychiczne, słaby apetyt, brak oczekiwań od życia, słaba pamięć, brak woli i wieczne rozczarowanie, nadmierna skromność.

Serce przeenergetyzowane:

Objawy: napięcie w okolicach klatki piersiowej, spocone dłonie, pokasływanie i pochrząkiwanie, wrażliwa skóra, bóle barków i ramion, nerwica żołądka, palpitacje, gorzki smak w ustach, sztywność ciała, czerwone zabarwienie twarzy, ciemny mocz.

Ludzie tacy są niespokojni, nerwowi (nie wiedzą, co mają zrobić z rękami, bez przerwy się czymś bawią), łatwo się męczą, brak im zapału i wytrzymałości, mogą się jąkać, odczuwają często pragnienie, zdarzają się im nagłe, nie zawsze uzasadnione napady histerii, śmiechu lub płaczu.

Przywracanie równowagi choremu sercu

Należy wyeliminować:

1) fast foody i inne przetworzone pożywienie zawierające dużą ilość cholesterolu (szczególnie frytki, hamburgery, pizzę i inne),
2) mięso,
3) tłuszcze zwierzęce i oleje utwardzone (margaryna),
4) produkty z białej mąki,
5) cukier, słodycze, lody,
6) produkty stymulujące: kawę, colę i tytoń, czarną herbatę,
7) nabiał,
8) żółtka jaj,
9) sól (chlorek sodu) – zastąpić w niewielkich ilościach solą morską lub grubą solą kopalną,
10) potrawy smażone,
11) produkty z dodatkami chemicznymi (barwnikami, polepszaczami i konserwantami).

Pokarmy wzmacniające serce:

1) pełne ziarna zbóż (szczególnie kukurydza, żyto, gryka, proso, pszenica – wskazany chleb pszenny z pełnego przemiału, amarantus, jęczmień),
2) rośliny strączkowe (szczególnie fasole azuki i mung, czerwona soczewica i tofu),
3) warzywa (szparagi, cykoria, brukselka, szczypiorek, cebula, czosnek, szpinak, zielony groszek, cukinia, buraki, marchew, chrzan i inne); bardzo ważna jest gotowana dynia ze szczyptą soli, która regeneruje wyczerpaną energię serca,

4) owoce (morele, truskawki, maliny, arbuzy, daktyle, śliwki, czereśnie, wiśnie, czerwone winogrona, grejpfruty, jagody, figi, gruszki i inne),
5) oleje wielonienasycone, spożywane najlepiej w swej naturalnej postaci – ok. 1 łyżka dziennie (sezamowy, kukurydziany, olej z pestek winogron) oraz jednonienasycone (oliwa z oliwek extra virgine) – w małych ilościach

6) ryby, zwłaszcza tłuste, bogate w kwasy omega-3 wielonienasycone (łosoś, dorsz, makrela, flądra) oraz krewetki,
7) biała rzodkiew – posiekana i ugotowana na parze lub zwyczajnie, w małej ilości wody, (rozpuszcza złogi tłuszczowe i poprawia krążenie),
8) zioła i przyprawy – mniszek lekarski, skrzyp polny, hyzop, bazylia, goździki, kolendra, cynamon i imbir (rozgrzewają i poprawiają krążenie), pieprz cayenne (skuteczny przy stwardnieniu tętnic),
9) inne zioła wzmacniające serce i układ krążenia – serdecznik pospolity, korzeń goryczki, miłorząb japoński, gorzknik kanadyjski, oman wielki, gwiazdnica pospolita, miłek wiosenny, owoce głogu i dzikiej róży, piołun, korzeń lukrecji (należy go unikać przy wysokim ciśnieniu krwi),
10) produkty bogate w witaminę E (zieleniny, zielone warzywa liściaste, kiełki pszenicy, orzechy, nasiona, warzywa oraz pełne ziarna),
11) napoje: kawa z korzenia łopianu, kawa zbożowa, kawa z jęczmienia, herbata z szałwii, rozmarynu, tymianku, czerwona herbata.

Zapamiętaj! Takie produkty, jak kawa naturalna, cola, piwo, wino i czekolada mają działanie stymulujące. Jednak to, co nadmiernie pobudza i stymuluje narząd, w końcu go wyczerpuje.

12) systematycznie spożywane glony morskie (wakame, kombu, arame, hiziki i inne),
13) kiszonki, sporządzane najlepiej domowymi metodami.

Meridian serca (patrz rysunek na str. 99)

Opada od lewej pachy, po wewnętrznej powierzchni ramienia, poprzez nadgarstek, do punktu na wewnętrznej stronie małego palca (ponad zakończeniem paznokcia). Kanał ten dostarcza energii sercu i wspomaga krążenie krwi. (Ćwiczenie wzmacniające serce – patrz str. 100).

3. Przemiana Ognia – jelito cienkie

Partnerem serca w systemie Pięciu Elementów jest jelito cienkie. Jego zadaniem jest trawienie i wchłanianie pokarmów. Zawiera ono biliony bakterii, potrzebnych do rozkładania pokarmów i umożliwiających ich wchłanianie. Typ flory jelitowej zależny jest od diety i od rodzaju przyjmowanych leków (np. antybiotyki niszczą bakterie mlekowe, w tym *lactobacillus*). Bakterie kwasu mlekowego są niezbędne organizmowi. Produkują witaminę K oraz enzymy trawienne.

Dieta oparta głównie na produktach pochodzenia zwierzęcego sprzyja mnożeniu się bakterii gnilnych w jelitach oraz wytwarzaniu toksyn. Jelitowy czas pasażu* zależny jest przede wszystkim od stanu jelit oraz rodzaju pożywienia. Pokarmy naturalne, bogate w błonnik, trawione są sprawniej i znacznie szybciej niż te przetworzone, rafinowane, ciężkie i tłuste, które są często przyczyną zaparć. Odżywianie w harmonii z porą roku stwarza najlepsze warunki do leczenia narządów otrzymujących najwięcej energii w tym czasie. Tak więc miesiące letnie, kiedy jest dużo warzyw, ziół i owoców sprzyjają leczeniu jelita cienkiego. Optymalne ilości siły życiowej otrzymuje ono w godzinach między 13^{00} – 15^{00}.

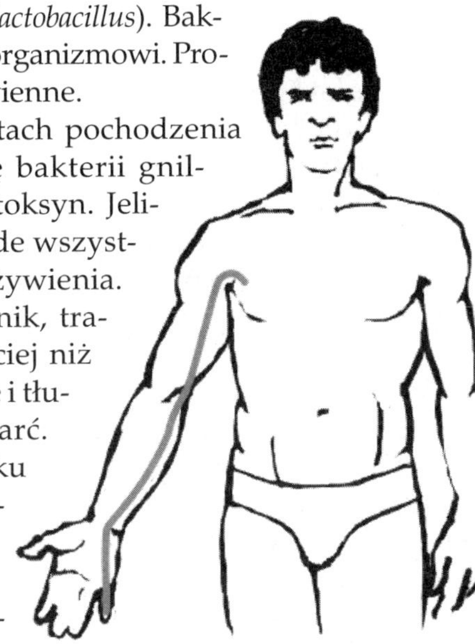

Meridian serca

Śmiech wzmacnia jelito cienkie (śmiejąc się, poczujmy, jak śmieją się też nasze jelita). Serce i jelito cienkie to źródła radości w naszym życiu.

Jeśli te dwa organy źle pracują, to odczuwanie radości staje się trudne, wręcz niemożliwe.

Jelito cienkie niedoenergetyzowane:

Objawy: chroniczne zmęczenie (szczególnie odczuwalne w nogach i okolicy bioder), bóle w dolnym odcinku pleców, słabe krążenie krwi w jelicie, kłopoty trawienne (zaparcia, wyrostek), możliwa anemia, migrena, u kobiet – kłopoty z narządami rodnymi.

Ludzie z osłabionym jelitem cienkim często odczuwają smutek i ulegają lękom. Nie potrafią wykorzystać swoich możliwości i umiejętności, co prowadzi do frustracji.

Jelito cienkie przeenergetyzowane:

Objawy: Słabe krążenie krwi w kończynach (zimne ręce i nogi), zaparcia na przemian z biegunkami, kłopoty z pęcherzem, częste oddawanie moczu, sztywny kręgosłup szyjny, zimny brzuch, u kobiet – bóle jajników.

Ludzie o przeenergetyzowanym jelicie cienkim są pracowici, zdecydowani, ambitni, lecz często nie potrafią siebie docenić. Jedzą zbyt szybko. Mają kłopoty z rozluźnieniem się, ukrywają swoje uczucia.

---

*Jest to okres upływający między spożyciem pokarmu a wydaleniem jego resztek.

Uzdrawianie jelita cienkiego

Należy wyeliminować:

1) żywność przetworzoną,
2) mięso i wszystkie tłuste pokarmy zwierzęce,
3) nabiał (dopuszczone małe ilości naturalnego jogurtu lub kefiru),
4) przyprawy, szczególnie ostre, które podrażniają ściany jelita i zwiększają wydzielanie kwasu żołądkowego,
5) bardzo kwaśne pokarmy,
6) potrawy smażone i pieczone.

Wzmacniamy jelito cienkie, stosując:

1) ziarna: kaczany kukurydzy i kleiste proso (oraz inne ziarna jako źródło błonnika, który pomaga w oczyszczaniu jelita ze złogów tłuszczu i niestrawionych odpadków),
2) nasiona: słonecznik i sezam (w małych ilościach),
3) warzywa: brukselka, szczypiorek, szparagi, cykoria, mniszek lekarski,
4) owoce: truskawki, maliny, morele, rodzynki,
5) strączkowe: czerwona soczewica,
6) lecznicze zupy: buliony warzywne z miso lub tamari, żurek (niezbyt kwaśny), barszcz z kiszonych buraków; zupy te zawierają bakterie i enzymy poprawiające florę bakteryjną jelit i ułatwiające trawienie (w przypadku przewlekłych problemów jelitowo-żołądkowych bulion warzywny z miso działa leczniczo),
7) dokładne przeżuwanie pokarmów, ułatwiające jego późniejsze trawienie – dzięki ślinie trawienie zaczyna się już w jamie ustnej, co sprawia, że pokarm jest bardziej zasadowy,
8) codzienne spacery i ruch na świeżym powietrzu.

Przemiana Ognia odżywiana jest przez Przemianę Drzewa (wątroba i pęcherzyk żółciowy), sama zaś wspomaga Przemianę Ziemi (żołądek i śledzionę).

Problemy jelita cienkiego są bezpośrednio związane z brakiem równowagi żołądka i śledziony. Dlatego poprzez leczenie i ochronę tych narządów uzdrawiamy również jelito cienkie.

Meridian jelita cienkiego

Meridian jelita cienkiego

Rozpoczyna się z prawej strony, na zewnętrznej powierzchni małego palca, u nasady paznokcia i wspina się po zewnętrznej stronie ramienia, by poprzez mięsień trójgłowy, punkt centralny barku i szyję dostać się do ucha (pomiędzy dziurką i nasadą ucha). Meridian jelita cienkiego związany jest z wchłanianiem substancji odżywczych.

Ćwiczenie wzmacniające serce i jelito cienkie

Usiądź na podłodze, łącząc ze sobą podeszwy stóp. Obejmij stopy rękoma, rozegnij kolana na zewnątrz i pochyl się maksymalnie do przodu. Oprzyj łokcie na podłodze, spróbuj dotknąć głową stóp. Jednocześnie staraj się dotykać łokciami podłogi. Nie przemęczaj się. Dojdź do punktu maksymalnego rozciągnięcia i zatrzymaj się tak na dwa oddechy. Rozluźnij się. Jeśli nie jesteś w stanie połączyć głowy z palcami stóp, dotykając jednocześnie łokciami podłogi, oznacza to jakiś problem związany z sercem lub jelitem cienkim. Ćwicz regularnie, a praca tych narządów się poprawi.

Medytacja – uwolnienie serca

1. Stań w pozycji wyprostowanej, nogi lekko rozsunięte i nieco ugięte w kolanach
2. Weź głęboki wdech i rozłóż przy tym ręce na boki, unieś je do góry nad głową.
3. Obróć powierzchnie dłoni w stronę podłogi.
4. Wraz z wydechem opuszczaj ręce łagodnie w dół, przed tułowiem, mówiąc głośno „haaaa" (kieruj to bezpośrednio do serca, by wyrównać i odciążyć energię).

Ćwiczenie służy odprowadzeniu nadmiaru gorąca i spiętrzonych emocji z serca. Wykonaj te rytmiczne ruchy rękami, wymawiając „ha" tak długo, aż zauważysz skutek w postaci odprężenia serca. Ćwiczenie to jest dobre przed zaśnięciem, by poprawić jakość snu.

Medytacja – wewnętrzny uśmiech

1. Zamknij oczy. Przypomnij sobie sytuację, która wywołała twój uśmiech i zadowolenie. Uświadom sobie własne uczucia wyzwolone np. widokiem małego dziecka lub zwierzęcia albo bliskim kontaktem z naturą czy jakąś zabawną sytuacją. Poświęć na to odpowiednio dużo czasu.

2. Skieruj teraz to uczucie zadowolenia, które sobie przypominasz, do swojego środka i napełnij go całkowicie tym uczuciem. Uśmiechnij się.

Ćwiczenie to pozwala na wytworzenie w organizmie endorfin – hormonów szczęścia. Wzmacnia serce i cały organizm.

4. Jak skutecznie pozbyć się nadwagi?

Otyłość jest zjawiskiem występującym wśród społeczeństw Zachodu na skalę wręcz epidemiczną. Lato jest porą roku, kiedy ubierając się lekko i odsłaniając więcej ciała, zaczynasz zastanawiać się nad swoim wyglądem. I mimo, że przyzwyczaiłeś się do swojej nadwagi i postrzegasz ją jak coś naturalnego (tak przecież traktuje ją większość społeczeństwa), to jednak źle się z nią czujesz. Co innego mówią ci uczucia, a co innego społeczeństwo, które nie uważa otyłości za chorobę. Nieraz słyszałęś, że człowiek otyły to „okaz zdrowia" (dotyczy to zwłaszcza dzieci), a dość szczupły uważany jest za niedożywionego i wyglądającego niezdrowo. Niektórzy zachęcają go, aby więcej jadł, bo na tle współczesnego społeczeństwa, gdzie otyłość stała się tak powszechna, wygląda co najmniej dziwnie. Jednak rozpatrywanie zjawisk otyłości w kategorii wyglądu nie jest najważniejsze. Otyłość, która sama w sobie jest schorzeniem, stwarza ryzyko zachorowania na groźne dolegliwości cywilizacyjne, między innymi cukrzycę, miażdżycę, chorobę wieńcową, zapalenia stawów i nowotwory.

Otyłość określa się jako nadwagę przekraczającą 25% średniej wagi ciała człowieka. A oto czynniki, które ją powodują:

– jedzenie w nadmiarze (często wynika z nieumiejętności radzenia sobie z własnymi emocjami),

– zła jakość pożywienia, które zawiera nadmiar pustych kalorii z rafinowanej, przetworzonej żywności. Niedobór minerałów i witamin z grupy B, co prowadzi do złej przemiany materii, zwłaszcza węglowodanowo – tłuszczowej,

– niedokładne przeżuwanie pokarmów, duże objętościowo posiłki.

– niejedzenie śniadań i niedojadanie w ciągu dnia, a objadanie się wieczorem, niejednokrotnie jedzenie w nocy,

– nadmiar soli i cukru w diecie oraz wysoka zawartość tłuszczu w spożywanych pokarmach (głównie nasyconych),

– jedzenie między posiłkami,

– mała ilość ruchu i brak ćwiczeń fizycznych,

– korzystanie z używek i innych stymulatorów (działają na układ nerwowy i mogą pobudzać apetyt u osób szczególnie wrażliwych na ich działanie),

– zaburzenia hormonalne.

Dość powszechny zwyczaj niejadania śniadań (i zastępowanie ich kawą) prowadzi do spożywania zbyt obfitych posiłków w drugiej połowie dnia i jedzenia między nimi. Żołądek pracuje bez przerwy, co w konsekwencji prowadzi do uczucia wyczerpania wieczorem, jako objawu przemęczenia układu trawiennego. Najadanie się wieczorem za cały dzień powoduje, że układ pokarmowy zamiast odpoczywać w nocy, pracuje, a człowiek budzi się rano zmęczony.

Wieczorem trawienie trwa dłużej. Właściwie tylko w uprzemysłowionych społeczeństwach porządek dzienny został uzależniony od rytmu pracy i największy posiłek ludzie zjadają na kolację. Jeżeli pracujesz, może ci być trudno zjeść solidny posiłek w południe (wtedy nasz układ pokarmowy jest najsprawniejszy), ale staraj się spożywać ciepły obiad we wczesnych godzinach popołudniowych, a nie wieczornych. Taka niewielka zmiana może mieć olbrzymi wpływ na poprawę przemiany materii. Jeżeli zaczniesz dostrzegać prawdziwe potrzeby swojego ciała i kierujące nim rytmy, ciężar ciała ustabilizuje się sam.

Twój apetyt stymulowany jest przez liczne przyzwyczajenia i nawyki. Zmieniając je, możesz na nowo ukształtować swój apetyt. Mówi się potocznie, że „przyzwyczajenie jest drugą naturą człowieka".

Przykład 1.

Chcesz wyeliminować zwyczaj picia porannej kawy na pusty żołądek. Tylko odpowiedni nowy nawyk, wprowadzony w miejsce starego, może przynieść rezultat. Postanawiasz pić od rana np. wodę z miodem i cytryną lub ukiszony czerwony barszczyk, albo najprościej szklankę ciepłej wody, a do tego małe śniadanie z gotowanych płatków lub kaszy jaglanej z suszonymi owocami i nasionami.

Jeżeli wytrwasz w swoim postanowieniu przez jakiś czas, to wykształcisz nowy nawyk. Większość osób nabiera nowego przyzwyczajenia po upływie ok. 6 tygodni. Tyle czasu potrzeba optymalnie, aby wykształcić nowy nawyk. Dobre samopoczucie od rana, wynikające z utrzymującego się stałego poziomu cukru we krwi przez kilka godzin (tak działają węglowodany złożone), to objaw, że warto było coś zmienić. I już nie musisz stymulować się kawą, aby mieć energię do wypełniania codziennych obowiązków.

Przykład 2.

Chcesz schudnąć i zdajesz sobie sprawę, że nie jest to możliwe przy ciągłym podjadaniu między posiłkami. Ledwo zjesz np. obiad, a już na nowo masz ochotę, aby coś przegryźć. Mimo dobrych chęci, nie jesteś w stanie z tego zrezygnować. Możesz zmienić ten nawyk, przestawiając się na żywność naturalną bogatą w błonnik, w miejsce produktów przetworzonych i rafinowanych, które zawierają znikomą ilość witamin i minerałów. Organizm, domagając się tych niezbędnych dla zdrowia składników, sygnalizuje to w postaci wzmożonego łaknienia. Naturalne i nieprzetworzone produkty zawierają wszystkie składniki w odpowiednich proporcjach, a obecny w nich błonnik pokarmowy daje uczucie sytości na kilka godzin. I tak motywowany troską o siebie, w miejsce produktów wysokobiałkowych pochodzenia zwierzęcego, białego pieczywa i ziemniaków wybierz produkty pełnoziarniste strączkowe, nasiona, orzechy i większą ilość warzyw. I w tym przypadku jeżeli przez dostatecznie długi czas wykształcisz i utrzymasz nowy nawyk żywieniowy, to stopniowo wyeliminujesz dojadanie między posiłkami. Twój organizm przyzwyczai się do dużej ilości błonnika, dającego uczucie sytości i otrzyma niezbędne składniki pokarmowe, których kiedyś szukał w dużej ilości niskowartościowej żywności. Jeżeli niekiedy nie wytrzymujesz przerw między posiłkami, to jedz raczej prażone pestki dyni lub ziarna słonecznika, bogate w minerały, albo też owoce. Podstawową zasadą właściwej diety jest dostarczenie organizmowi niezbędnych substancji odżywczych. Tempo współczesnego życia często przyczynia się do wypaczenia naszego apetytu i zniekształcenia smaku. Sięganie po przypadkowe produkty wynika bardzo często z notorycznego pośpiechu i braku czasu dla siebie, a także z nieświadomości.

Współczesny człowiek próbuje odnieść sukces (zawodowy czy finansowy), zaniedbując własne zdrowie. Społeczeństwo, w którym żyjemy, wyznacza wielu ludziom kierunek, w jakim podążają, zwykle jest to pogoń za sukcesem materialnym. Rzadko zastanawiamy się nad swoim życiem, nad tym, czy czasami coś ważnego w tym pędzie nam nie umyka.

Może stalibyśmy się nie tylko szczuplejsi, ale i szczęśliwsi, gdybyśmy nauczyli się wybierać dla siebie to, co najlepsze. Oczywiście to, co dodaje nam zdrowia, a nie tylko karmi zmysły. Warto zastanowić się nad swoją hierarchią wartości i do niej dostosować swoje działania. Takie podejście do życia może dać nam bardzo dużo. Stosowałeś już, być może, niejedną metodę odchudzania. Wiele z nich polega na kontrolowaniu ilości spożywanych kalorii. Inne wymagają ograniczenia spożycia tłuszczu, a jeszcze inne eliminacji węglowodanów na rzecz produktów wysokobiałkowych. Jeżeli próbowałeś tych sposobów, to najprawdopodobniej straciłeś na wadze. Jednak zrzucone z wielką determinacją kilogramy szybko przybywają, jako że występuje zjawisko „jo-jo". Wszystkie te diety są niefizjologiczne i na dłuższą metę zawodzą. Spowalniają przemianę materii i wywołują niepohamowany apetyt. Anonimowy lekarz, publikujący swoje artykuły w czasopismach medycznych w XIX wieku, twierdził:

„Jedyną odchudzającą dietą, jaką powinno się stosować, jest taka dieta, której można używać przez całe życie".

Możesz osiągać idealną wagę ciała bez zadawania sobie cierpień fizycznych i bez emocjonalnych napięć. Skutecznie zlikwidować otyłość można tylko poprzez oczyszczenie organizmu, poprawienie sprawności trawienia i wydalania oraz dzięki przestrzeganiu kilku podstawowych zasad.

A oto wskazówki pomocne w skutecznym pozbyciu się nadwagi.

1) Spożywaj produkty w formie jak najbardziej naturalnej (na przykład naturalne jabłko, a nie preparaty odchudzające, zawierające pektyny z jabłek).
2) Należy jeść, gdy czuje się głód, ale nie wtedy, gdy się go nie odczuwa.
3) Przyrządzaj proste posiłki i stosuj przyprawy, dzięki którym pokarm jest lepiej trawiony. Są to: kminek, kurkuma, majeranek, kardamon, cynamon, imbir, goździki, gorczyca i pieprz. Przyspieszają one przemianę materii i pomagają przetworzyć pokarm w energię, a nie w tłuszcz.
4) Wybieraj ciepłe i lekkie potrawy. Unikaj kanapek.
5) Świeże warzywa i ziarna zbóż powinny stanowić podstawę pożywienia, uzupełnionego niewielką ilością roślin strączkowych, orzechów, nasion, olejów tłoczonych na zimno i owoców. Produkty pochodzenia zwierzęcego wyeliminuj lub spożywaj sporadycznie. Białku zwierzęcemu towarzyszą zwykle tłuszcze, tzw. nasycone, których należy unikać, chcąc utrzymać właściwą wagę ciała.

6) W ciągu dnia popijaj gorącą wodę, która wypłukuje nieczystości i toksyny z organizmu (zimna woda nie jest wskazana, ponieważ większość ludzi otyłych ma wychłodzoną śledzionę).
7) Jedz produkty w prostych połączeniach, a nie ich mieszaniny (zwłaszcza jeżeli odczuwasz dolegliwości ze strony jelit).
8) Dbaj o codzienne wypróżnienia (jeżeli masz z tym kłopoty, jedz regularnie kiszonki).
9) Unikaj pustych kalorii z „fast foodów" i łatwo dostępnych przekąsek z białej mąki i cukru.
10) Jedz niewielkie objętościowo porcje, tak aby kończyć jedzenie z poczuciem niedosytu. Starannie przeżuwaj pokarm, a lepiej go wykorzystasz.
11) Jeżeli odczuwasz głód między posiłkami, to zjedz marchewkę lub jabłko.
12) Słuchaj swej wewnętrznej intuicji i sygnałów organizmu. Na każdy błąd dietetyczny organizm odpowie zgagą, nudnościami, wzdęciami oraz zmianą nastroju i emocji.

Często otyłość ma swoje korzenie w dzieciństwie, kiedy nabywamy upodobania, a nawet przyzwyczajenia, do stężonych postaci cukru. Słodycze, zjadane w tym okresie jako nagroda lub pocieszenie, zaczynają się nam kojarzyć z poprawą nastroju. Nie jest to pozbawione prawdy, ponieważ cukier stymuluje serotoninę – hormon odpowiedzialny za dobry nastrój. Często sięgamy po słodkie rzeczy, kiedy jesteśmy smutni i zestresowani. Jednak jego odprężające działanie trwa bardzo krótko i znów powraca „huśtawka nastrojów", wynikająca z dużych wahań cukru we krwi. Jedynym sposobem, aby wyrwać się z tego błędnego koła jest po prostu unikanie cukru.

Nadmiar cukru zamieniany jest w organizmie w tłuszcz i gromadzi się w różnych partiach ciała. Ludzie nadużywający go mają zwykle niedobory witamin i minerałów, ponieważ doprowadza do demineralizacji organizmu. Dzieci domagają się słodyczy i produktów z cukrem, bo są bardzo podatne na ich reklamy w telewizji. Nadmiar słodyczy zjadanych przez dzieci powoduje, że nie mają one apetytu na pełnowartościowe posiłki, a zwłaszcza na warzywa. Prowadzi to do niedoborów w organizmie oraz otyłości. I tak z otyłych dzieci wyrastają otyłe osoby dorosłe.

Aby schudnąć, konieczne jest ograniczenie ilości spożywanego jedzenia. Na początku może to być trudne ze względu na rozciągnięty żołądek i jelita. Ważne jest jadanie produktów zawierających błonnik i wyrównujących poziom cukru we krwi (produkty zbożowe pełnoziarniste, strączkowe, warzywa). Dzięki temu przez długi okres nie odczuwa się łaknienia, co pozytywnie wpływa na samopoczucie.

Problem otyłości to jednak nie tylko sprawa wagi, lecz i psychiki. Tkwi on w braku samoakceptacji, objawiającej się w postaci takich uczuć, jak: strach, niska samoocena, brak poczucia bezpieczeństwa. Jedzenie staje się podporą psychiczną. Zwłaszcza kobiety, „zajadają" swoje problemy. Najbardziej potrzebne jest wtedy pozytywne nastawienie do siebie i bezwarunkowa akceptacja. Dużą pomoc stanowią wszelkie techniki relaksacyjne, odprężające, afirmacje i medytacja.

Wraz z podjęciem decyzji, że chcesz być szczupła, bezwarunkowo zaakceptuj swoje ciało. Pokochaj je takim, jakim jest, bo nadwaga to twoje własne dzieło. Zawsze możesz to zmienić, a miłość jest motorem dokonywania wszelkich zmian. Opracuj plan pomagający zrealizować Ci pożądany wizerunek swojego ciała, np.:

1) skorzystanie z porady żywieniowej,
2) codzienne przestrzeganie programu żywieniowego,
3) przeprowadzenie oczyszczania organizmu,
4) jedzenie przez jeden dzień w tygodniu tylko warzyw i owoców (lub picie soków),
5) regularne stosowanie odpowiednich ćwiczeń,
6) wybór i praktykowanie afirmacji, wspierających zaakceptowanie i pokochanie siebie,
7) pogłębianie swej wiedzy na ten temat.

Teraz możesz już przystąpić do realizacji. Powodzenia. Na pewno ci się uda. Pełnowartościowa dieta oparta na naturalnych produktach odchudza znacznie skuteczniej i zdrowiej niż wszelkie cudowne diety. Większość stosujących ją osób przestrzega jej z pogodą ducha, gdyż jest smaczna i nie powoduje uczucia głodu. Duża zawartość błonnika w pokarmach wspaniale reguluje trawienie i wydalanie. Jeżeli postępują zgodnie z zaleceniami, spadek masy ciała jest z reguły trwały.

5. Przepisy

PASTY

Pasta warzywna

Z 2 marchewki, 1-2 pietruszki, 5 łyżek oliwy
M 1-2 pory, 1 cebula, pieprz, łyżka musztardy
W sól, 1 szklanka wody
D natka pietruszki
O tymianek
Z 1 papryka, 1-2 łyżki masła orzechowego (niekoniecznie)

Marchew, pietruszkę, por, cebulę i seler pokrój w drobną kostkę. Podsmaż warzywa na patelni z rozgrzanym tłuszczem. Przełóż do rondelka. Dodaj pieprz, musztardę, sól i wodę. Duś na wolnym ogniu kilkanaście minut. Ostudź i zmiksuj. Wymieszaj z posiekaną natką pietruszki, szczyptą tymianku, pokrojoną w drobną kostkę papryką i masłem orzechowym. Może stanowić dodatek do pieczywa lub makaronu.

Pasta z brokułów

Z miękkie masło, brokuły
M szczypiorek, pieprz ziołowy
W sól
D odrobina soku z cytryny
O koperek

Brokuły dokładnie umyj, zanurzając je przedtem w zakwaszonej octem winnym wodzie (wypłyną wszystkie liszki).Ugotuj brokuły na parze. Wystudź. Zmiksuj z masłem lub drobno posiekane brokuły wymieszaj z miękkim masłem. Dodaj pokrojony szczypiorek, pieprz ziołowy, sól, odrobinę soku z cytryny oraz posiekany koperek. Dokładnie wymieszaj. Jest to bardzo dobra pasta do pieczywa.

Zapamiętaj! Ilości produktów są dowolne, jednak do brokułów należy dodać tyle masła, aby uzyskać konsystencję gęstej pasty.

POTRAWY ZE ZBÓŻ

Polenta – przepis podstawowy

O 2 szklanki wrzącej wody
Z 1/2 szklanki kaszki kukurydzianej, łyżka masła
M szczypta gałki muszkatołowej
W sól

Zagotuj wodę, wrzuć kaszę, mieszaj, aż zgęstnieje. Trzymaj na małym ogniu i mieszaj około 5 minut, następnie przykryj i gotuj około 20 minut. Dodaj masło, szczyptę gałki muszkatołowej i sól. Dokładnie wymieszaj. Z początku polenta jest papkowata, lecz w miarę stygnięcia – twardnieje. Można ją podawać od razu, lub wyłożyć na zwilżony wodą talerz lub też do małych foremek do zastygnięcia.

Zapamiętaj! Polenty możesz zrobić więcej niż potrzebujesz na jeden raz, gdyż nadaje się do przechowania w lodówce. Następnego dnia pokrój ją i odsmaż lub dodaj pokrojoną w kostkę do zupy (np. do bulionu).

Polenta z polewą czereśniową

O 2,5 szklanki wrzącej wody
Z 1/2 szklanki kaszy kukurydzianej, 1 łyżeczka masła, cynamon, 1/2 szklanki zmielonych orzechów laskowych, pestek dyni i ziarna słonecznika
M imbir
W sól

Polewa

Z szklanka czereśni
M 1-2 łyżeczki kuzu
W woda

Do wrzącej wody dodaj kaszkę kukurydzianą i szybko mieszaj, aby nie zrobiły się grudki. Dodaj masło, orzechy, cynamon, imbir i sól. Gotuj ok.

20-25 minut, od czasu do czasu mieszając. W osobnym naczyniu podgrzej czereśnie bez pestek, a gdy się zagotują, dodaj kuzu, rozprowadzone niewielką ilością zimnej wody. Ponownie zagotuj. Kaszę podziel na porcje i podawaj razem z czereśniami.

Zapamiętaj! Kuzu możesz zastąpić skrobią lub mąką kukurydzianą (**Z**).

Płatki owsiane z malinami

M 1 szklankę płatków owsianych wypraż na suchej patelni i zalej na noc wodą.

Następnego dnia:

W dodaj szczyptę soli
D 1 łyżkę soku z cytryny
O 1 szklankę gorącej wody
Z dodaj 2 łyżki wiórek kokosowych, 1 łyżkę miodu, 1 szklankę malin. Wymieszaj.

Płatki owsiane z jabłkiem i marchewką

M 1 szklankę płatków owsianych wypraż na suchej patelni i zalej na noc wodą.

Następnego dnia:

W dodaj szczyptę soli
D 1-2 utarte jabłka, nieco soku z cytryny
O nieco wrzącej wody lub mleko kozie
Z 1 utartą marchewkę, 1-2 łyżki obranych ze skórki i posiekanych migdałów, nieco miodu. Wymieszaj.

Ryż z jabłkami i wiórkami kokosowymi

Z 2 łyżki sklarowanego masła, 2 łyżki namoczonych rodzynek, 2 łyżki wiórków kokosowych, trochę cukru trzcinowego, miodu lub słodu
M 1 1/2 szklanki ugotowanego ryżu
W sól
D 2 jabłka, 1/2 szklanki naturalnego jogurtu

W rozgrzanym rondlu rozpuść masło i podpraż na nim wiórki kokosowe. Dodaj nieco cukru trzcinowego lub miodu, rodzynki oraz ryż. Wsyp szczyptę soli. Utrzyj na tarce jabłka i wymieszaj z ryżem. Trzymaj na ogniu jeszcze ok. 5 minut. Wymieszaj ryż z jogurtem lub polej go po wierzchu przed spożyciem.

Ryż duszony z kalarepką i pomidorami

Z 3 łyżki oliwy
M 3 średnie kalarepki, pieprz
W sól
D 4 pomidory, zielone liście kalarepy
O tymianek, listki szałwi
Z kilka laskowych orzechów
M 1 1/2 szklanki ugotowanego ryżu, 1-2 łyżki posiekanego szczypiorku

Kalarepki umyj i pokrój w grubą kostkę. Gdyby miały grubą, zdrewniałą skórę, to je obierz. Zielone liście kalarepy drobno posiekaj. W rondlu rozgrzej oliwę, dodaj kalarepę, szczyptę pieprzu i soli oraz sparzone wrzątkiem i obrane pomidory. Podduś pod przykryciem 10 minut. Dodaj zielone liście, szczyptę tymianku i posiekane laskowe orzechy. Na końcu dołóż ryż. Dokładnie wymieszaj i podgrzej jeszcze 2-3 minuty. Potrawę posyp pokrojonym drobno szczypiorkiem.

Sałatka zbożowo-owocowa

Z 1 szklanka gotowanej pszenicy, garść winogron, 2 mandarynki
M szczypta imbiru
W łyżeczka zimnej wody
D świeże listki melisy
O łyżka czerwonego wina, 2 łyżki włoskich orzechów

Do ugotowanej pszenicy dodaj winogrona, cząstki mandarynek, szczyptę imbiru, łyżeczkę zimnej wody i wsyp posiekane listki melisy. Na końcu wlej łyżkę czerwonego wina i dodaj orzechy. Odstaw sałatkę na jakiś czas, aby wszystkie smaki i aromaty przeniknęły się wzajemnie.

Kasza jaglana z jabłkami

Z 3/4 szklanki kaszy jaglanej, cynamon, 1 łyżeczka sklarowanego masła, kilka daktyli, 2 łyżeczki siemienia lnianego
M szczypta imbiru
W 2 szklanki wody, sól
D 2 jabłka

Rozgrzej rondelek, wsyp opłukaną kaszę, dodaj szczyptę cynamonu, masło, daktyle, szczyptę imbiru oraz wodę. Posól. Gotuj 25-30 minut (zależne to jest od gatunku kaszy). Jabłka utrzyj na tarce i dodaj pod koniec gotowania kaszy. Kasza jest dość gęsta i można do niej dodać mleka sojowego lub podać z naturalnym jogurtem.

ZUPY

Zupa-krem z brokułów

O 1,5 l wrzącej wody
Z 1 marchew, 1 pietruszka, 1 zeszklona na oliwie cebula, 1 łyżeczka sklarowanego masła lub oliwy, 4-5 brokułów
M pieprz
W gomasio (patrz rozdział XVI *Dodatkowe przepisy*), sos sojowy, sól
D listki świeżej bazylii

Do wrzącej wody dodaj dowolnie pokrojoną marchew, pietruszkę, przesmażoną cebulę, masło i gotuj 20 minut. Po tym czasie wrzuć umyte i pokrojone brokuły. Gotuj jeszcze z 5 minut, odstaw z ognia i zmiksuj. Dopraw zupę pieprzem, solą i sosem sojowym. Podawaj posypaną gomasio i udekorowaną listkami bazylii.

Zapamiętaj! Uzyskasz kremową konsystencję zupy, jeśli wrzucisz do niej odpowiednią ilość brokułów.

Zupa-krem z zielonego groszku z grzankami

Zupa

O 2 litry wrzącej wody
Z 50 dag zielonego groszku, 1 łyżeczka sklarowanego masła, 3-4 ziemniaki
M 1 średni seler, 1-2 ząbki czosnku, pieprz, szczypiorek
W sól

Grzanki

D 4-6 kromek razowego chleba
O szczypta tymianku
Z 3 łyżki oliwy lub masła

Zagotuj wodę, dodaj opłukany groszek, masło, wyszorowane szczoteczką ziemniaki pokrojone na 4 części (ziemniaki niewiadomego pochodzenia obierz ze skórki) oraz pokrojony w grubą kostkę seler. Gotuj warzywa do miękkości ok. 20 min. Zupę odstaw z ognia i zmiksuj. Dodaj pieprz, przeciśnięty czosnek, posiekany szczypiorek oraz sól do smaku. Aby zrobić grzanki, pokrój chleb w kostkę, posyp tymiankiem i podrumień go na rozgrzanej patelni, często mieszając i dodając oliwę. Podaj zupę posypaną grzankami.

Zupa jarzynowa

O 1 litr wrzącej wody, lubczyk, listek laurowy
Z 1-2 marchwie, 1 łyżka oliwy lub sklarowanego masła, kilka strączków fasoli szparagowej, 1-2 łyżki kaszy jaglanej, 2-3 ziemniaki
M 1 por, ziele angielskie, bazylia, liście selera
W sól, sos tamari lub miso, nieco wody, gdyby zupa była za gęsta

Marchew pokrój w drobną kostkę, a ziemniaki w grubszą. Fasolę obierz i pokrój w kawałki. Do wrzącej wody dodaj listek laurowy oraz szczyptę lubczyku. Dodaj wypłukaną kaszę, tłuszcz oraz marchewkę, ziemniaki i fasolę. Wrzuć drobno pokrojony por, kilka ziaren angielskiego ziela. Gotuj zupę ok. 20 minut. Na końcu dodaj drobno posiekane listki selera, dopraw bazylią, solą i sosem tamari lub miso.

Zupa jagodowa z makaronem

O 2 l wrzącej wody
Z cynamon, 2 łyżki słodu ryżowego lub syropu klonowego
M goździki
W łyżka zimnej wody
D 1/2 l jagód, 4 łyżki naturalnego jogurtu

Zagotuj wodę, dodaj szczyptę cynamonu oraz słód lub syrop klonowy, a następnie kilka goździków oraz łyżkę zimnej wody. Wsyp jagody, zagotuj i zupę odstaw z ognia. Po jej przestudzeniu dodaj jogurt. Podawaj z makaronem z mąki pełnoziarnistej.

Zapamiętaj! Zamiast słodu i syropu klonowego, które są dość drogie, można do zupy dodać kilka daktyli (**Z**) lub na końcu przechodząc jeszcze Przemianę Ognia, wlać odrobinę wrzącej wody i dodać do smaku miodu (**Z**). Miód dodawaj zawsze do potraw lekko przestudzonych.

POTRAWY Z WARZYW

Kinpira

O korzeń łopianu
Z 2 marchwie (w proporcji: na trzy części łopianu jedna część marchwi), 2 łyżki oleju
M szczypta imbiru
W sól, woda

Korzeń łopianu i marchwie wyszoruj szczoteczką. Pokrój w kawałki jednakowej wielkości. Rozgrzej patelnię, wlej olej, wrzuć kawałki łopianu, obsmaż go przez kilka minut. Dodaj kawałki marchwi, a następnie szczyptę imbiru. Smaż przez chwilę, po czym dodaj sól oraz podlej lekko wodą i duś pod pokrywką do miękkości.

Zapamiętaj! Jest to potrawa polecana przez Georgesa Oshawę w leczeniu anemii, zmęczenia, wycieńczenia organizmu, w chorobach skóry i podczas zapalenia spojówek.

Kwiat czarnego bzu (lub zioła w tempurze)

Wybierz kwiat czarnego bzu lub dowolne zioła
Tempura:

D 1/2 szklanki mąki pszennej, razowej lub orkiszowej
O tymianek
Z 1/2 szklanki mąki kukurydzianej, 2 łyżki oliwy
M imbir
W woda, sól, sos sojowy shoyu
oraz olej lub oliwa do smażenia

Do mąki pszennej dodaj szczyptę tymianku, mąkę kukurydzianą, oliwę, szczyptę imbiru oraz stopniowo tyle zimnej wody, aby uzyskać gęste ciasto naleśnikowe. Lekko posól i wlej nieco sosu sojowego. Dokładnie wyrób i schłodź ciasto w lodówce. Przygotuj kwiat czarnego bzu (same baldachy bez liści) lub dowolne zioła, np. liście szałwi, bazylii lub szczawiu. Rozgrzej olej na patelni, maczaj rośliny w cieście i smaż na średnim ogniu. Po usmażeniu odsącz na bibułce nadmiar tłuszczu i zaraz podawaj.

Sałatka z bobu

Z 50 dag ugotowanego bobu
M 2 ząbki czosnku
W sól
D natka pietruszki, posiekana mięta
O tymianek

Sos

- **Z** 2 łyżki oliwy
- **M** 1 łyżka musztardy gorczycowej (francuskiej)
- **W** sól
- **D** 1/2 łyżeczki soku z cytryny

Ugotowany bób obierz ze skórki, wymieszaj z przeciśniętym czosnkiem, solą, posiekaną zieleniną oraz tymiankiem. Połącz po kolei wszystkie składniki sosu, polej nim sałatkę.

Świeża sałatka owocowa z prażonymi nasionami słonecznika

- **Z** 1 szklanka nasion słonecznika, szklanka zielonych słodkich winogron, 1/4 l malin lub truskawek, 1 banan
- **M** szczypta imbiru
- **W** szczypta soli
- **D** 2 kwaskowe jabłka, szklanka soku jabłkowego lub pomarańczowego, 2 pomarańcze

Ziarno słonecznika wypraż na suchej patelni. Obrane pomarańcze podziel na cząstki. Jabłka obierz, jeśli nie są z upraw ekologicznych, pokrój na osiem części. Pomarańcze i jabłka pokrój w poprzek, tak aby otrzymać po trzy kawałki z każdej cząstki.

Do dużej miski wsyp uprażony słonecznik, dodaj winogrona, maliny, pokrojonego cienko banana oraz szczyptę imbiru i soli. Wrzuć pokrojone jabłka i pomarańcze. Wlej sok i dokładnie wymieszaj. Sałatkę odstaw do schłodzenia co najmniej na 1 godz. Nadaje się do przechowania przez jeden dzień.

Sałatka z kalafiora i zielonego groszku

- **Z** 1/2 szklanki ugotowanego zielonego groszku (najlepiej na parze)
- **M** 1 ugotowany kalafior (najlepiej na parze), pieprz
- **W** sól
- **D** 2 łyżki posiekanej natki z pietruszki
- **O** tymianek
- **Z** majonez (patrz przepis na str. 213)

Warzywa przyrządź osobno na parze. Groszek gotuj bardzo krótko, kalafior nieco dłużej, lecz powinien być chrupiący. Warzywa wystudź. W misce wymieszaj groszek z posiekanym kalafiorem. Dopraw pieprzem i solą. Wsyp natkę pietruszki oraz szczyptę tymianku. Dodaj majonez.

Kalafior z groszkiem na ostro

- **Z** 2 łyżki sklarowanego masła lub oliwy
- **M** 2 cebule, 1-2 ząbki czosnku, 1-2 ostre papryki, pieprz
- **W** sól
- **D** odrobina soku z cytryny
- **O** rozmaryn
- **Z** 1/2 szklanki zielonego groszku
- **M** 1 kalafior

Cebulę drobno pokrój i podduś na maśle lub oleju. Dodaj rozdrobniony czosnek oraz drobniutko pokrojone papryczki. Duś pod przykryciem na małym ogniu ok. 10 min. Dodaj szczyptę pieprzu, soli, odrobinę soku z cytryny oraz trochę roztartego rozmarynu i odstaw z ognia. Kalafior ugotuj na parze tak aby był jeszcze lekko twardawy. Groszek świeży zblanszuj, wrzucając go na 5 min do wrzącej wody, jeżeli jest konserwowy, to odsącz go z zalewy. Do przygotowanego sosu dodaj najpierw groszek, a potem podzielony na różyczki kalafior. Dokładnie wymieszaj. Podawaj jako dodatek do kasz, ryżu oraz jako samodzielne danie.

Marchewka z kalarepką, duszone sposobem nishime

O wrząca woda (na dnie rondla do ok. 1 cm wysokości)
Z 2-3 marchewki
M 1-2 kalarepki, pieprz ziołowy
W sól

Marchewkę pokrój w ukośne plasterki, kalarepkę jak cząstki pomarańczy. Na wrzącą wodę wrzuć warzywa i chwilę gotuj na dość ostrym ogniu. Potem zmniejsz ogień i duś pod przykryciem, dość często mieszając, ok. 10-20 min. Nie dopuść do przypalenia. Na końcu warzywa dopraw odrobiną pieprzu ziołowego i solą. Po 10 min warzywa będą lekko chrupiące, natomiast dłuższe 20-minutowe gotowanie sprawi, że będą bardziej miękkie (ale nie powinny się rozpadać).

Surówka z białej kapusty

Z 1 marchew
M 1/2 główki białej kapusty, 1 por
W sól
D jabłko
O koperek
Z 3-4 łyżki majonezu

Marchew zetrzyj na tarce o grubych oczkach. Kapustę drobno poszatkuj. Por drobno pokrój, sparz wrzątkiem i odcedź na sicie. W misce wymieszaj marchewkę z kapustą i porem. Lekko posól. Dodaj majonez oraz utarte jabłko i koperk. Dokładnie wymieszaj.

Młode ziemniaki pieczone

Z 1 kg ziemniaków, 2 łyżki oliwy z oliwek, kminek
M 2-3 ząbki czosnku, pieprz, zielona cebulka
W sól

Ziemniaki wyszoruj szczoteczką i każdy pokrój na cztery części. Poukładaj w naczyniu do zapiekania, posyp kminkiem, skrop oliwą, dodaj drobno posiekany czosnek oraz pieprz. Zieloną cebulkę posiekaj, wymieszaj z ziemniakami. Wstaw do nagrzanego piekarnika i zapiekaj ok. 20 min, przed podaniem posól i posyp koperkiem.

INNE POTRAWY

Kotlet pieczarkowy

Z 30 dag pieczarek, 1 łyżka sklarowanego masła lub oliwy
M 1 szklanka płatków owsianych, pieprz, bazylia, oregano, szczypior
W sól

oraz otręby pszenne do obtaczania, olej do smażenia.

Płatki owsiane zalej wrzątkiem, tak aby woda w całości je przykryła. Odstaw do napęcznienia na 20 minut. Pieczarki umyj, zetrzyj na tarce o grubych oczkach i usmaż na maśle lub oliwie aż do wyparowania całego sosu. Przełóż pieczarki do miski, poczekaj, aż trochę przestygną. Następnie dodaj napęczniałe płatki, po odrobinie przypraw: pieprzu, bazylii i oregano. Posiekaj drobno nieco szczypiorku i wrzuć do masy na kotlety. Posól. Dokładnie masę wymieszaj. Formuj małe, owalne kotleciki, obtaczaj w otrębach pszennych i krótko smaż na gorącym oleju.

Zapamiętaj! Płatki owsiane stanowią bazę do różnego rodzaju kotletów. Dodając do nich różne składniki (np. startą na tarce marchewkę i przesmażoną cebulę lub seler i przesmażoną cebulę), uzyskasz inne kotlety.

Tofu opiekane

D 1 łyżeczka soku z cytryny
O tymianek
Z 2 łyżki oliwy
M 1 łyżeczka musztardy
W 1 łyżka miso jęczmiennego, 1 łyżka wody
D nieco mąki orkiszowej
O majeranek
Z 35 dag naturalnego tofu

Podziel tofu na osiem plastrów o grubości 1 cm i ułóż je płasko w płytkiej formie do pieczenia. Wymieszaj sok z cytryny, szczyptę tymianku, oliwę, musztardę, miso i wodę na gęstą pastę. Rozsmaruj po obu stronach tofu i odstaw na 15-20 min. Obtocz lekko w mące orkiszowej i opiekaj 5 min z każdej strony, aż się zarumieni. Podawaj do kasz, makaronu i warzyw.

Makaron razowy z sosem nagietkowym

paczka ciemnego razowego makaronu
oraz na sos:

Z 2 łyżki sklarowanego masła lub oliwy
M 1 mały por, 2 łyżki płatków owsianych
W sól, 1 1/2 szklanki wody
D sok z cytryny
O 4 łyżki stołowe płatków nagietka (świeżych lub suszonych)

Por przekrój wzdłuż na połowę i dokładnie umyj. Pokrój w dowolne kawałki. Rozgrzej rondelek, dodaj masło lub oliwę i por. Podsmaż go przez 5 minut, po czym dodaj płatki owsiane, wodę, sól i gotuj 10-15 minut. Odstaw z ognia i zmiksuj na gładką masę. Na końcu daj odrobinę soku z cytryny i płatki nagietka. Sos jeszcze trochę podgrzewaj, ale już nie doprowadzaj do wrzenia. Ugotuj makaron razowy, odcedź, podziel na porcje i podawaj z sosem nagietkowym.

SOSY

Sos do sałatek I

D 2 łyżki wyciśniętego soku z cytryny, 2 łyżki posiekanej młodej zieleniny (np. natka pietruszki, selera, listki babki, rzodkiewki i inne)
O tymianek
Z 2 łyżki oliwy
M pieprz, 2 ząbki czosnku, 1 łyżka szczypiorku
W sól, odrobina wody mineralnej, sos tamari (niekoniecznie)

Do wyciśniętego soku z cytryny dodaj posiekane zieleniny, szczyptę tymianku, oliwę, pieprz, szczypiorek, przeciśnięty czosnek, sól oraz odrobinę wody mineralnej. Dokładnie wymieszaj i wlej odrobinę sosu tamari (niekoniecznie). Odstaw na 30 minut, aby połączyły się wszystkie smaki i aromaty składników.

Sos do sałatek II

D 2 łyżki naturalnego jogurtu, 2 łyżki posiekanej młodej zieleniny (natka pietruszki, liście selera i inne)
O tymianek, 1 łyżka posiekanego koperku
Z 2 łyżki oliwy
M pieprz, szczypior czosnku
W sól

Do jogurtu dodaj posiekane listki zieleniny, szczyptę tymianku, koperek, oliwę, posiekany szczypior czosnku oraz pieprz i sól. Dokładnie wymieszaj i odstaw na ok. 30 minut, aby połączyły się w pełni wszystkie smaki i aromaty składników.

Sos kremowy cytrynowo-imbirowy

Z 3 łyżki oliwy, 3 łyżki oleju lnianego, 10-15 dag miękkiego tofu
M 2 łyżki siekanych porów (tylko białe części), 2 łyżeczki soku wyciśniętego ze świeżego korzenia imbiru
W 2 łyżki wody, łyżeczka soli
D 3 łyżki wyciśniętego soku z cytryny

Umieść wszystkie składniki według kolejności Przemian w mikserze (lub malakserze) i miksuj do uzyskania jednolitej masy kremowej. Jest to bardzo dobry sos zarówno do surowych, jak i gotowanych np. na parze warzyw.

Zapamiętaj! Aby tofu straciło posmak surowizny, gotować około 10 min. na parze. Przed dodaniem do sosu należy go wystudzić.

Sos pomidorowy

O 1/2 l wrzącej wody, tymianek
Z 1 łyżeczka masła lub oliwy
M 1-2 łyżeczki płatków owsianych, szczypta papryki w proszku, 2 ząbki czosnku
W sól
D 2-4 pomidory lub przecier pomidorowy

Do gotującej się wody dodaj szczyptę tymianku, tłuszcz, płatki owsiane (nie są one konieczne, jeżeli dodasz więcej pomidorów, sos będzie odpowiednio gęsty), szczyptę papryki oraz posiekane ząbki czosnku. Gotuj 10 minut. Posól. Pomidory sparz wrzącą wodą, obierz ze skórki, usuń pestki (zawierają solaninę), pokrój i dodaj do całości. Gotuj 5 minut, po czym zmiksuj.

CIASTA I DESERY

Deser truskawkowy

Z 1 l soku jabłkowego (bez cukru), 10 dag rodzynek (niekoniecznie)
M imbir
W 2 1/2 łyżeczki agar-agaru, 1/3 filiżanki zimnej wody
D 50 dag truskawek

Wlej sok do rondla, wrzuć sparzone rodzynki i doprowadź do wrzenia. Dodaj szczyptę imbiru oraz agar-agar rozmieszany w zimnej wodzie. Mieszaj drewnianą łyżką, aż agar-agar się rozpuści. Gotuj 5 minut. Truskawki opłucz i obierz z szypułek. W pucharkach lub kompotierkach ułóż truskawki i zalej ciepłym płynem. Odstaw do ścięcia galaretki.

Sernik z tofu

Z 160 ml (ok. 2/3 filiżanki) mleka sojowego
M szczypta imbiru
W 2,5 łyżki agar-agaru, 1/2 łyżeczki soli
D 2 łyżeczki startej skórki cytrynowej, 4 łyżki soku z cytryny
O 1/3 filiżanki wrzącej wody
Z 45 dag tofu, 12 dag brązowego cukru lub 2-3 łyżki miodu czy słodu, 2 łyżeczki esencji waniliowej

Podpieczone ciasto na spód (str. 86)

Polewa cytrynowa

Z 10 dag brązowego cukru lub innego środka słodzącego, 1,5 łyżki skrobi kukurydzianej
M szczypta imbiru
W 1/2 filiżanki wody
D 1,5 łyżki soku z cytryny, 1/2 łyżeczki startej skórki cytrynowej

W garnku wymieszaj mleko ze szczyptą imbiru, agar-agarem, solą, startą skórką z cytryny. Dodaj do wrzącej wody i gotuj 5 minut na wolnym ogniu, często mieszając. Wlej do miksera, wrzuć rozkruszone tofu, cukier lub miód, esencję i zmiksuj na gładką masę. Masę wyłóż na warstwę podpieczonego ciasta i wstaw do lodówki na 30 minut. W małym garnku zmieszaj wszystkie składniki polewy, tak aby nie było grudek. Ogrzewaj, stale mieszając, aż masa zgęstnieje. Odstaw, aby nieco ostygła i wylej na sernik. Schłodź w lodówce.

Ciasto bananowe

Z 1 filiżanka brązowego cukru, 1/3 filiżanki oleju, 4 dojrzałe banany, 1 łyżeczka esencji waniliowej
W szczypta imbiru
W 1/4 filiżanki wody, 1/2 łyżeczki soli
D 2 filiżanki mąki pszennej białej lub razowej, lub orkiszowej, 1,5 łyżeczki wody
O szczypta kurkumy, 10 dag posiekanych orzechów włoskich

Piekarnik nagrzej do temperatury 190^{0}C. W dużej misce ubij cukier i olej, dodaj obrane i pokrojone drobno banany, esencję waniliową, imbir, sól rozmieszaną w zimnej wodzie. Wsyp mąkę wymieszaną z sodą, dodaj szczyptę kurkumy i posiekane orzechy. Ciasto wyłóż na natłuszczoną blachę i piecz przez 45-55 minut.

Ciasto z agrestem

D 1 filiżankę mąki pszennej białej lub orkiszowej, 1 łyżeczka proszku do pieczenia
O szczypta kurkumy
Z 1,5 filiżanki mleka sojowego, 3 jaja
M szczypta imbiru
W 1/2 łyżeczki soli
D 4 filiżanki agrestu

Piekarnik rozgrzej do temperatury 190^{0}C. W salaterce wymieszaj mąkę z proszkiem do pieczenia, szczyptą kurkumy, mlekiem sojowym oraz jajami. Dodaj szczyptę imbiru oraz sól. Wyrób gładkie ciasto. Na blasze do pieczenia ułóż równą warstwę wyszypułkowanego agrestu. Zalej ciastem. Piecz 45 minut, aż ciasto się przyrumieni. Podawaj na ciepło.

Kisiel z porzeczkami

O 1/4 l wrzącej wody
Z 1/2 l kompotu lub soku jabłkowego, 3 łyżki mąki kukurydzianej, 1-2 łyżki słodu lub miodu, cynamon
M goździki
W łyżeczka zimnej wody
D 1 szklanka obranej czarnej lub czerwonej porzeczki

Do wrzącej wody dodaj rozmieszaną w kompocie mąkę i energicznie mieszaj, gotując na małym płomieniu ok. 5 minut. Odstaw z ognia. Dodaj szczyptę cynamonu, słód lub miód oraz zmielone goździki. Wlej łyżeczkę zimnej wody. Rozmieszaj. Do gorącego kisielu wsyp porzeczki. Wyłóż do kompotierek.

NAPOJE

Zielony napój wzmacniający kości

Z marchew
M seler, rzodkiew
W woda mineralna niegazowana
D zielone liście (np. z rzodkiewki, brokułów, selera), zielona pietruszka, jabłko
O sałata, nieco gorącej wody
Z olej lniany (po 1 łyżeczce na porcję napoju)

Warzywa drobno pokrój. Wkładaj po kolei do miksera i dolej wody. Zmiksuj na jednolitą masę. Dodaj zielone liście, pokrojone jabłko, liście sałaty oraz nieco gorącej wody i dalej miksuj. Tuż przez podaniem do każdej porcji dodaj łyżeczkę oleju lnianego. Pij szklankę lub dwie dziennie.

Mleko sojowe

W 1 szklanka ziarna soi, 8 szklanek wody (do mleka), szczypta soli, 3 szklanki wody (do namoczenia soi)

Soję wypłucz i namocz na 8 godz. Odcedź i zmiel w maszynce z sitkiem do maku lub zmiksuj. Zalej zimną wodą, dodaj sól. Gotuj na małym ogniu, ustawiając garnek na metalowej płytce. Kiedy mleko lekko uniesie się do góry (tak jak krowie), skrop je zimną wodą. Gotuj i skrapiaj je dwukrotnie zimną wodą. Odstaw z ognia i przecedź przez sito. Otrzymasz ok. 1,5 l mleka. Możesz dosłodzić je miodem. Używaj do deserów, naleśników, zabielania kawy, podprawiania zup i sosów.

Zapamiętaj! Mleko sojowe nie jest zamiennikiem mleka krowiego i nie należy używać go za często. Ma silnie wychładzające właściwości, więc najlepiej stosować je latem.

Napój z soku z kiszonej kapusty i marchwi

Z 50 dag marchwi
M ząbek czosnku, 1 łyżeczka posiekanego szczypiorku
W nieco wody
D 2 szklanki soku z kiszonej kapusty

Wyciśnij w sokowirówce sok z marchewki. Dodaj przeciśnięty ząbek czosnku, szczypiorek (niekoniecznie), nieco wody i wymieszaj z sokiem z kiszonej kapusty. Jeśli chcesz, aby sok był ciepły, dodaj na końcu nieco gorącej wody.

Kwas jabłkowy

W 5 szklanek wody
D 5 soczystych jabłek, 1 dag drożdży
O 15 dag wędzonych śliwek
Z 2 łyżki miodu

Do kamiennego garnka lub słoja wlej wodę. Dodaj pokrojone w plasterki jabłka oraz rozpuszczone w małej ilości wody drożdże, umyte wędzone śliwki oraz miód. Pozostaw w ciepłym miejscu do sfermentowania na kilka dni. Następnie kwas przecedź przez sito do słoiczków. Doskonale przechowasz ten orzeźwiający napój w lodówce przez dwa tygodnie.

6. Przykładowe jadłospisy na lato

I

Śniadanie	Płatki owsiane z malinami (str. 107)
	Owoce letnie
	Pasta warzywna (str. 106), pieczywo
Obiad	Zupa z zielonego groszku z grzankami (str. 109)
	Tofu opiekane (str. 113), ryż
	Marchew duszona z kalarepą (str. 112)
	Sałata z sosem jogurtowym (str. 114)
	Kawa zbożowa z sokiem jabłkowym
Kolacja	Świeża sałatka owocowa z prażonymi nasionami słonecznika (str. 111)
	Pasta z brokułów (str. 106), pieczywo chrupkie
	Mięta

II

Śniadanie	Sok z marchwi i buraczka
	Kasza jaglana z jabłkami (str. 108)
Obiad	Zupa-krem z brokułów (str. 109)
	Kotlet pieczarkowy (str. 113)
	Ziemniaki młode z koperkiem
	Marchewka duszona z kalarepką (str. 112)
	Sałata z sosem z jogurtu (str. 114)
Kolacja	Makaron razowy z sosem nagietkowym (str. 114)
	Owoce sezonowe + jogurt naturalny

III

Śniadanie	Muesli (str. 131) + mleko sojowe (str. 117)
	Owoce sezonowe
Obiad	Zupa jarzynowa (str. 109)
	Ryż duszony z kalarepką i pomidorami (str. 108)
	Surówka z białej kapusty (str. 112)
	Sernik z tofu (str. 116)
	Herbata bancha
Kolacja	Polenta z polewą czereśniową (str. 107)
	Kawa zbożowa

Babie lato
Snuj się nitko pajęcza
Na powietrznej swej fali
Wietrzyk prządkę wyręcza,
Snuj się, nitko pajęcza,
Nim się letnie słonko dopali.

Złoty liść się z drzew sypie,
Choć ich wietrzyk nie ruszy -
Smutno niby na stypie
Złoty liść się z drzew sypie -
Coś w naturze zamarło, coś w duszy....

Marian Gawalewicz

XIII. PÓŹNE LATO (babie lato)

Przemiana Ziemi

Pora roku:	późne lato, pory przejściowe (dojo)
Pogoda:	wilgoć, opady
Kolor:	żółty
Organ jin:	śledziona
Organ jang:	żołądek
Smak:	słodki
Zmysł:	smak
Głos:	śpiew
Emocja:	sympatia, zatroskanie

Właściwości „ziemi"

Dodatnie: porządek, wytrwałość, samowystarczalaność, poczucie bezpieczeństwa, niezawodność, zakorzenienie

Ujemne: brak samodzielności, drobiazgowość, małostkowość

Ziemia to łatwość koncentracji. Jej naturą jest podtrzymywanie, pomnażanie, przetwarzanie, oddawanie. Przemiana Ziemi nadaje kształt i porządek myślom, wspiera pamięć i naszego ducha. Przy jej niedostatku łatwo zapominamy i niechętnie rozwiązujemy problemy życiowe. W dorosłym życiu brakuje nam samodzielności. Nadmiar Przemiany Ziemi ogranicza nasze myślenie do niewolniczego trzymania się pewnych zasad i niezmiennych idei. Przesadne planowanie i szukanie celowości we wszystkim, co robimy, tłumi spontaniczność i łatwość przeżywania życia.

Przemianie Ziemi przyporządkowane jest późne lato (babie lato) – czas zbiorów. Jest to pora równowagi między wielkim jang lata i nadchodzącym jin jesieni. Przemiana Ziemi panuje też w porze dojo, tj. przez 18 dni w okresach między porami roku. Ziemia pozostaje w harmonii i współdziała ze wszystkimi Przemianami. Śledziona i żołądek z nią związane, nazywane są też środkowym ogrzewaczem. Narządy te mają silny wpływ na poziom energii całego organizmu. To dzięki nim pożywienie zamieniane jest w substancje budujące ciało oraz w energię. Okres dojo szczególnie dobrze nadaje się, aby wzmocnić śledzionę i żołądek. Zamiast chleba spożywa się wtedy gotowane produkty o dużym udziale z Przemiany Ziemi (kasza jaglana, kukurydziana, marchew, dynia, korzeń pietruszki itp.).

1. Sztuka gotowania późnym latem

Podobnie jak latem, jemy dużo warzyw, które są w tym czasie bardzo dojrzałe i w dużym wyborze. Warto je zmieniać, aby jak najbardziej urozmaicić jadłospis. Zjadamy warzywa zarówno na surowo, jak i w postaci potraw gotowanych na parze, duszonych w małej ilości wody, blanszowanych. Warzywa kroi się na duże i grubsze kawałki i układa warstwami do gotowania lub duszenia. W ten sposób uzyskuje się bardziej słodki smak, niż w przypadku innych sposobów krojenia. Dzięki temu potrawa ma bardziej wyraziste właściwości Przemiany Ziemi.

Można też gotować w szybkowarze. Dotyczy to zwłaszcza warzyw strączkowych i niektórych bardziej twardych zbóż (orkisz, pszenica, ryż).

Przemiana Ziemi aktywna jest cały rok. Należą do niej wszystkie pełne ziarna zbóż. Jedzenie zbóż harmonizuje cały organizm, działa odżywczo i wzmacniająco. Wiążą one toksyczne substancje i złogi w ciele i sprzyjają ich wydaleniu.

Zaletą zbóż jest ich powolne trawienie, dzięki czemu nie odczuwa się głodu przez ok. 3-4 godzin. Dlatego są doskonałym pokarmem przy odchudzaniu. Niestety ludzie z osłabionym układem pokarmowym nie najlepiej je trawią (zwłaszcza pęczak, pszenicę, orkisz, grykę). Dobrymi sposobami są:

a) wcześniejsze namoczenie zbóż na kilka godzin, dzięki czemu szybciej się gotują i stają się lżej strawne,
b) wcześniejsze ich lekkie podkiełkowanie przed ugotowaniem; jest to bardzo dobra metoda przygotowania zbóż dla małych dzieci i osób starszych,
c) bardzo długie ich gotowanie, aż ziarno rozgotuje się na kleik.

Kasza jaglana i kukurydziana (zwłaszcza w formie polenty) najskuteczniej wzmacniają narządy Przemiany Ziemi.

Oprócz zbóż gotujemy w tym czasie zupy, lecz nieco bardziej gęste niż latem, lekkie potrawy zbożowo-warzywne, leczo, makarony z warzywami, dania z dodatkiem warzyw strączkowych. Potrawy wzbogacamy, dodając przy końcu gotowania czy duszenia niewielką ilość roślin zielonych, które mają szczególne znaczenie dla organizmu. Są to liście różnych warzyw: brokułów, rzodkiewek, kalarepy, selera, pietruszki, a także świeże zioła uprawne i dziko rosnące.

Gotowane, łagodnie słodkie, pożywne i sycące potrawy powinny stanowić większą część posiłku. Tak przygotowane jedzenie wzmacnia żołądek i śledzionę oraz równoważy cały organizm. Jakiś czas po posiłku pijemy ciepłe, nigdy zimne napoje. Po zimnym napoju żołądek nie może pobierać energii z pożywienia. Dla ludzi z dolegliwościami trawiennymi bardzo wskazane jest picie gorącej wody (czasami ze świeżym imbirem). Pije się ją, nabierając łyżeczką.

Słodycze, ciasta i soki spożywane w nadmiarze osłabiają śledzionę. Pociąg do słodyczy jest oznaką słabego trawienia i nierównowagi w organizmie. Spożywanie ciepłych, zharmonizowanych posiłków, składających się ze zbóż, warzyw i roślin strączkowych, sprawia, że skłonność ta po pewnym czasie mija. Stabilizuje się poziom cukru we krwi i polepsza samopoczucie. Jeśli nadal nęcą nas słodkie rzeczy, to wybierajmy raczej suszone owoce oraz nasiona dyni i słonecznika jako przekąski.

Naturalna słodycz późnego lata zawiera się w różnorodnych odmianach dyni (zwłaszcza pieczona – jest bardzo słodka), marchwi, kukurydzy, pietruszce, morelach i innych. Dopiero po wyeliminowaniu sztucznego smaku cukru możemy docenić bogactwo smaków produktów naturalnych.

Przemianie Ziemi odpowiadają różne metody konserwowania pożywienia, zwłaszcza za pomocą miodu lub słodu (dżemy, kompoty, soki, owoce kandyzowane) lub oleju wyciskanego na zimno (oleje ziołowe). Cenne są wszystkie wysokiej klasy tłuszcze z Przemiany Ziemi – oleje tłoczone na zimno (sezamowy, lniany, słonecznikowy, oliwa z oliwek) oraz masło (zwłaszcza niepasteryzowane). Mają właściwości budujące, odżywcze i dostarczają energii ciału. Pamiętajmy, aby używać ich w niedużych ilościach, ale codziennie.

W chłodnych porach roku dodawane do potraw sklarowane masło bardzo dobrze rozgrzewa narządy trawienne i usprawnia ich funkcje.

2. Przemiana Ziemi – śledziona

Lato jest porą roku, która ma największy wpływ na śledzionę*. Medycyna Wschodu utrzymuje, że śledziona jest głównym narządem trawienia. Przemienia ona pokarm w energię czi, zapewnia odpowiedni poziom krwi w ciele, a także kontroluje jej prawidłowy skład. Uważana jest za centralne miejsce, w którym powstaje równowaga i harmonia. Jest ona, być może, najbardziej wrażliwym narządem organizmu i w pewnym sensie stanowi najsłabsze ogniwo naszego wewnętrznego systemu. Kiedy jest zdrowa i zrównoważona, staje się źródłem siły dla naszego ciała.

Zlokalizowana jest po lewej stronie brzucha. Waży ok. 220 g. Jest to gąbczasty, ciemnoczerwony narząd o właściwościach rozprężania się i kurczenia, dzięki czemu ilość krwi zawartej w śledzionie może być zmienna.

Śledziona spełnia ważną rolę w systemie odpornościowym. Przechowuje komórki immunologiczne przeznaczone do niszczenia obcych antygenów. Wprowadza je do krwi i w ten sposób zwiększa odporność. Ludzie z usuniętą śledzioną mają więc osłabiony układ immunologiczny.

Jakość energii, którą śledziona przesyła do jelita cienkiego i grubego ma wpływ na szybkość i dokładność trawienia spożytego pokarmu. Wszystkie problemy trawienne, takie jak czkawka, wzdęcia, niestrawność, zgaga, mdłości i burczący żołądek świadczą o zaburzeniach funkcji śledziony.

Gdy dostarcza zbyt wiele energii do jelita grubego, rezultatem będzie biegunka lub zespół jelita nadpobudliwego. Kiedy śledziona jest osłabiona i prze-

* Kiedy mowa o śledzionie, chodzi też o trzustkę oraz ich meridian. Narządy te działają wspólnie i medycyna chińska określa je mianem kręgu funkcji śledziony/trzustki.

syła niedostateczną ilość energii do jelita grubego, to jest ono niezdolne do wykonywania swojej pracy i występują wtedy w organizmie sporadyczne lub przewlekłe zaparcia. Ważne oddziaływanie energetyczne na pracę śledziony mają przyprawy dodawane do pokarmów.

Śledziona ma też wpływ na rytm i czas trwania cyklu menstruacyjnego u kobiety. Dysfunkcje pracy śledziony mogą być przyczyną nadmiernie długiej lub krótkiej menstruacji oraz zaburzeń zespołu przedmiesiączkowego (PMS).

Śledziona pomaga ciału rozpoznać pięć smaków (gorzki, słodki, ostry, słony i kwaśny).

Najsilniejszy wpływ na śledzionę ma smak słodki. Umiarkowanie słodki smak wzmacnia śledzionę, ale silna słodycz stymuluje ją, jednak prowadzi to do wyczerpania. Najbardziej szkodzi jej cukier rafinowany oraz węglowodany proste. Śledziona pomaga utrzymać odpowiedni poziom cukru we krwi. Kiedy zamiast węglowodanów złożonych, jemy węglowodany proste i rafinowany cukier, to rozpoczyna się błędne koło wznoszenia się i opadania cukru we krwi. Powoduje to głód, ospałość, zmęczenie i depresję. Osłabieniu ulegają wątroba i trzustka. Aby utrzymać stały poziom cukru we krwi, należy jeść węglowodany złożone (ziarna zbóż, strączkowe, warzywa). Ślina ma ścisły związek ze śledzioną, a stan śledziony może wpływać na ilość wydzielanej śliny. Żucie i wydzielanie śliny sprawia, że pokarm jest lepiej przygotowany do dalszego trawienia. Śledziona, podobnie jak serce, uważana jest za źródło ludzkich uczuć. Związane są z nią dwie emocje: zrozumienie i współczucie.

Człowiek z pobudzoną śledzioną manifestuje nadmierną empatię i współczucie, natomiast z osłabioną – wykazuje całkowity brak współczucia i niezdolność zrozumienia drugiego człowieka.

Biorąc pod uwagę Prawo Pięciu Przemian, Ziemia (współczucie i zrozumienie) kontroluje Wodę (strach). Ludzie z osłabioną śledzioną spożywają duże ilości słodyczy, aby ją stymulować. Prowadzi to jednak do jeszcze większego jej osłabienia. Ludzie ze słabą śledzioną są szczególnie wrażliwi na pogodę.

Aura mglista i deszczowa powoduje u nich zły nastrój i gorsze samopoczucie, a nawet może prowadzić do depresji. Z kolei słoneczna pogoda poprawia im samopoczucie. Potwierdzają to badania na osobach z sezonowymi zaburzeniami emocjonalnymi. Kiedy brakuje światła słonecznego, spada w ich mózgach poziom serotoniny, co prowadzi do depresji. Po naświetleniu specjalnymi lampami osoby takie wracają do zdrowia. Chorzy ci, nawet przy braku światła, czują się znacznie lepiej po zjedzeniu produktu o smaku słodkim.

Porą dnia, w której śledziona jest najbardziej aktywna, są godziny od 9^{00}-11^{00}. W tym czasie, u schyłku lata może być najskuteczniej uzdrawiana.

Kolor żółty pomaga uzdrawiać śledzionę.

Śledziona niedoenergetyzowana

Objawy: problemy z trawieniem pokarmów, brązowawe zabarwienie skóry na twarzy, słabe wydzielanie śliny, przytępiony zmysł smaku, nadkwasota, podatność na przeziębienie, ból kręgosłupa, sztywny i wrażliwy pępek, słabe krążenie w stopach.

Ludzie z takimi objawami przywiązują nadmierną wagę do drobiazgów, są ciągle zmęczeni, poddenerwowani i niespokojni. Źle sypiają.

Śledziona przeenergetyzowana

Objawy: nadmiar śliny w ustach, wrażliwy żołądek połączony z nadkwasotą, a czasem i nerwicą. Uczucie ciężaru w nogach. Hipoglikemia.

Ludzie tacy mają często zmienne nastroje i niestabilny poziom energii. Bywają też przesadnie współczujący.

Uzdrawianie śledziony

Należy wyeliminować:

1) cukier rafinowany i wszystkie produkty, w których występuje,
2) produkty z białej mąki,
3) ryż polerowany i rafinowaną sól,
4) produkty silnie kwasowe,
5) ostre przyprawy.

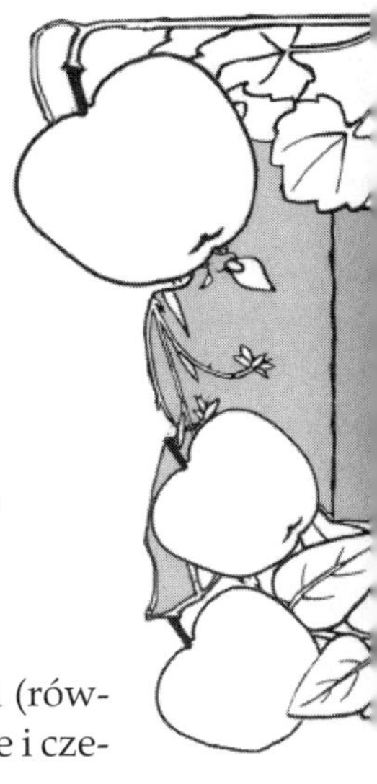

Żywność, która wzmacnia śledzionę, pod warunkiem jednak, że podawana jest w umiarkowanych ilościach:

1) kasza jaglana, ziarno kukurydzy i pochodne produkty, jęczmień, owies, pszenica i ryż,
2) marchew, dynia,
3) inne warzywa: szparagi, brokuły, brukselka, kalafio;r, seler, ogórek, fasola, kapusta, pasternak,
4) groch włoski (ciecierzyca),
5) grzyby shiitake,
6) słodkie owoce w postaci naturalnej, takie jak jabłka, gruszki, śliwki (również suszone), rodzynki, grejpfruty, melony, figi, pomarańcze, wiśnie i czereśnie, a także owoce gotowane i kompoty,
7) białe ryby i krewetki,
8) słodki napój przywracający śledzionie równowagę (pokroić na kawałki jedną małą dynię, dwie marchwie, dwa pasternaki i jedną cebulę; rozgotować warzywa podlewając je 3 szklankami wody i dodać wody w razie jej wygotowania; pić dwa, trzy razy dziennie w wypadku hipoglikemii, silnego apetytu na cukier oraz braku równowagi w śledzionie),
9) zupa miso, z dodatkiem wakame, dobrze wpływa na zdrowie śledziony (stosować 1/4 łyżeczki od herbaty pasty miso oraz 1 łyżkę stołową wakame na filiżankę zupy – pić codziennie),
10) w razie niestrawności, nadmiaru gazów i rozstroju żołądka ssać śliwki umeboshi, które można kupić w większości sklepów z naturalną żywnością,
11) przy zaparciach dobrze działa brązowy ryż, gotowany z marchwią i utartym korzeniem imbiru (gotować około 1 godziny z dodatkiem szczypty soli morskiej) – należy go dokładnie żuć.

A oto zasady ważne dla zdrowia śledziony. Należy:
- żuć każdy kęs do 50 razy (do postaci płynnej),
- unikać picia płynów w trakcie jedzenia pokarmów stałych (rozcieńczają sok żołądkowy i opóźniają trawienie),
- nie pić bardzo gorących i bardzo zimnych napojów,
- unikać jedzenia w stanie zdenerwowania lub stresu,
- spożywać posiłki w pozycji siedzącej,
- nie przejadać się i nie jeść zbyt często.

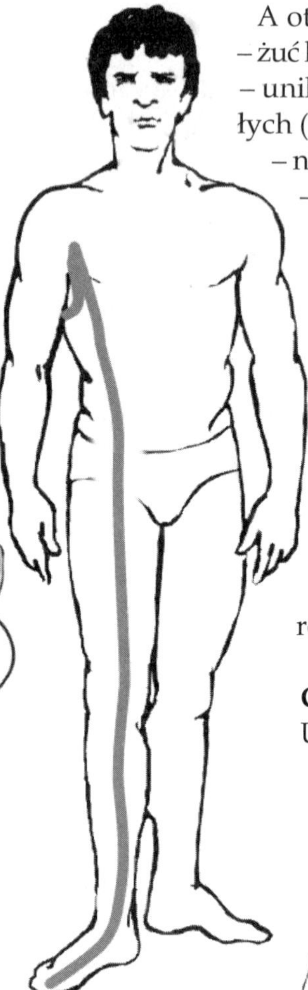

Meridian śledziony

<u>Meridian śledziony</u>

Biegnie od dużego palca stopy (punkt po zewnętrznej stronie), poprzez wnętrze stopy i wzdłuż golenia do kolana, a potem dalej, wewnętrzną powierzchnią uda poprzez żołądek do okolic pachy pod ramieniem. Tutaj zatacza pętlę i schodzi w dół po zewnętrznej powierzchni pleców.

Meridian śledziony związany jest z funkcjami rodnymi i z trawieniem.

Ćwiczenie wzmacniające śledzionę i żołądek

Uklęknij na podłodze, tak aby pośladki spoczywały na twoich piętach. Spleć dłonie i unieś je jak najwyżej nad głową. Pozwól swojemu ciału wolno opaść do tyłu, aż plecy spoczną na podłodze. Utrzymaj tę pozycję przez dwa oddechy i powróć do pozycji wyjściowej. Powtórz tyle razy, ile potrafisz, nie męcząc się zbytnio.

3. Przemiana Ziemi – żołądek

Żołądek to związane z Przemianą Ziemi centrum naszego ciała. Stanowi swego rodzaju psychiczny „środek", wokół którego obraca się nasze życie. Silny żołądek sprawia, że człowiek jest bardziej zrównoważony emocjonalnie wobec zmieniających się okoliczności życia. Słabość żołądka powoduje nerwowość i większą podatność na stresy. Ten pusty w środku narząd jest podobny do rękawicy bokserskiej, połączony u góry z przełykiem, u dołu zaś z pierwszym odcinkiem jelit, czyli z dwunastnicą. Pojemność żołądka wynosi 1,4 litra.

Dzięki jego zdolności do przechowywania pokarmu łatwo pokrywamy zapotrzebowanie energetyczne naszego organizmu bez konieczności częstego spożywania posiłków. Wręcz przeciwnie, korzystne są dłuższe przerwy między posiłkami, co sprzyja procesowi trawienia. Dzięki skurczom mięśni żołądka pokarm zamieniany jest w gęstą miazgę pokarmową.

Żołądek spełnia następujące funkcje:

– za pomocą wydzielanego soku trawiennego (pepsyny) trawi białka,

– przechowuje pokarm, tworzy z niego płynną masę i przemieszcza ją do dwunastnicy,

– żołądek sam wytwarza śluz, który chroni jego ściany przed działaniem kwasu. Oczyszczone ziarna zbóż, kawa, herbata, tytoń, cukier, alkohol, przyprawy i potrawy smażone zwiększają wydzielanie kwasu żołądkowego. Tak samo działa stres oraz niektóre leki (aspiryna i sterydy). Główną przyczyną zaburzeń żołądkowych jest nadmiar kwasu. Wraz z obniżeniem produkcji śluzu ochronnego, nadmiar kwasu przyczynia się do powstawania wrzodów żołądka. Leczenie konwencjonalne sprowadza się do podawania leków zobojętniających kwas oraz do odpowiedniej diety. Kiedy leki przestają być skuteczne, wykonuje się zabiegi chirurgiczne (wagotomię lub gastrektomię).

Drugą najczęstszą chorobą żołądka jest rak. Jego przyczyną jest spożywanie pokarmów przetworzonych, rafinowanych, z dużą ilością środków konserwujących, słonych i mocno przyprawionych, smażonych lub pieczonych.

Inne bardzo rozpowszechnione problemy z żołądkiem to niestrawność, zgaga i duża ilość gazów. Przyczyną tych dysfunkcji są: zbyt szybkie zjadanie pokarmu, za duże jego ilości, żywność o wysokiej zawartości białka zwierzęcego i tłuszczu oraz stres.

Narządy Przemiany Ziemi związane są z emocjami zrozumienia, współczucia i sympatii. Osoba rozumiejąca innych ludzi będzie miała silny żołądek, pozwalający na jedzenie i trawienie niemal wszystkiego. Ludzie o słabym żołądku przejawiają albo nadmierne współczucie, albo zupełny jego brak. Postrzegają siebie często jako ofiary. Nie mają zrozumienia dla innych, ponieważ są pochłonięci tym, co im szkodzi. Prowadzić to może do hipochondrii. Ludzie ci są ostrożni zarówno w tym, co jedzą, jak i w tym, co robią. Według medycyny Wschodu działa tutaj prawo paradoksu.

I tak ludzie o silnych żołądkach, pobłażający sobie w jedzeniu i piciu, częściej chorują i umierają, a ich siła staje się ich słabością.

I odwrotnie – słabość ludzi uważających na to, co jedzą, staje się ich siłą, dlatego cieszą się zdrowiem i długim życiem.

Bez względu jednak na to, jak silny żołądek posiadamy, konieczny jest we wszystkim umiar. Funkcjonowanie żołądka i śledziony jest wzajemnie uzależnione. Przesyłanie energii życia przez oba narządy odbywa się w dwóch przeciwnych sobie kierunkach. Każda dolegliwość żołądka odbija się również na śledzionie. Chińscy uzdrowiciele zgagę, czkawkę i bóle brzucha traktują jako zaburzenia zarówno śledziony, jak i żołądka.

Późne lato (od połowy lipca do połowy września), kiedy żołądek otrzymuje najwięcej energii, może być czasem jego uzdrowienia, ale i czasem pojawiających się objawów na skutek problemów w narządach Przemiany Ziemi.

Żołądek jest najbardziej aktywny zazwyczaj w porze śniadaniowej między godziną 7^{00} a 9^{00}.

Największą zdolność pobudzania żołądka ma smak słodki w umiarkowanych ilościach. Nadmierne jego spożycie osłabia ten narząd. Barwą, która ma pozytywny wpływ zarówno na żołądek, jak i śledzionę jest kolor żółty.

Przywracanie harmonii żołądka

Należy wyeliminować lub ograniczyć do minimum:

1. produkty przetwarzane przemysłowo z dodatkiem środków konserwujących, smakowych i barwników,
2. pokarmy pochodzenia zwierzęcego, obfitujące w białko i tłuszcze nasycone (czerwone mięso, wieprzowina, przetwory mleczne),
3. biały, rafinowany cukier,
4. białą mąkę i białe pieczywo
5. alkohol, szczególnie słodkie wina (szkodzą żołądkowi i śledzionie),
6. sól rafinowaną,
7. marynaty,
8. przyprawy, w tym ostrą paprykę,
9. kawę, nikotynę i leki psychotropowe.

Niekorzystny wpływ na funkcjonowanie żołądka mają następujące czynniki, które należy wziąć pod uwagę, uzdrawiając swój żołądek:

– nadmiar stresu,
– napięcie nerwowe i długotrwały lęk,
– arogancja i pycha,
– niewykorzystywanie okazji życiowych i lęk przed życiem,
– złe nawyki (późne chodzenie spać i późne wstawanie),
– błędne przyzwyczajenia żywieniowe (spożywanie posiłku przed snem, mieszanie dużej ilości pokarmów i zjadanie ich na raz, jedzenie w pośpiechu, zbyt krótkie żucie pokarmu).

Uzdrawianie żołądka

Należy jeść pokarmy dojrzałe do spożycia w okresie późnego lata i jesieni, mające uzdrawiający wpływ na narządy Przemiany Ziemi oraz inne wymienione

1. Ziarna zbóż: kasza jaglana i kukurydziana
2. Kuzu (do zagęszczania potraw)
3. Warzywa – kapusta, wszystkie odmiany dyni, marchew, rzepa, brokuły
4. Groch włoski (ciecierzyca)
5. Owoce – jabłka, wiśnie, czereśnie, figi, rodzynki i melony miodowe
6. Słody zbożowe (jęczmienny, ryżowy, kukurydziany)
7. Grzyby shiitake
8. Ryby – łosoś, tuńczyk, miecznik i inne
9. Zioła – imbir, bazylia, kocia mięta, rumianek, lukrecja, gorzknik kanadyjski, żywokost

Niektóre naturalne lekarstwa na problemy żołądkowe

I. Zjeść ćwierć łyżeczki od herbaty miąższu śliwki umeboshi, aby zalkalizować żołądek.

II. Filiżanka herbaty bancha z dwoma kroplami sosu sojowego shoyu.

III. Dynia, marchew i cebula, gotowane i przetarte, spożywane najlepiej na ciepło lub o temperaturze pokojowej.

IV. Sok z białej kapusty. Soki warzywne, w celu poprawienia ich strawności, należy rozcieńczać przegotowaną, ciepłą wodą w stosunku 3:1 (pić 2 do 4 razy dziennie) – gdy objawy narastają.

V. Sok z marchwi, selera i kapusty (pić 2 do 4 razy dziennie) – gdy objawy narastają.

VI. Sok z aloesu.

VII. Ziołowe herbaty z żywokostu, lukrecji i gorzknika kanadyjskiego.

VIII. Kasza jaglana – ugotowana i dobrze przeżuta.

Ćwiczenie

Oczyszczanie śledziony i żołądka

1. Usiądź z prostym kręgosłupem, oddychaj powoli i spokojnie.
2. Połącz oddychanie i wewnętrzny uśmiech z organami Ziemi: śledzioną i żołądkiem.
3. Weź głęboki wdech, przy wydechu uciskaj łagodnie opuszkami palców złożonych razem dłoni rejon żołądka i śledziony (na lewo od pępka, pod żebrami). Możesz przyciskać trochę mocniej, ale tak, by nie sprawiło to bólu.
4. Wraz z wydechem wydaj z głębi żołądka długi, gardłowy, dławiący dźwięk podobny do parskania.

Ćwiczenie to poprawia trawienie, wskazane też jest przy uczuciu przejedzenia i wzdęciach.

Ćwiczenie

Automasaż brzucha

Chińczycy twierdzą, że człowiek ma dwa mózgi: jeden w głowie, drugi w brzuchu. W brzuchu zmagazynowane są wszystkie nieprzetrawione przeżycia i emocje w formie stwardnień, napięć lub bólów. Celem tego ćwiczenia jest uwolnienie brzucha od tych obciążeń, aby energia znowu mogła swobodnie płynąć.

1. Połóż się wygodnie na plecach i wyciągnij swobodnie nogi. Zacznij głęboko, spokojnie oddychać i skieruj uwagę na brzuch. Obdarz swój brzuch wewnętrznym uśmiechem.
2. Połóż obie dłonie na pępku i poczuj, jak Twój oddech staje się głębszy a brzuch podnosi się i opada.

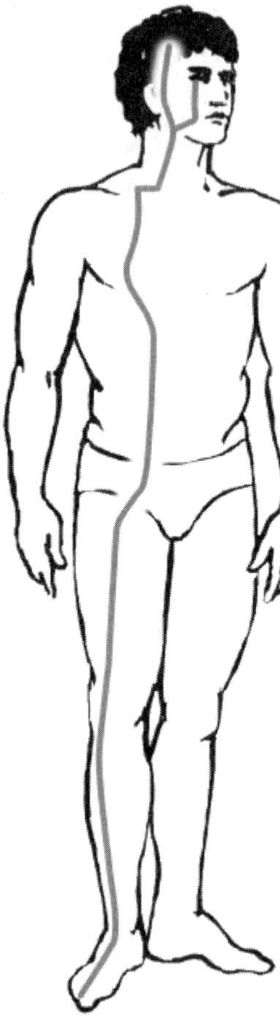

Meridian żołądka

3. Zacznij lekko wibrować dłońmi, tak aby ruch ten przeniósł się na brzuch i rozluźnił go. Rób to tak długo, aż brzuch się odpręży.
4. Następnie uciskaj opuszkami palców obu dłoni brzuch wokół pępka, zgodnie z ruchem wskazówek zegara. Uciskaj głęboko, aż do granicy bólu.

Inne metody uzdrawiania

Ćwiczenie identyczne jak w wypadku uzdrawiania śledziony.

Meridian żołądka

Najpierw układa się na kształt ogromnej litery E po każdej stronie twarzy. Wewnętrzne ramię litery E na twarzy biegnie spod oka do krawędzi ust i dalej do kości podbródka. Zewnętrzne ramię natomiast zaczyna się na linii włosów i poprzez ucho łączy się z podbródkiem, a więc z pierwszym ramieniem. Połączony kanał energetyczny zaczyna opadać w dół, wzdłuż szyi, poprzez obojczyk, brodawkę piersiową, brzuch, pachwinę, udo i łydkę do czubka drugiego palca u stopy. Meridian żołądka wiąże się z apetytem i przyjmowaniem pożywienia.

4. Przepisy

PASTY

Pasta ze słonecznika

Z 1 szklanka ziarna słonecznika, 3-4 łyżki musu jabłkowego (str. 212)
M szczypta imbiru
W kilka kropli sosu tamari, przegotowana woda

Sposób pierwszy

Rozgrzej patelnię i wypraż lekko słonecznik. Ostudź i zmiel w młynku do kawy. Zmiksuj słonecznik z musem jabłkowym, szczyptą imbiru i sosem tamari, dodając tyle wody, aby uzyskać konsystencję pasty. Podawaj do kanapek.

Sposób drugi

Namocz słonecznik na noc w przegotowanej, letniej wodzie. Na drugi dzień zmiksuj go z musem jabłkowym i pozostałymi składnikami, pamiętając o regulowaniu konsystencji wodą. Pasta ta nadaje się do szybkiego spożycia (w ciągu jednego, najwyżej dwóch dni). Pastę bardziej trwałą uzyskasz, gotując słonecznik przez 10 minut.

Pasta z tofu z kurkumą

Z 2 łyżki oliwy lub oleju, 10 dag tofu naturalnego, 1 zeszklona cebula
M szczypta pieprzu
W sól, sos sojowy shoyu (do smaku)
D ocet umeboshi lub sok z cytryny (do smaku)
O szczypta kurkumy, 10 dag tofu wędzonego, nieco gorącej wody

Rozgrzej oliwę i zeszklij na niej cebulę. Tofu naturalne osusz z zalewy, ugnieć widelcem i dodaj do podsmażonej cebuli. Trzymaj na ogniu ok. 10 min, przez cały czas mieszając. Odstaw z ognia. Dopraw pieprzem i solą, sosem sojowym, octem umeboszi oraz kurkumą. Dodaj rozkruszone tofu wędzone. Zmiksuj, dolewając odrobinę gorącej wody, aby uzyskać właściwą konsystencję pasty. Przechowuj w lodówce do 4-5 dni. Używaj do smarowania pieczywa, grzanek (zapiekaj posmarowane pieczywo) lub jako farsz do babeczek (możesz je również zapiec).

POTRAWY ZE ZBÓŻ

Gotowanie kaszy jaglanej (przepis podstawowy)
1 szklankę kaszy jaglanej wypłucz w ciepłej wodzie

O podgrzej w garnku trochę więcej niż 2 szklanki wody
Z wsyp kaszę jaglaną i gotuj na małym ogniu pod przykryciem ok. 30 min

Zapamiętaj! Czas gotowania kaszy jaglanej zależy od jej odmiany. Istnieje odmiana, którą gotuje się bardzo krótko. Aby proso działało bardziej rozgrzewająco, możesz je przed gotowaniem wyprażyć. Praż w garnku, na małym płomieniu, przez cały czas mieszając, dopóki nie zacznie przyjemnie pachnieć. Następnie dolej wody i gotuj do miękkości.

Gotując kaszę lekko osoloną (**W**), wcześniej dodaj szczyptę imbiru (**M**).

Muesli

Z 1/3 szklanki masła sklarowanego lub oliwy, 2 jabłka, 1/3 szklanki daktyli, 1/3 szklanki rodzynek, wanilia, zmielone goździki, cynamon, 1/3 szklanki orzechów laskowych, 1/3 szklanki suszonych śliwek
M kardamon, szczypta gałki muszkatołowej, 1 szklanka płatków owsianych
W sól morska
D 1 szklanka płatków pszennych
O 1 szklanka płatków żytnich

W dużym garnku rozpuść masło. Jabłka opłucz i pokrój na małe kawałki. Rodzynki sparz wrzątkiem, daktyle opłucz i posiekaj. Orzechy posiekaj. Wanilię drobniutko pokrój. Do rozpuszczonego masła wrzuć jabłka i smaż je, aż będą miękkie. Następnie dodaj daktyle, odsączone rodzynki, wanilię, zmielone goździki, cynamon oraz posiekane orzechy i sparzone, pokrojone śliwki suszone.

Przez cały czas mieszając, dodaj płatki owsiane, kardamon, szczyptę gałki muszkatołowej i sól, a następnie płatki pszenne i żytnie i sparzone. Ogólny czas prażenia muesli na małym ogniu wynosi ok. 25-30 min i zależy też od wielkości naczynia. Im jest większe, a warstwa składników cieńsza, tym szybciej się wyprażają. Wystudź i wsyp do dużego słoika. Przed spożyciem namocz 4-5 łyżek muesli na osobę, zalewając je wrzącą wodą i pozostawiając na kilkanaście minut do napęcznienia.

Płatki owsiane z dynią

O 0,75 l wody
Z kawałek dyni, 1 łyżeczka sklarowanego masła, cynamon, 1-2 łyżki melasy lub słodu
M 3/4 szklanki płatków owsianych
W sól
D nieco soku z cytryny
O trochę wrzącej wody
Z zmielone siemię lniane (po 1 łyżeczce na osobę), 1/2 szklanki rodzynek

Dynię pokrój w kostkę i wrzuć do gotującej się wody. Dodaj masło, szczyptę cynamonu, melasę, płatki owsiane oraz sól. Gotuj 20 minut. Odstaw z ognia, wlej odrobinę soku z cytryny i tyle wody, aby uzyskać pożądaną przez ciebie gęstość potrawy. Na końcu dodaj świeżo zmielone siemię lniane oraz namoczone rodzynki.

Ryż z pieczarkami, kukurydzą i groszkiem

M 1 1/2 szklanki ryżu długoziarnistego
W 3 szklanki zimnej wody, sól
D sok z cytryny
O tymianek
Z 50 dag pieczarek uduszonych na 1 łyżce masła lub oliwy, 1/2 szklanki kukurydzy, 1/2 szklanki zielonego groszku, 1 łyżka sklarowanego masła lub oliwy (niekoniecznie)
M pieprz, papryka mielona

Ryż dokładnie wypłucz, odsącz na sicie, następnie zalej zakwaszoną żurkiem wodą. Odcedź i zalej 3 szklankami wody i ugotuj. Pieczarki umyj i pokrój w cienkie plasterki. Uduś na łyżce tłuszczu, aż wyparuje cały sos. Przygotuj kukurydzę i zielony groszek. Mogą być to warzywa konserwowe, wtedy odsącz je z zalewy. Jeżeli groszek i kukurydza są świeże, ugotuj je krótko na parze. Do ugotowanego ryżu dodaj soli, soku z cytryny, tymianku, mielonej papryki oraz przygotowane pieczarki, groszek i kukurydzę. Na końcu wymieszaj potrawę z masłem lub oliwą (nie jest to konieczne). Dopraw odrobiną świeżo zmielonego pieprzu oraz papryki.

Pożywna potrawa śniadaniowa

O 2 l wrzącej wody, kilka wędzonych śliwek oraz orzechów włoskich
Z 3 łyżki kaszy jaglanej, 3 łyżki rodzynek, 3 łyżki ziarna słonecznika, 1 marchew, cynamon

M 4 łyżki płatków owsianych, plasterek świeżego imbiru lub imbir suszony
W sól
D kiełki pszenicy (niekoniecznie)

Zagotuj wodę, dodaj wymyte i pokrojone w paseczki śliwki oraz posiekane orzechy włoskie. Wsyp wypłukaną kaszę jaglaną, sparzone rodzynki, słonecznik, startą marchew. Dodaj szczyptę cynamonu, płatki owsiane, plasterek świeżego imbiru i sól. Czas gotowania potrawy ok. 25 minut. Po podzieleniu na porcje dodaj już na talerzach opłukane kiełki pszenicy.

Zapamiętaj! Potrawa będzie bardziej słodka, jeżeli w Przemianie Ziemi dołożysz jeszcze kilka daktyli.

Polenta ze świeżymi morelami

O 2 szklanki wrzącej wody
Z 1/2 szklanki kaszki kukurydzianej, 1 łyżeczka sklarowanego masła, 2 łyżki słodu lub miodu lub cukru trzcinowego, cynamon
M kardamon
W sól

Polewa

Z 1/2 kg moreli
M szczypta imbiru
W woda
D odrobina soku z cytryny
O 1/2 szklanki prażonych orzechów włoskich

Do gotującej wody dodaj kaszę, ciągle mieszając. Gotuj do miękkości. Dodaj masło, cynamon, słód (miód), szczyptę cynamonu i sól. Zanim zgęstnieje w garnku, podziel na porcje.

Zrób polewę: wypestkuj morele, dodaj imbir i podlej lekko wodą. Przez kilka minut trzymaj na ogniu. Wlej odrobinę soku z cytryny. Wymieszaj. Nałóż ciepłe owoce na porcje polenty i posyp prażonymi orzechami.

Zapamiętaj! Zamiast moreli można użyć wiśni, czereśni lub brzoskwiń.

Sałatka z ryżu i kukurydzy

O 10 dag wyłuskanych włoskich orzechów
Z kolba ugotowanej kukurydzy, 3 gruszki
M 15 dag brązowego ryżu (wcześniej ugotowanego)

Sos

Z 3 łyżki oliwy, sok z 1 pomarańczy, 1/2 łyżeczki cynamonu
M pieprz, bazylia
W sól
D sok z połowy cytryny oraz listki świeżej bazylii

Ugotuj osobno ryż i kukurydzę w osolonej wodzie. Z kolby wyłuskaj ziarno kukurydzy. Orzechy posiekaj i lekko podpraż na suchej patelni, przez cały czas mieszając. Gruszki obierz i pokrój w kostkę. Przygotuj sos, połącz wszystkie składniki w zakręconym słoiczku, energicznie nim potrząsając. W misce wymieszaj podprażone orzechy, kukurydzę, gruszki i ryż. Zalej składniki sosem i dokładnie wymieszaj. Podawaj sałatkę udekorowaną listkami świeżej bazylii.

ZUPY

Zupa kalafiorowa

O 1 l wrzącej wody, lubczyk
Z 2 łyżki kaszki kukurydzianej, 2-3 ziemniaki, 1 marchew, 1 łyżka oliwy lub masła
M 1 cebula, mały kalafior, angielskie ziele
W sól, sos tamari, nieco wody, gdyby zupa była za gęsta
D natka pietruszki

Do gotującej się wody dodaj nieco lubczyku oraz wsyp kaszkę, energicznie mieszając. Dodaj oliwę lub masło. Ziemniaki pokrój w kostkę. Marchew zetrzyj na tarce o grubych oczkach. Dodaj do gotującej się zupy. Cebulę drobno pokrój. Kalafior rozdrobnij na małe różyczki i namocz w zakwaszonej wodzie, aby usunąć liszki. Odsącz po paru minutach na sitku. Do gotującej się zupy wrzuć cebulę, kalafior, kilka ziaren angielskiego ziela. Ogólny czas gotowania zupy wynosi ok. 15-20 minut. Na koniec dodaj soli oraz sosu tamari. Podawaj z posiekaną natką pietruszki.

Zupa jarzynowa z grochem

W 2 l zimnej wody
D estragon
O majeranek, świeży lubczyk
Z 1 łyżka sklarowanego masła, 4 ziemniaki, 1 marchew, 1 korzeń pietruszki, 1 łyżka drobnej kaszki kukurydzianej, 10 dag grochu
M bazylia, 1 cebula, kawałek białej kapusty
W sos sojowy shoyu, sól, ewentualnie zimna woda

Postaw na ogniu garnek z zimna wodą, dodaj kolejno przyprawy: posiekane ziele estragonu, majeranku i lubczyku. Wrzuć wcześniej namoczony groch i gotuj 20 minut. Ziemniaki, marchew i pietruszkę pokrój w kostkę i dodaj do zupy. Wsyp kaszkę kukurydzianą i szybko mieszaj, aby nie pozlepiała się w grudki. Dodaj masło, pokrojoną cebulę i kapustę. Gotuj ok. 25 min, po czym dopraw bazylią, sosem sojowym i solą.

Zapamiętaj! Zamiast sosu sojowego możesz na końcu dodać 3 łyżeczki miso, które uprzednio wymieszaj z małą ilością zupy.

Zupa-krem z selera

Z 1 łyżka sklarowanego masła
M 2-3 selery, 1 cebula, szczypta gałki muszkatołowej, pieprz
W 2 l wody, sól
D sok z cytryny
O prażony słonecznik, prażony glon nori

Selery umyj i wyszoruj szczoteczką. W rozgrzanym rondlu roztop masło, dodaj pokrojone w kostkę selery, pokrojoną cebulę, szczyptę gałki muszkatołowej i sól. Warzywa duś przez 10 min, przykrywając rondel pokrywką. Wlej wodę, dodaj pieprzu oraz soli. Gotuj zupę ok. 25 min, aż selery będą miękkie, następnie rondel zestaw z ognia i potrawę zmiksuj. Dodaj świeżo wyciśniętego soku z cytryny do smaku. Wypraż słonecznik na suchej patelni, a glon nori nad palnikiem gazu (lekko, po obu stronach). Przed podaniem ugarniruj zupę prażonym słonecznikiem i drobno pokrojonym glonem nori.

Zupa z cieciorki

Namocz wcześniej na kilka godzin 20 dag cieciorki i ugotuj z dodatkiem glonu kombu. Połowę zmiksuj.

O 2 l wrzącej wody
Z 2 marchewki, 1 pietruszka, 2-3 ziemniaki, podsmażona na oliwie cebula, zmiksowana cieciorka oraz całe jej ugotowane ziarna, kminek
M kawałek selera, 2-3 ząbki czosnku, czarny pieprz
W sos sojowy, sól
D 2 pomidory lub 2 łyżki przecieru pomidorowego, natka pietruszki

Do wrzącej wody dodaj pokrojone marchewki i pietruszkę, podsmażoną cebulę, ziemniaki pokrojone w kostkę oraz zmiksowaną cieciorkę. Gotuj, aż ziemniaki będą miękkie. Wrzuć ugotowane ziarna cieciorki w całości, drobno pokrojony seler, rozgnieciony czosnek. Gotuj jeszcze 10 minut. Pod koniec przypraw mielonym kminkiem, curry, pieprzem, sosem sojowym i solą. Dodaj zmiksowane i obrane ze skórki pomidory lub przecier pomidorowy. Przed podaniem obficie posyp zupę posiekaną natką pietruszki.

Ogórkowy chłodnik

Z 2 duże ogórki
M 1/4 filiżanki świeżej mięty, 3 łyżki posiekanej cebuli, 1 ząbek czosnku
W sól
D 3 łyżki soku z cytryny, 2 szklanki naturalnego jogurtu

Ogórki obierz i pokrój w talarki. Wszystkie składniki miksuj, aż do uzyskania gładkiej konsystencji. Przed podaniem posyp koperkiem.

POTRAWY Z WARZYW

Brokuły gotowane na parze z sosem winegret

Z Ugotuj na parze, przez 3 minuty, podzielone na różyczki 2-3 brokuły tak, aby były soczystozielone i lekko chrupiące

Sos

Z 2 łyżki oliwy z oliwek
M 2 ząbki czosnku, 1 łyżeczka musztardy
M sól
D 1/2 łyżeczki soku z cytryny

W salaterce wymieszaj składniki sosu: oliwę, bardzo drobno posiekany czosnek, musztardę, sól i sok z cytryny. Polej brokuły i zaraz podawaj.

Brokuły blanszowane z sosem z tahiny

O wrząca woda
Z 2-3 brokuły

Sos

Z 2 łyżki tahiny (pasty sezamowej)
M szczypta suszonego imbiru lub 1/2 łyżeczki soku ze świeżego korzenia imbiru
M sól, przegotowana, zimna woda
D 1 łyżeczka octu ryżowego lub winnego

Do garnka wlej tyle wody, aby przykryła brokuły. Wodę zakwaś sokiem z cytryny lub octu, aby wypłynęły liszki. Brokuły odcedź i rozdziel na mniejsze części, a twarde łodygi obierz i razem wrzuć na gorącą wodę. Gotuj kilka minut, lecz nie za długo. Warzywa powinny zostać intensywnie zielone i chrupiące. Odcedź.

Przygotuj sos: umieść tahinę w miseczce, dodaj szczyptę imbiru lub nieco soku ze świeżego korzenia imbiru, szczyptę soli oraz tyle wody, aby uzyskać konsystencję sosu. Na końcu dodaj ocet. Polej brokuły sosem i zaraz podawaj.

Warzywa duszone z migdałami

Z 25 dag fasolki szparagowej, 2-3 łyżki oliwy, 2-3 małe brokuły
M mała główka kapusty pekińskiej, oregano, pieprz
W sól
D sok z cytryny
O 1/2 szklanki prażonych migdałów, 1/2 szklanki wrzącej wody

Migdały sparz wrzątkiem, obierz ze skórki, grubo posiekaj i upraż. Rozgrzej oliwę w rondlu, dodaj oczyszczoną i pociętą na pół fasolkę szparagową, rozdzielone na małe różyczki brokuły oraz pokrojoną kapustę pekińską. Wsyp nieco oregano, pieprzu i soli. Smaż krótko, od 3 do 5 minut na dużym ogniu, przez cały czas mieszając drewniana łyżką. Wyciśnij nieco soku z cytryny i dodaj do potrawy. Wsyp prażone migdały, podlej gorącą wodą i duś 5 minut.

Kapusta włoska z wody

O wrząca woda
Z 1 łyżka oleju
M 1 główka włoskiej kapusty
W sól
D 1/2 szklanki soku pomidorowego
O tymianek
Z roztopione masło

Do wrzącej wody wlej łyżkę oleju oraz włóż kapustę – oczyszczoną ze zwiędłych liści i podzieloną na cztery części. Dodaj sól oraz sok pomidorowy i szczyptę tymianku. Gotuj krótko, aby kapusta zachowała soczystozieloną barwę i była lekko chrupiąca. Wyjmij kapustę łyżką cedzakową na talerze i polej roztopionym masłem.

Dynia z cebulą i estragonem

Z 1 łyżka oliwy
M 1 średnia cebula, 3 duże ząbki czosnku
W sól
D 1/2 łyżeczki estragonu
O odrobina wrzącej wody
Z średnia dynia, 1/2 szklanki bulionu warzywnego

Cebulę drobno pokrój. Dynię obierz i pokrój w duże kawałki. W rondlu o pojemności ok. 3 l podsmaż na oliwie cebulę, dodaj posiekany czosnek, odrobinę soli, estragon oraz niewielką ilość wrzącej wody. Dodaj dynię, dobrze wymieszaj i gotuj na bardzo małym ogniu od 25 do 30 min, aż dynia zmięknie. Podawać do ryżu, kasz, makaronu lub jako samodzielne danie.

Zapamiętaj! Jeżeli nie masz bulionu, możesz zwiększyć ilość wrzącej wody. Jednak z bulionem dynia jest smaczniejsza.

Szparagi z siekanymi migdałami

Z 50 dag świeżych szparagów, 1/4 szklanki siekanych migdałów, 2 łyżeczki sklarowanego lub świeżego masła
M szczypta bazylii
W sól

Opłucz szparagi. Przetnij w połowie, dolną część odrzuć. Ułóż w dużym rondlu jedną warstwę, zalej wrzącą wodą, żeby zakryła szparagi na centymetr. Przykryj garnek i trzymaj pod parą od 4 do 5 min. Podawaj natychmiast z masłem, siekanymi migdałami, szczyptą bazylii i soli. Pozostałe szparagi (dolne części) możesz wykorzystać do przygotowania zupy-kremu.

Cukinia nadziewana duszona

Przygotuj 1-2 cukinie (średniej wielkości)

Z 2 łyżki oliwy z oliwek, 1 słodkie jabłko, 2 ziemniaki, 3 zeszklone na oliwie, pokrojone drobno cebule, ok. 1/2 miąższu cukinii pozostałego po jej wydrążeniu
M odrobinę świeżego lub suszonego imbiru
W sól, mała ilość wody, sos tamari
D 2 małe pomidory, 2 łyżki natki pietruszki
O nieco świeżego tymianku lub kopru

Cukinię umyj i przekrój wzdłuż na dwie połowy. Wydrąż ją, a miąższ posiekaj. *Sporządź nadzienie:* w rondlu podgrzej oliwę, dodaj cebulę, starte na tarce ziemniaki, jabłka i miąższ cukinii. Kawałek korzenia imbiru utrzyj na tarce i wyciśnij nieco soku. Dodaj do duszących się warzyw. Wlej nieco wody i sosu tamari, posól. Obierz ze skórki pokrojone pomidory, natkę pietruszki oraz posiekany świeży tymianek lub koper i dodaj do całości.

Ogólny czas duszenia warzyw – ok.15 min. Wydrążone połówki cukinii napełnij nadzieniem.

Z do dużej patelni lub garnka wlej nieco oliwy z oliwek
M dodaj 2 posiekane ząbki czosnku
W i trochę wody
D oraz nadziewane połówki cukinii; duś pod przykryciem, aż cukinia będzie miękka
O na koniec wlej odrobinę czerwonego, wytrawnego wina (niekoniecznie)

Kabaczek zapiekany

Z 1 średniej wielkości kabaczek

Farsz

Z 1 cebula pokrojona w kostkę i zeszklona, 2 łyżki oliwy, 25 dag pieczarek, posiekany miąższ z kabaczka, 1/2 szklanki ugotowanej kaszki kukurydzianej lub innej wcześniej ugotowanej (może też być ryż)
M pieprz, bazylia, 1-2 ząbki czosnku (niekoniecznie)
W sól, sos sojowy shoyu
D 2 pomidory

Kabaczek oczyść, przekrój wzdłuż i wyjmij miąższ. Pieczarki pokrój w plasterki i usmaż na oliwie. Dodaj cebulę, miąższ z kabaczka i duś 10 minut na małym ogniu pod przykryciem. Jeżeli nie masz resztek kaszy lub ryżu, to zagotuj niecałą szklankę wody i daj 3 łyżki kaszki kukurydzianej. Mieszaj przez cały czas i gotuj, aż zrobi się gęsta (nie musi być miękka). Dodaj kaszkę do warzyw i dokładnie wymieszaj. Dopraw pieprzem, bazylią, posiekanym czosnkiem, solą i sosem sojowym. Pomidory sparz wrzącą wodą, obierz ze skórki i pokrój w kostkę. Dodaj do farszu, wymieszaj. Połówki kabaczka napełnij farszem i ułóż w naczyniu wysmarowanym tłuszczem. Zapiekaj do czasu, aż kabaczek będzie miękki. Pokrój na porcje i każdą posyp natką pietruszki.

Surówka z dyni i jabłek

Z 50 dag pomarańczowej dyni
M szczypta imbiru lub 1/2 łyżeczki soku ze świeżego imbiru
W sól
D 2 kwaskowe jabłka

Sos

D 1/2 łyżeczki skórki otartej z cytryny
O 2 łyżki wrzącej wody
Z 2-3 łyżki oliwy, 1 łyżeczka słodu lub miodu

Do startej dyni dodaj sok z imbiru (lub imbir sproszkowany), sól oraz starte jabłka (razem ze skórką). Wymieszaj. Do niewielkiego słoiczka włóż po kolei wszystkie składniki sosu, słoik zakręć i energicznie potrząśnij, aż składniki się połączą. Do surówki dodaj sos, dokładnie wymieszaj, przykryj i odstaw na 30 min pod przykryciem, aby przeniknęły się wszystkie smaki i aromaty. Podawaj jako dodatek do potraw.

Surówka z kapusty włoskiej ze śliwkami

M 1/2 główki włoskiej kapusty
W sól
D natka pietruszki
O 2 łyżki posiekanych, prażonych orzechów włoskich
Z 20 dag śliwek węgierek

Sos

Z 2 łyżki oliwy, 1 łyżeczka słodu lub miodu
M 1/2 łyżeczki soku ze świeżego imbiru lub szczypta pieprzu
W odrobina zimnej, przegotowanej wody
D 2 łyżeczki soku z cytryny

Kapustę poszatkuj, posól i sprasuj, przykrywając talerzem na pół godziny, aby zmiękła. Śliwki wydryluj i pokrój w paseczki. Sporządź sos, dodając po kolei wszystkie jego składniki do niedużego słoiczka. Zakręć go i potrząsaj przez chwilę, aby składniki się połączyły. Do kapusty dodaj posiekaną natkę pietruszki, prażone orzechy, pokrojone śliwki oraz sos.

Surówka z kapusty pekińskiej i świeżych ogórków

Z 2 średniej wielkości świeże ogórki
M 1 średniej wielkości kapusta pekińska, 1 pęczek rzodkiewek
W sól

Sos

Z 2 łyżki oleju lnianego lub słonecznikowego, 1 łyżeczka słodu lub miodu
M pieprz
W sól
D 1 łyżeczka octu winnego lub soku z cytryny

Umyte ogórki cienko pokrój razem ze skórką. Umyte liście kapusty pokrój na małe kawałki, zmieszaj z ogórkiem. Dodaj starte na tarce rzodkiewki. Posól, wymieszaj. Przykryj talerzykiem i obciąż go ciężkim przedmiotem na jakiś czas. Przygotuj sos: wymieszaj olej ze słodem, dodaj pieprz, sól oraz ocet winny lub sok z cytryny. Sprasowane warzywa odciśnij i wymieszaj z sosem.

Sałatka z pomidorów i tofu

D 5 pomidorów, 3 kiszone ogórki
O 4 łyżki posiekanego koperku
Z 10 czarnych lub zielonych oliwek, 20 dag tofu
M 1 cebula

Sos

Z 2 łyżki oliwy
M 1 ząbek czosnku, pieprz

W sól
D 1 łyżka soku z cytryny

Pomidory umyj i pokrój w cząstki. Ogórki pokrój w kostkę. Cebulę posiekaj i sparz. Tofu ugotuj na parze w specjalnym garnku lub na durszlaku przez 10 minut. Ostudź i pokrój w kostkę. W misce wymieszaj tofu z pomidorami, ogórkiem, koperkiem, oliwkami i cebulą. Umieść wszystkie składniki sosu w słoiczku (czosnek wyciśnij przez wyciskacz), zakręć go i energicznie potrząsaj, aż do ich połączenia. Sałatkę polej sosem i wymieszaj. Podawaj w salaterce wyłożonej listkami sałaty i udekorowaną oliwkami.

Wykwintna sałatka z selera

O 1/2 szklanki włoskich orzechów
Z 3-4 słodkie mandarynki,
M jeden seler
W sól, 3-4 łyżki majonezu
D 1-2 łyżki kiełków pszenicy

Orzechy włoskie lekko podpraż w piekarniku i posiekaj. Mandarynki umyj, obierz i podziel na cząstki. Seler (można go wcześniej ugotować na parze, lecz powinien być lekko twardawy) utrzyj na tarce. Do miski wsyp orzechy, dodaj mandarynki, seler, szczyptę soli, majonez oraz wypłukane na sitku kiełki. Dokładnie wymieszaj. Podawaj na liściu sałaty.

INNE POTRAWY

Marchewkowe pulpeciki

Z 2 szklanki utartej marchewki, 1/2 szklanki ziarna słonecznika, 2 łyżki zmielonych migdałów, 1 łyżeczka kminku
M 1/2 szklanki posiekanego szczypiorku, 1/2 szklanki płatków owsianych
W sól

oraz wiórki kokosowe, oliwa do smażenia.

Płatki zalej wrzącą wodą, tak aby je przykryła. Odstaw na 20 minut do napęcznienia. Ziarno słonecznika zmiel. Wymieszaj startą marchew, zmielone migdały i słonecznik. Wsyp mielony kminek. Dodaj posiekany szczypiorek, napęczniałe płatki. Wszystkie składniki dokładnie wymieszaj, dodając sól do smaku. Uformuj pulpeciki, obtocz je we wiórkach kokosowych. Smaż na oliwie bardzo krótko. Podawaj z warzywami i kaszami.

Letnia potrawa z cieciorki

Z 1 szklanka suszonej cieciorki
M 1 średnia cebula
W sól, kawałek glonu kombu (około 10 cm)
D natka pietruszki

Sos

D 1,5 łyżki soku z cytryny, łyżeczka octu umeboshi lub winnego
O 1 łyżeczka wrzątku

Z 1,5 łyżki oleju lnianego, 1,5 łyżki oliwy, 1 łyżeczka słodu
M 2 łyżeczki musztardy (najlepiej francuskiej)
W sól

Gotowanie cieciorki
Gotowanie cieciorki zabiera dość dużo czasu, najlepiej więc użyj szybkowaru. Jeżeli jest starsza i bardzo sucha, może nie zmięknąć w zwykłym garnku, bez względu na to, jak długo jest gotowana. W szybkowarze natomiast zawsze się udaje. Namocz jedną szklankę na noc. Odcedź i osusz na sicie.
O zagotuj 3 szklanki wody
Z dodaj namoczona cieciorkę
M i szczyptę kminku
W około 10 cm glonu kombu, sól
Gotuj 45 min do miękkości.
Zapamiętaj! Cieciorka jest smakowita i pasuje do wielu dań zarówno zimnych, jak i gorących. Możesz ugotować jej jednorazowo więcej (np. 2 szklanki) i przechować w lodówce do innego dania.

Przygotowanie sałatki:
Cebulę pokrój w drobną kostkę i sparz wrzątkiem (około 5 minut). Cieciorkę odcedź na sicie, dodaj sparzoną cebulę, drobno pokrojony glon kombu, szczyptę soli, posiekaną natkę pietruszki oraz sos.

Przygotowanie sosu:
Do niewielkiego słoiczka wlej sok z cytryny, ocet, wrzącą wodę, olej, oliwę, słód, dodaj musztardę oraz szczyptę soli. Słoiczek zakręć i energicznie potrząsaj, aby się połączyły wszystkie składniki sosu.

Fasola (azuki, czarna lub czerwona) z dynią i glonem arame
Z 2 łyżki oliwy, ok. 25 dag dyni
M pieprz, 1 ząbek czosnku
W nieco wody, 1 czubata łyżka glonu arame, 1 szklanka ugotowanej dowolnej fasoli, sól, sos sojowy
Namocz glony w niewielkiej ilości zimnej wody. Dynię pokrój w niedużą kostkę. Rozgrzej oliwę, dodaj pokrojoną dynię, szczyptę pieprzu, posiekany ząbek czosnku i smaż 3 min na większym ogniu. Zmniejsz ogień, wlej nieco wody i dodaj odcedzone glony. Duś na małym ogniu od 10 do 15 min, a następnie dodaj ugotowaną wcześniej fasolę. Dopraw solą i sosem sojowym.

Makaron z brokułami i orzechami
Ugotuj na parze kilka brokułów oraz w garnku z większą ilością wody 40 dag makaronu.
Sos
O upraż lekko na patelni 4 łyżki posiekanych włoskich orzechów
Z dodaj 2 łyżki oliwy

M oraz dwa ząbki posiekanego czosnku, mieszaj i smaż do zrumienienia, dodaj szczyptę pieprzu
W i nieco soli.

Odstaw z ognia

Do salaterki wyłóż drobno pokrojone brokuły, makaron i dodaj przygotowany sos. Wymieszaj i podawaj.

Risotto z kabaczka

O 1/3 szklanki wrzątku
Z 30 dag kabaczka, 2-3 łyżki oliwy, 1 pokrojona i uduszona na oleju cebula
M 25 dag brązowego ryżu, 1-2 ząbki czosnku, pieprz
W sól
D 2 łyżki przecieru pomidorowego, 1 łyżka posiekanej natki pietruszki

Ugotuj ryż. Kabaczek pokrój razem ze skórką (jak jest miękka) w kostkę. Cebulę pokrój w kostkę i zeszklij na łyżce oliwy. Do wrzącej wody wlej pozostałą oliwę, dodaj kabaczka i duś pod przykryciem 10 min. Dodaj zeszkloną cebulę, ugotowany ryż, posiekany czosnek, pieprz i sól do smaku. Trzymaj na ogniu ok. 5 min. Na końcu wlej przecier, wymieszaj i odstaw z ognia. Podawaj potrawę posypaną natką pietruszki.

Zapamiętaj! Możesz dodać pokrojone w kostkę wędzone tofu lub tempeh.

Placek chlebowy z porami

O 3/4 szklanki posiekanych orzechów włoskich, rozmaryn
Z 2 szklanki pokruszonego razowego chleba, 2 łyżki oliwy
M 1 ząbek czosnku
W woda (lub mleko sojowe – **Z**)

Farsz

Z 2 łyżki oliwy lub sklarowanego masła
M 2-3 pory, pieprz, oregano, bazylia
W sól, 1/2 szklanki wody (może też być mleko sojowe – **Z**)
D 1 1/2 łyżki mąki pszennej razowej, 2 pomidory

Posiekane orzechy, szczyptę rozmarynu wymieszaj z pokruszonym chlebem, oliwą, posiekanym czosnkiem i dodaj tyle wody, aby uzyskać dość gęste ciasto. Wylep nim tortownicę lub foremkę do tarty. Piecz przez 10 min, aż ciasto się lekko zrumieni. Przygotuj farsz. Oczyść i pokrój drobno pory. Pomidory sparz wrzącą wodą i obierz ze skórki. Podsmażaj pory przez 10 min na rozgrzanym maśle lub oliwie, dodaj przyprawy oraz wodę wymieszaną z mąką. Gotuj 5 min i odstaw z ognia. Farsz wyłóż na placek. Ułóż pokrojone w plastry pomidory i zapiekaj jeszcze przez 10 min w piekarniku

Wegetariańskie chili

Z 2 łyżki oliwy z oliwek, 1/2 szklanki pokrojonej w kostkę zeszklonej cebuli, 1 średnia marchew, 1 średnia papryka, kminek, podgotowana kasza jaglana (ok. 3/4 szklanki)

M pieprz, chili, bazylia, 2 ząbki czosnku
W sól, 3/4 szklanki ugotowanej czarnej lub czerwonej fasoli, woda
D zielona pietruszka

Do wrzącej wody dodaj kaszę i gotuj ok. 15 min. W tym czasie zeszklij jedną pokrojoną w kostkę cebulę. Pokrój marchew i paprykę w kostkę. Rozgrzej oliwę, dodaj marchewkę, paprykę, zeszkloną cebulę i duś pod przykryciem 5 min. Wrzuć kaszę oraz przyprawy. Dodaj ugotowaną fasolę i duś na bardzo małym ogniu ok. 10 min. Potrawa ma być dosyć gęsta, ale w miarę potrzeby wlej trochę wody. Na końcu dodaj pokrojone pomidory i duś jeszcze 5-10 min. Gotową potrawę posyp posiekaną, zieloną pietruszką.

SOSY

Sos cebulowy

Z rozgrzej na patelni 2-3 łyżki oleju
M dodaj obrane i pokrojone w cienkie piórka 4 cebule i chwilę podsmaż
W dodaj szczyptę soli i odrobinę sosu tamari oraz 1 1/2 szklanki wody
D parę kropel soku z cytryny
O szczyptę tymianku
Z oraz 3 łyżki tahiny, wymieszaj i odstaw z ognia

Możesz sos zmiksować, ale nie jest to konieczne.

Zimny sos musztardowy

Z trochę słodkiej śmietanki
M zmieszaj z drobno zmielonymi ziarnami gorczycy, odrobiną chrzanu i szczyptą imbiru
W dodaj troszkę soli i odrobinę sosu sojowego oraz wody
D oraz 2 łyżki naturalnego jogurtu i posiekaną natkę pietruszki

Zapamiętaj! Ilości składników mogą być tutaj dowolnie wybrane wg smaku, ale ziarna gorczycy powinny stanowić ok. 60%.

Sos migdałowo-selerowy

Z 1/2 szklanki migdałów
M 1 seler (średniej wielkości)

Migdały sparz, odstaw na 10 min, po czym obierz ze skórki. Zmiel. Z selera wyciśnij sok w sokowirówce. Wymieszaj zmielone migdały z sokiem z selera. Podawaj sos do ryżu, kasz i makaronów.

Pomarańczowy sos z tahiny

Z 3 łyżki tahiny, 1 łyżka słodu lub miodu lub melasy
M 1 łyżeczka soku wyciśniętego ze świeżego korzenia imbiru lub szczypta suszonego

W sól
D 1/2 szklanki soku wyciśniętego z pomarańczy

Do tahiny dodaj słód, sok z imbiru (utrzyj na tarce trochę imbiru i wyciśnij przez gazę), szczyptę soli oraz sok z pomarańczy (stopniowo), stale mieszając. Gdyby sos był za gęsty, dodaj jeszcze więcej soku lub nieco wody. Podawaj do deserów owocowych i zbożowych (np. małą porcję ugotowanej kaszy jaglanej lub kukurydzianej polaną tym sosem można podać jako deser).

DESERY

Chałwa

Z 4 łyżki sklarowanego masła, 1 szklanka kaszki kukurydzianej, 2 łyżki rodzynek, 2 łyżeczki cynamonu, 3 łyżki słodu lub miodu
M szczypta imbiru
W sól, 5 szklanek wody
D 1 jabłko

Rozgrzej garnek, włóż masło i wsyp kaszkę. Praż, przez cały czas mieszając, aż poczujesz przyjemny, lekko orzechowy zapach. Dodaj sparzone rodzynki, cynamon, słód, szczyptę imbiru oraz stopniowo zimną wodę, przez cały czas mieszając. Posól do smaku i gotuj na małym ogniu, najlepiej na płytce ok. 25 min. Na koniec dodaj starte jabłko i gotuj jeszcze 5 min. Półmisek wypłucz zimną wodą. Wyłóż potrawę, wyrównując powierzchnię łyżką maczaną w zimnej wodzie. Odstaw do zastygnięcia. Chałwa jest smaczna zarówno na ciepło, jak i na zimno.

Zapamiętaj! Potrawę możesz wzbogacić przecierem z dyni (ok. 1 szklanka), zmniejszając jednocześnie ilość wody (trochę więcej niż 4 szklanki) lub startą na tarce marchewką (Z).

Budyń z mleka migdałowego

Z 2 szklanki mleka migdałowego (str. 145), 2 łyżki syropu klonowego lub 2-3 łyżki słodu
M 1/3 szklanki kuzu lub skrobi kukurydzianej (**Z**)
W szczypta soli, 3/4 szklanki wody
D skórka otarta z połowy cytryny

Sos

1/4 szklanki dobrego dżemu rozmieszanego z wodą oraz migdały do dekoracji

Rozmieszaj kuzu z zimną wodą. Zagotuj mleko migdałowe, dodaj syrop klonowy lub słód, rozpuszczone kuzu i szczyptę soli. Przez cały czas mieszaj, aby nie zrobiły się grudki. Odstaw z ognia, gdy zgęstnieje i dodaj skórkę otartą z cytryny. Przełóż do pucharków, polej sosem sporządzonym z rozcieńczonego dżemu. Udekoruj siekanymi, smażonymi migdałami.

Krem bananowo-figowy

Z 4 banany, 15 dag suszonych fig

M 1 łyżeczka soku z imbiru
W szczypta soli
D sok z cytryny

Do posypania

O 1 łyżeczka kakao lub naturalnej kawy
Z 1/4 szklanki sezamu

Figi namocz na ok. 3 godz. Banany obierz i zmiksuj z figami na gładką masę. Dodaj sok wyciśnięty ze świeżego korzenia imbiru, szczyptę soli oraz sok z cytryny. Kakao wymieszaj z sezamem. Krem przełóż do pucharków i posyp kakao zmieszanym z sezamem. Udekoruj plasterkami banana i cytryny.

Deser morelowo-jabłkowy

O 3/4 l wrzącej wody
Z 15 dag suszonych moreli
M 1 łyżeczka soku ze świeżego imbiru lub szczypta suszonego
W odrobina soli, nieco wody
D 2 jabłka, skórka otarta z 1 cytryny
O nieco wrzącej wody
Z zawiesina z 2 łyżek skrobi kukurydzianej lub kuzu (**M**) i wody

Morele sparz wrzącą wodą, odlej ją i owoce wypłucz (zwykle są siarkowane). Do wrzącej wody wrzuć owoce, dodaj imbir, szczyptę soli i gotuj ok. 15 min. Jabłka pokrój. Cytrynę wymyj, sparz wrzątkiem i zetrzyj skórkę na tarce. Do gotujących owoców dodaj jabłka i skórkę cytrynową. W małej ilości zimnej wody rozpuść skrobię i wlej ostrożnie do całości. Gotuj jeszcze ok. 2 min, aż płyn stanie się szklisty. Do kompotierek włóż owoce i zalej płynem. Odstaw do wystygnięcia i zestalenia.

Krem z tofu i malin

Z 25 dag malin (lub innych owoców), 2 łyżki miodu, 35 dag tofu
M szczypta imbiru
W szczypta soli
D nieco soku z cytryny
O 1/2 szklanki posiekanych i wyprażonych orzechów włoskich

Tofu gotuj na parze przez 10 min. Do malin dodaj tofu, miód, szczyptę imbiru i soli, nieco soku z cytryny i dokładnie zmiksuj. Podziel na porcje i posyp prażonymi orzechami. Udekoruj malinami.

Ciasteczka przekładane z polewą

D 1 szklanka mąki pszennej razowej
O szczypta kurkumy
Z 4-5 łyżek wiórków kokosowych, 10 dag masła, ok. 1/2 szklanki wywaru ze stewi*, 1 łyżka miodu

---

*Stewia – roślina, dostępna w sklepach z żywnością naturalną w postaci suszonej. Wywar z niej nadaje się do słodzenia. Używa się 2 łyżki suszonej stewi na 1 1/2 szklanki wody i gotuje 5 minut.

M szczypta imbiru, 1 szklanka mąki owsianej
W sól

Wysyp mąkę pszenną na stolnicę, dodaj kurkumę, wiórki kokosowe, masło i łyżkę miodu. Dokładnie posiekaj nożem. Wlej wywar ze stewi tak, aby wchłonęła go mąka i wsyp mąkę owsianą, szczyptę imbiru i sól. Szybko zlep ciasto, bez wyrabiania. Gdyby było zbyt gęste, wlej nieco zimnej wody. Ciasto włóż do lodówki na ok. 30 minut.

Rozwałkuj ciasto i wykrawaj niedużą szklanką cienkie ciasteczka. Piecz krótko w rozgrzanym piekarniku w temp. 180^{0}C. Wystudzone ciasteczka smaruj po jednej stronie dobrym dżemem lub powidłami śliwkowymi, najlepiej własnej produkcji, i zlepiaj po dwa. Smaruj po wierzchu polewą (rozpuść wszystkie jej składniki, nie gotuj) i udekoruj wyłuskanymi orzechami włoskimi lub migdałami.

Zapamiętaj! Ciasteczka są najlepsze na drugi dzień. Zamiast wywaru ze stewi, możesz użyć więcej miodu lub słód i zarobić ciasto, dolewając zimnej wody.

NAPOJE

Mleko migdałowe

Z 2/3 szklanki migdałów
M szczypta imbiru
W 2 1/4 szklanki wody

Sparz migdały wrzącą wodą i odstaw na 10 min. Obierz ze skórki. Mleczko możesz zrobić dwoma sposobami.

Sposób pierwszy

Do obranych migdałów dodaj szczyptę imbiru i namocz na kilka godzin (np. na noc) w 1 1/4 szklanki zimnej wody. Następnie migdały wraz z wodą przelej do pojemnika na koktajle i zmiksuj. Przelej do rondelka, dodaj pozostałą ilość wody i gotuj na wolnym ogniu 5 min.

Sposób drugi

W młynku do kawy zmiel migdały na proszek. Wsyp do miksera, dodaj szczyptę imbiru oraz 1 1/2 szklanki wody. Miksuj, aż zrobi się mleczko. Przelej do rondla, uzupełnij jeszcze wodą i gotuj 5 min. Przelej przez sitko. Odcedzone migdały wsyp do miksera, wlej pół szklanki mleczka migdałowego i ponownie zmiksuj. Przełóż z powrotem do naczynia i znowu zagotuj. Przelej przez sitko. Mleczka używaj do picia i jako dodatek do deserów. Odcedzoną miazgę migdałową użyj do ciast oraz innych potraw.

Aperitif kapuściano-jabłkowy

D 2 szklanki soku z kiszonej kapusty
O 1 łyżka wrzącej wody
Z 1/2 szklanki utartego słodkiego jabłka, 1/2 łyżeczki zmielonego kminku, a ponadto świeże listki melisy

Zmiksuj sok z kiszonej kapusty z wodą, utartym jabłkiem i kminkiem. Aperitif podawaj w wysokich szklankach, udekorowany listkami melisy.

PRZETWORY NA ZIMĘ

Kiszenie ogórków na zimę
Na dno słoików włóż liście chrzanu, winogron lub czarnej porzeczki, suchy koper, ząbek czosnku i ziarenka gorczycy. Ułóż ciasno ogórki w słojach. Zagotuj wodę z solą (na 1 l wody 5 dag soli, tj. mniej więcej 5 czubatych łyżeczek od herbaty) i gorącą zalej ogórki. Szybko zakręć (powinny być nowe nakrętki) i odwracaj do góry dnem. Tak przygotowane ogórki są twarde i bardzo smaczne.

Leczo na zimę

O odrobina wrzącej wody
Z pokrojony w kostkę kabaczek lub cukinia, nieco oliwy, sproszkowana słodka papryka
M czosnek
W sól
D świeże pomidory lub przecier pomidorowy

W odrobinie wrzącej wody i oliwy duś krótko kabaczka, dodaj nieco sproszkowanej papryki, drobno pokrojony czosnek, sól oraz sparzone i obrane ze skórki pokrojone pomidory (lub przecier pomidorowy). Duś pod przykryciem 5 min. Przełóż do słoików, zakręć i pasteryzuj ok. 20 min.
Zapamiętaj! Leczo na zimę sporządza się bez dodatku cebuli. Dodaj ją po otworzeniu słoiczka do gotowej potrawy.

Grzyby w słonej zalewie
Grzyby oczyść, pokrój i krótko obgotuj. Odcedź i przełóż do słoiczków. Zalej przegotowaną soloną wodą. Zakręć i pasteryzuj ok. 30 min dwukrotnie (dzień po dniu).

Przecier pomidorowy
Dojrzałe pomidory opłucz, pokrój w ćwiartki i umieść w żeliwnym lub stalowym garnku. Gotuj na wolnym ogniu lub trzymaj w piekarniku (nie przypalą się), aż do wyparowania dużej ilości wody. Przetrzyj przez sito, przełóż do słoików i pasteryzuj 15 min.

Powidła ze śliwek
Opłukane dojrzałe śliwki wydryluj, umieść najlepiej w żeliwnym naczyniu i piecz w piekarniku. Jest to o wiele prostszy i wygodniejszy sposób sporządzania powideł, ponieważ się nie przypalają. Im dłużej się pieką, tym są słodsze. Od czasu do czasu mieszaj. Gotowe, gorące powidła przełóż do wyparzonych słoiczków, szybko zakręć i odwróć do góry dnem.

Przecier z dyni na zimę

Dynię obierz ze skórki, pokrój w kostkę i podlewając wodą, rozgotuj na mus. Możesz ją też gotować nieco krócej i zmiksować na gładką masę. Dodaj nieco soli i przełóż do słoiczków. Pasteryzuj 10-15 min.

5. Przykładowe jadłospisy późnego lata

I.

Śniadanie	Sok ze świeżych warzyw (marchew, seler, burak) – rozcieńczony ciepłą wodą. Potrawa śniadaniowa z płatków owsianych i kaszy jaglanej (str. 132). Pasta z tofu (str. 130), pieczywo, ogórek kiszony
Obiad	Zupa jarzynowa z grochem (str. 133) Makaron z brokułami i orzechami (str. 141) Sałata z sosem winegret (str. 135) Owoce sezonowe
Kolacja	Sałatka z ryżu i kukurydzy (str. 133) Herbatka z dzikiej róży i melisy

II.

Śniadanie	Napój z kiszonych buraków Płatki owsiane gotowane z dynią + zmielone siemię lniane (str. 131)
Obiad	Zupa-krem z selera (str. 134) Marchewkowe pulpeciki (str. 140) Surówka z kapusty włoskiej ze śliwkami (str. 138) Owoce sezonowe, budyń z mleka migdałowego (str. 144)
Kolacja	Pasta ze słonecznika (str. 130), pieczywo razowe, sałata, zielona pietruszka, sałatka z ogórka małosolnego i pomidora, jabłko Mięta

III.

Śniadanie	Muesli (str. 131) Mleko migdałowe (str. 145)
Obiad	Fasola azuki gotowana z dynią i glonem arame (str. 141) Ryż Surówka z kapusty pekińskiej i świeżych ogórków (str. 138) Deser morelowo-jabłkowy (str. 144)
Kolacja	Kabaczek zapiekany (str. 137) Sałatka z pomidorów i tofu (str. 139) Herbata bancha

Jesienne lasy poczerwienione
goreją w cudnym słońca zachodzie.
Witam was, brzozy, graby złocone
i fantastyczne ruiny w wodzie.
Czemu się śmieją te jarzębiny?
czemu dumają jodły zielone?
czemu się krwawią klony – jesiony?
Płyną fiolety mgieł przez doliny
i jak motyle w barwnym ogrodzie
latają liście złoto-czerwone.

Tadeusz Miciński

XIV. Jesień

Przemiana Metalu

Pora roku:	jesień
Pogoda:	susza
Kolor:	biały, srebrny
Organ jin:	płuca
Organ jang:	jelito grube
Smak:	ostry
Zmysł:	węch
Głos:	płacz
Emocje:	troska, zmartwienie, smutek

Właściwości „metalu"

Dodatnie: wiara, pewność, poświęcenie, przemiana, stapianie w jedność, rozgraniczenie.

Ujemne: obsesja władzy, żądza zniszczenia, zimnokrwistość.

„Metal" – związany jest z prawością i sprawiedliwością. Stwarza podstawy do budowania właściwych stosunków partnerskich, ale i do rozwoju własnej indywidualności. Bogactwo „metalu" daje dar wiary. Z obfitości tego elementu czerpiemy umiejętność podejmowania nowych inicjatyw. Potrafimy panować nad obszarem spraw materialnych. Niedostatek tego elementu prowadzi do smutku, chaosu, braku nadziei i utraty instynktu samoobrony. Nadmiar „metalu" powoduje, że stajemy się nieczuli, zimnokrwiści, ulegający własnym żądzom.

Jesień, związana z Przemianą Metalu, charakteryzuje się dośrodkowym ruchem energii. Soki roślin ściągają z powrotem do korzeni, zwierzęta gromadzą zapasy na zimę. W maksimum energii znajdują się płuca i jelito grube. Zwiększa się potrzeba snu i odpoczynku. Odprężenie oraz sen wzmacniają płuca. Jest to pora roku, kiedy trzeba zadbać o zachowanie energii i ciepła w organizmie. Niektóre osoby, bardziej podatne na wpływy pogody, częściej niż w innych porach roku odczuwają nastroje nostalgiczne. Na poprawę nastroju dobre są smaki słodki (warzyw, zbóż i owoców) oraz ostry, który dominuje w Przemianie Metalu. Powodują one ruch energii w górę. Natura sama wszystko najlepiej reguluje.

1. Sztuka gotowania jesienią

Jesienią wyraźnie zmieniamy techniki przygotowania posiłków. Spożywamy mniej warzyw na surowo (ok. 1/3), a więcej gotowanych (ok. 2/3) i wydłużamy czas ich gotowania, zmniejszając ilość wody.

W miarę jak robi się chłodniej, coraz więcej i dłużej gotujemy, pieczemy, dusimy. Częściej wykorzystujemy produkty o właściwościach rozgrzewających, należące do Przemian Ziemi i Metalu. Jesienią ograniczamy stopniowo spożycie owoców, pamiętając o ich wychładzającej naturze i biorąc pod uwagę swoją kondycję zdrowotną. Nie są one korzystne przy nadmiernym wychłodzeniu i zawilgoceniu organizmu (często pozostałości po letnim nadmiarze spożycia soków, lodów, owoców i ciastek). Najbardziej preferowanym zbożem w tym okresie jest jęczmień (pęczak, kasza, płatki). Jednak nie jest on wskazany dla osób zaśluzowanych po owocowo-słodkich potrawach lata. Zamiast nawilżających właściwości jęczmienia bardziej odpowiednie jest osuszające działanie kaszy jaglanej. Dobrym sposobem, aby chronić swój organizm przed jesiennym przemarznięciem jest spożywanie, bardziej gęstych niż latem, pożywnych zup z dodatkiem warzyw strączkowych, cebuli, pora i przypraw. Ostry smak Przemiany Metalu znajdujemy w większości przypraw, jak imbir, curry, pieprz, chili, ostra papryka, goździki, czosnek i inne. Odgrywają one ważną rolę w transformacji pokarmu oraz wydalaniu z organizmu substancji toksycznych.

Podnoszą aktywność przewodu pokarmowego (w nadmiarze mogą podrażniać), poprawiają strawność pokarmów i wzmacniają odporność. Świeży imbir jest najlepszą przyprawą przy niestrawności związanej z przejedzeniem, przy wzdęciach i przy pozbywaniu się nadwagi (pobudza przemianę materii). Smacznym, rozgrzewającym, wzmacniającym trawienie i przeciwdziałającym nadwadze i wilgoci napojem jest kawa zbożowa z kardamonem, cynamonem, imbirem i goździkami. Mocno aromatycznych przypraw, o właściwościach rozgrzewających, należy używać w bardzo małych ilościach i w sposób przemyślany. Przy ostrożnym dawkowaniu można stosować je przez cały rok, aby poprawić strawność potraw oraz przeciwdziałać wychładzaniu organizmu. Tak jak i w innych porach roku, aby zharmonizować organizm, należy stosować w jednym posiłku połączenia potraw i dodatków o różnym działaniu termicznym. I tak: do gotowanych, duszonych czy też pieczonych dań, zawierających pikantne przyprawy, dobrze jest podać surówkę lub krótko gotowane warzywa. Przy spożyciu owoców lub sałatki na przystawkę, daniem głównym powinna być rozgrzewająca, zawiesista zupa. Dobrym sposobem, dającym naszym potrawom więcej energii w tej chłodnej porze roku jest gotowanie pod ciśnieniem (w szybkowarze) lub pieczenie w piekarniku. Pamiętajmy o dodawaniu tłuszczów do potraw (masło sklarowane, oleje tłoczone na zimno). Zwiększmy ilość spożywanych produktów zbożowych, w stosunku do lata, jako głównego źródła energii dla organizmu. Świeże zioła, dostępne jeszcze jesienią, jak: melisa, lubczyk, bazylia, oregano, szałwia, tymianek, majeranek, mięta mogą zastąpić przyprawy sproszkowane i wzbogacić potrawy w wiele cennych substancji odżywczych.

Jesień to okres przygotowania przetworów na zimę. Są cenne i atrakcyjne w miesiącach zimowo-wiosennych, ubogich w świeże warzywa i owoce. Rozgrzewające warzywa Metalu: cebula, por, czosnek oraz małe ilości ciepłych przypraw wzmacniają płuca i odporność organizmu, stanowiąc idealną ochronę przed przeziębieniem.

2. Przemiana Metalu – płuca

Płuca i ich rola w oddychaniu

Są głównym organem układu oddechowego. Odpowiadają za dostarczenie organizmowi niezbędnej ilości tlenu, potrzebnego do procesów życiowych, przy jednoczesnym wydalaniu dwutlenku węgla, powstałego w reakcjach metabolicznych.

Mamy dwa płuca, sięgające u dołu ostatnich żeber, a u góry – powyżej obojczyka. Każde z nich waży nieco ponad pół kilograma. Swoją strukturą przypominają gąbczaste ciało porowate, pokryte cienką błoną, zwaną opłucną.

Każdy nasz oddech niesie dar życia. Oddychać – znaczy żyć. Podstawą dobrej kondycji naszego organizmu jest zdrowy krwioobieg, którym transportowany jest tlen i substancje odżywcze do wszystkich komórek ciała. Systemem tym steruje oddychanie. Dzięki oddychaniu zasilasz ciało tlenem i pobudzasz proces życiowy każdej najmniejszej komórki. Zdrowie człowieka ściśle zależy od stanu jego komórek. Badania dowiodły, że niedostateczne dotlenienie organizmu odgrywa zasadnicza rolę w tworzeniu się komórek nowotworowych. Tak więc w profilaktyce, a także leczeniu nowotworów, niebagatelną rolę odgrywa pełne dotlenienie organizmu. Oddychanie nie tylko doprowadza tlen do komórek. Steruje również przepływem limfy, która zawiera białe ciałka krwi, odpowiedzialne za odporność organizmu. A oto jak działa ten system.

Krew z serca pompowana jest przez tętnice aż do naczyń włosowatych. Wraz z krwią dostają się tutaj tlen i substancje odżywcze, po czym przenikają one do płynu otaczającego komórki, zwanego limfą. Komórki zaopatrują się w tlen i pożywienie niezbędne dla zdrowia, a wydalaj ą toksyny, z których część znowu wraca do włośniczek. Obumarłe komórki i inne trujące substancje muszą być usunięte przez system limfatyczny. Głębokie oddychanie pobudza pracę tego systemu. Stan komórek ciała zależny jest od funkcjonowania układu limfatycznego jako jedynego mechanizmu pochłaniającego substancje toksyczne oraz nadmiar płynu wewnątrzkomórkowego, który ogranicza zapas tlenu w komórce. Płyn ten przechodzi przez węzły chłonne, w których martwe komórki i inne szkodliwe substancje są neutralizowane i niszczone. Krwioobieg ma swoją pompę – serce, natomiast limfa porusza się dzięki oddechom i ruchom mięśni. Dlatego jeśli chcesz mieć zdrowy krwioobieg oraz sprawne systemy limfatyczny i immunologiczny, musisz głęboko oddychać oraz stosować ćwiczenia fizyczne, pobudzające ich funkcjonowanie. Najlepiej na oddychanie wpływają następujące ćwiczenia: aerobik (aerobik znaczy dosłownie „ćwiczyć z powietrzem"), bieganie, pływanie, skakanie na skakance.

Każdy oddech powinien zaczynać się w głębi brzucha, tak jakbyś uruchamiał odkurzacz usuwający wszystkie szkodliwe substancje z układu krwionośnego. Najskuteczniejszym sposobem oddychania, pozwalającym oczyszczać organizm ze szkodliwych substancji, jest czynienie tego w następującym rytmie:

raz – wdech,
raz, dwa, trzy, cztery – trzymać powietrze,
raz, dwa – wydech.

Jeżeli więc robisz wdech przez 3 sekundy, to trzymaj powietrze w płucach przez 12 sekund, a wydychaj przez 6. Wydech powinien trwać dwa razy dłużej niż wdech, ponieważ podczas wydechu usuwasz toksyny przez układ limfatyczny. Natomiast powietrze trzeba trzymać cztery razy dłużej niż wdech, dlatego że w tym czasie dotleniasz krew i pobudzasz do działania system limfatyczny. Wykonaj przynajmniej dwa razy dziennie po dziesięć głębokich oddechów w podanym rytmie.

Energia życiowa lub energia kosmiczna – nazywana tak w społeczeństwach Zachodu, przez Chińczyków określana jest jako energia „czi", a przez Hindusów „praną". Stanowi ona pierwiastek tego, co nazywamy „żywotnością" człowieka. Nieustannie wdychamy powietrze nasycone energią „czi" i wykorzystujemy ją, zasilając organizm. Odbywa się to zwykle mechanicznie, bez udziału świadomości. Innymi źródłami energii dla człowieka są: woda, pokarm, światło słoneczne, sen i medytacja. Przy świadomym oddychaniu, które jest kontrolowane i uregulowane, możesz gromadzić większą ilość energii. Przechowywana w organizmie, zużywana jest w miarę potrzeby. W ten sposób wzmacniasz nie tylko wszystkie części ciała, ale dostarczasz większą dawkę energii mózgowi.

Człowiek, który opanował sztukę gromadzenia energii, emanuje żywotnością i siłą, co jest zauważane przez otoczenie. Głównym ośrodkiem gromadzenia energii w ciele jest brzuch, zwany przez Chińczyków „drugim mózgiem". W medycynie Wschodu płuca uważane są za główny narząd pobierający energię „czi". Energię tę kształtuje rytm i głębokość oddechu, co odbija się w wyraźny sposób na ciele. Wśród społeczeństw Zachodu odsetek ludzi oddychających prawidłowo jest niewielki. Wiele osób chodzi z zapadniętymi piersiami i zgarbionymi plecami. Przy takiej postawie oddech jest szybki, płytki i nerwowy, a człowiek słaby i podatny na stresy. Oddychając płytko i niedbale, skracamy sobie życie, obniżamy odporność i w większym stopniu narażeni jesteśmy na choroby współczesnej cywilizacji. Gdy sylwetka jest wyprostowana, a oddech rytmiczny, głęboki i silny, taka sama energia przejawia się w ciele. Na Wschodzie do nauki oddychania przywiązuje się ogromną wagę. Nauczyciele tam twierdzą, że człowiek, który uczy się sztuki oddychania, zwiększa swoje siły duchowe, szczęście, panowanie nad sobą, przenikliwość umysłu i wzmacnia charakter.

Poza sterowaniem energią „czi" i oddychaniem, płuca spełniają jeszcze następujące funkcje:

- mają wpływ na skórę i włosy;
- regulują prawidłowy przebieg procesu pocenia się;
- przesyłają płyny ciała do nerek;
- utrzymują stałą temperaturę organizmu;
- ochraniają przed atakiem chorobotwórczych czynników zewnętrznych, takich jak zimno, wiatr i wilgoć.

Jesień dostarcza płucom maksimum energii życiowej i wtedy mogą być też leczone z wielu schorzeń. W tym okresie mogą też pojawić się największe problemy z tym narządem. Optymalne ilości energii „czi" płuca otrzymują pomiędzy godzinami 3^{00}-5^{00} rano. Występująca wtedy bezsenność jest zwykle objawem braku równowagi płuc. Według Prawa Pięciu Przemian płuca przesyłają energię „czi" do nerek i pęcherza, kontrolują „czi" w wątrobie, otrzymują „czi" ze śledziony i żołądka, same zaś kontrolowane są przez serce i jelito cienkie. Wszystkie te powiązania są bardzo ważne w procesie uzdrawiania.

Najistotniejsze jest jednak, że serce kontroluje pracę płuc oraz jakość pobieranej przez nie energii. Tak więc brak równowagi serca wpłynie destrukcyjnie na inne systemy ciała. Płuca mają też bezpośredni wpływ na działanie nerek. Niski poziom energii płynącej z płuc do nerek będzie przyczyną najróżniejszych lęków. Istnieje ścisłe powiązanie między płucami a uczuciem żalu i smutku. Zakłócenia w działaniu płuc mogą sprawić, że w sytuacji straty czy zmiany w naszym życiu, będzie nam trudno otrząsnąć się ze smutku. Wszelka dysharmonia w działaniu płuc może prowadzić do poczucia wyobcowania w środowisku, w którym żyjemy. Ludzie o silnych płucach łatwiej radzą sobie z emocjami.

Płuca niedoenergetyzowane

Płuca o zbyt niskim poziomie energii nie radzą sobie najlepiej z wydalaniem dwutlenku węgla, który częściowo pozostaje we krwi.

Staje się on pożywką dla bakterii i wirusów, a ludzie o takiej kondycji płuc łatwo zapadają na przeziębienia. W ich płucach zalega śluz, bo brakuje im wystarczającej energii, aby go usunąć. Ludzi takich męczy kaszel, a z powodu zmniejszonej zawartości tlenu we krwi i słabego krążenia pojawia się uczucie ciężkiej głowy. Mają też skłonności do tycia.

Rola oddechu polega na usuwaniu napięć z ciała. Jeśli oddychanie jest zaburzone, to łatwiej powstają napięcia – szczególnie w rejonie barków i szyi. Płytki oddech, powodujący niedoenergetyzowanie płuc, powoduje też objawy natury psychicznej, takie jak lęk, depresja, nadwrażliwość i problemy z koncentracją.

Płuca przeenergetyzowane

Silny kaszel z wydzieliną to oznaka nadwyżki energii uwięzionej w płucach. Taka też jest najczęstsza przyczyna kaszlu u palaczy – szczególnie jeśli osoba paląca jest przy tym zdrowa i silna. Kaszel, spowodowany nadwyżką energetyczną płuc, wiąże się zwykle z problemami górnych dróg oddechowych. Osoba taka łatwo zapada na bronchit i astmę. Jej mięśnie klatki piersiowej są zazwyczaj napięte.

Ludzie o przeenergetyzowanych płucach nie potrafią uwalniać nagromadzonej energii i łatwo popadają w najróżniejsze obsesje i lęki, spowodowane jakimiś mało istotnymi szczegółami. Dużo sapią, szczególnie kiedy starają się pozbyć napięcia w płucach. Mają trudności z okazywaniem miłości.

<u>Uzdrawianie płuc</u>

Należ wyeliminować:

1. rafinowany cukier i wszystkie produkty, w których występuje,
2. pokarmy pikantne i kwaśne,
3. białą mąkę i wszystkie produkty, które ją zawierają.

Trzeba ograniczyć:

1. jedzenie przetworów mlecznych i jaj,
2. mięsa o wysokiej zawartości tłuszczu.

W medycynie chińskiej następujące pokarmy i zioła używane są do wzmacniania i leczenia płuc.

1. ziarna: brązowy ryż (także odmiana słodka), owies,
2. warzywa: rzepa, cebula, kapusta, kalafior, seler, rukiew wodna, gorczyca, długa biała rzodkiew daikon, marchew, korzeń lotosu, rzodkiewki, ogórek, zielone warzywa liściaste, dynia, brokuły,
3. pokarmy pochodzenia zwierzęcego: głównie ryby – dorsz, flądra, halibut,
4. zioła: imbir, czosnek, chrzan, kolendra, koper, cynamon, lukrecja, gałka muszkatołowa, bazylia, kardamon, czarny pieprz, podbiał,
5. owoce: gruszki, mandarynki, wiśnie, czereśnie, śliwki, morele, grejpfruty, cytryny,
6. wodorosty (głównie kelp).

<u>Zioła polecane w leczeniu płuc</u>

Majeranek i oregano – stosowane wewnętrznie, ale też do kąpieli i inhalacji. Mają działanie napotne, przeciwgrypowe i przeciwgorączkowe. Oczyszczają płuca i oskrzela.

Trawa trzcinowa – używana w wypadku zapalenia z silnym kaszlem, odpluwaniem żółtej wydzieliny, zapalenia żołądka, odbijania i wymiotów.

Eukaliptus – stosowany w razie grypy oraz zapalenia płuc i astmy. Leczy kaszel, katar i inne objawy przeziębienia.

Mikstura do nacierania klatki piersiowej – kilka kropli olejku eukaliptusowego zmieszaj z olejem sezamowym.

Meridian płuc biegnie od punktu na piersi (zaraz nad obojczykiem), poprzez wewnętrzną stronę ramienia, aż do kciuka. Pojawiające się wzdłuż jego przebiegu objawy, takie jak wysypka, znamię, zmiana koloru skóry mogą wskazywać na zaburzenia w funkcjonowaniu płuc.

Ćwiczenie uelastyczniające meridiany płuc i jelita grubego – patrz str. 160.

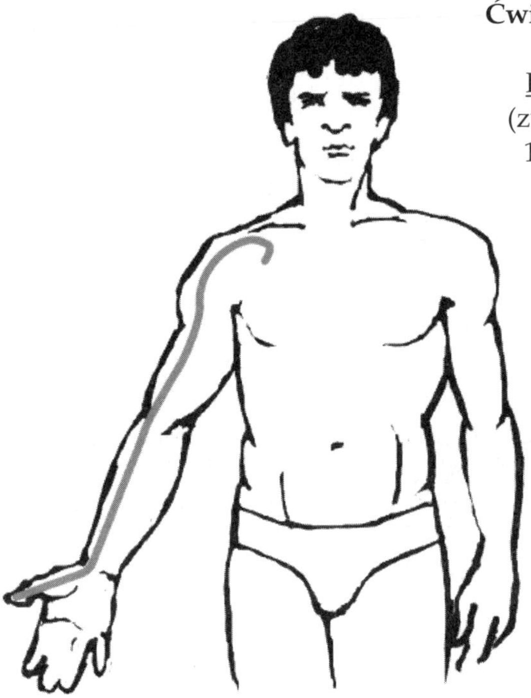

Meridian płuc

Ćwiczenia jogów w sztuce oddychania

I. Oczyszczające oddychanie jogów (zwiększa wytrzymałość płuc)

1. Wciągnij powietrze za pomocą wdechu pełnego.
2. Utrzymuj je w płucach przez kilka sekund.
3. Złóż wargi jak do gwizdania (lecz nie wydymaj policzków), następnie wydychaj powietrze silnie, przez otwór w wargach. Zaprzestań na chwilę, zatrzymawszy powietrze; powtarzaj, dopóki cała ilość powietrza nie opuści płuc, po czym znów wydychaj po trochu.

Pamiętaj, że przez otwór w wargach należy wypuszczać powietrze z wielką siłą.

Zapamiętaj! W wypadku zmęczenia ćwiczenie to działa bardzo odświeżająco. Należy je powtarzać tak długo, aż stanie się łatwe i naturalne.

II. Oddychanie jogów aktywizujące działanie komórek płucnych
(wzmacnia i pobudza całe ciało)
1. Stań prosto. Ręce opuść wzdłuż bioder.
2. Wolno i stopniowo wdychaj powietrze.
3. Podczas wdechu opukuj palcami klatkę piersiową, zmieniając ciągle miejsce opukiwania.
4. Kiedy płuca zostaną napełnione, wstrzymaj powietrze i masuj klatkę piersiową dłońmi. Stopniowo wydychaj powietrze.
5. Wykonaj oddychanie oczyszczające (ćwiczenie I).

Zapamiętaj! Nie wykonuj tego ćwiczenia za długo. W razie zawrotów głowy należy chwilę odpocząć.

III. Oddychanie równoważące emocje
Kiedy jesteś przestraszony lub czujesz złość (albo też inną emocję), zacznij głęboko i rytmicznie oddychać. Oddech utrzymuje w równowadze wszystkie nasze emocje.

3. Przemiana Metalu – jelito grube

Jelito grube wraz z płucami tworzy Przemianę Metalu. Jelito grube, zwane też okrężnicą, ma ok. 1,8 m długości i 5 cm średnicy. Z ułożenia przypomina nieco podkowę.

Głównym zadaniem jelit, uważanych przez Chińczyków za „korzenie ciała", jest przesuwanie masy pokarmowej. Ruch ten możliwy jest dzięki perystaltyce jelit. Jelito grube, otrzymując z jelita cienkiego materiał pozostały po strawieniu i wchłonięciu, eliminuje to, co już ciału jest niepotrzebne. Materiał znajdujący się w okrężnicy w większości pozbawiony jest już składników odżywczych, lecz ma jeszcze konsystencję płynną, ponieważ znajduje się w nim pewna ilość wody, pochodząca z soku trzustkowego i żółci. Tylko część wody jest absorbowana w jelicie cienkim. Oprócz usuwania niestrawionych resztek pokarmowych z organizmu, okrężnica ma za zadanie wchłanianie wody i doprowadzanie masy kałowej do postaci półstałej.

W jelicie grubym może zachodzić proces resorpcji* treści jelitowych. Takie niebezpieczeństwo wchłaniania substancji toksycznych istnieje wówczas, gdy występują zaparcia.

Czas trawienia w jelitach jest ważnym wskaźnikiem prawidłowego ich funkcjonowania. Odpady powinny opuścić nasz organizm w ciągu maksimum 24 godzin po przyjęciu pożywienia. Każdy z nas może łatwo sprawdzić swój czas trawienia. Wystarczy zjeść na obiad czerwone buraczki, które zafarbują stolec na kolor czerwony, lub zjeść szpinak, barwiący stolec na zielono. Wówczas będziemy

*Resorpcja – powtórne wchłanianie.

w stanie stwierdzić, ile czasu upłynęło od spożycia do wydalenia pokarmu. Zbyt częste wydalanie (3-4 razy dziennie) nie jest oznaką prawidłowego funkcjonowania organizmu. Świadczy o tym, że pokarm zbyt szybko „przechodzi" przez układ trawienny i organizm nie wchłania należycie składników odżywczych.

Ludzie z zaburzeniami jelita grubego mają skłonność do życia przeszłością. Akt trawienia i eliminacji to metafora pobierania z naszych doświadczeń życiowych tego, co pożyteczne, oraz pozbywania się tego, co już zbędne i niepotrzebne. Zajęcie się swoimi jelitami (w sensie oczyszczenia) to pierwszy krok do oddalenia przeszłości i życia w teraźniejszości.

Trzymanie się przeszłości wiąże się z emocjami smutku i żalu, co wyczuwa się w tonie głosu ludzi mających problem z jelitami. Uczucie smutku związane jest z jelitem grubym.

Najczęstszą przyczyną zaburzeń jelitowych jest spożywanie pokarmów pozbawionych błonnika.

A oto inne przyczyny zaburzeń:

- nadmiar produktów pochodzenia zwierzęcego o dużej zawartości białka i tłuszczu,
- zbyt wiele pokarmów smażonych,
- nadmiar kawy, herbaty, alkoholu oraz potraw, które zwiększają produkcję kwasu,
- brak aktywności ruchowej,
- przejadanie się,
- stres,
- zbyt częste stosowanie środków przeczyszczających,
- stan po usunięciu wyrostka robaczkowego (osłabiony jest wówczas cały przewód pokarmowy).

Najczęstszymi schorzeniami jelita grubego, do których doprowadzają wymienione czynniki są:

- uchyłkowatość jelita,
- syndrom jelita drażliwego,
- wrzodziejące zapalenie jelita grubego,
- rak jelita grubego.

Uchyłkowatość jelita to tworzenie się małych uwypukleń w ścianie jelita, do których formowania przyczynia się ciśnienie panujące wewnątrz przewodu pokarmowego. Niestrawione resztki pokarmu zalegają w uchyłkach, stając się pożywką dla szkodliwych bakterii. Niektóre części jelita są osłabione, zaburzona jest perystaltyka oraz sprawna eliminacja stolca. Syndrom jelita drażliwego to schorzenie o naprzemiennych biegunkach i zaparciach, połączone często z uchyłkowatością, wzdęciami i dużą ilością gazów.

Wrzodziejące zapalenie okrężnicy (*colitis ulcerosa*) powoduje obrzmienie ściany jelita i powstawanie wrzodów. W stolcu pojawia się wtedy śluz i krew. Według medycyny zachodniej, przyczyna tej choroby nie jest znana. Wiadomo tylko, że najczęściej atakuje dorosłą młodzież.

Nowotwór jelita grubego jest jedną z najbardziej rozpowszechnionych postaci raka na Zachodzie. Kilkuletnie badania na temat zależności między dietą a rakiem dowiodły, że u osób, których dieta opiera się na produktach pochodzenia zwierzęcego (mięso, nabiał), istnieje dwa razy większe prawdopodobieństwo rozwinięcia się raka okrężnicy niż u tych, którzy jedzą znikome ilości tych produktów.

Wszystkie wymienione schorzenia należą do rzadkości w krajach rozwijających się, gdzie dieta składa się głównie z pełnych ziaren, warzyw i owoców.

Optymalne ilości uzdrawiającej energii otrzymuje jelito grube w miesiącach jesiennych. Ta pora roku oraz dnia (między godziną 5^{00} a 7^{00}) to idealny czas na podjęcie właściwych kroków w celu uzdrowienia jelita grubego. I odwrotnie, najwięcej problemów z jelitami i płucami pojawia się zwykle jesienią, we wczesnych godzinach porannych. Zdrowie naszego ciała utrzymywane jest w dużym stopniu przez jego zdolność do eliminacji trucizn. Dlatego troska o stan jelita oznacza dbałość o zdrowie.

Jelito grube niedoenergetyzowane

Objawy: zaparcia, zapchany, ale suchy nos, uczucie chłodu w rejonie brzucha, a po zjedzeniu pożywienia naturalnego, bogatego w błonnik, pojawiają się rozluźnione stolce.

Ludzie, u których jelito grube jest słabe, są mało zdecydowani i niezbyt odważni. Pod wpływem trudnych dla nich wydarzeń życiowych często poddają się rozpaczy i rozgoryczeniu.

Jelito grube przeenergetyzowane

Objawy: bóle głowy, katar i krwawienie z nosa, zapalenie migdałków, bóle dziąseł i zębów, blada cera, bóle barków, napięta klatka piersiowa, zaparcia na zmianę z biegunką, kaszel, hemoroidy i objawy typowe dla przeziębienia.

Objawy psychiczne: chroniczny brak zadowolenia z życia. Osoby o przeenergetyzowanym jelicie grubym nie potrafią niczego ani nikogo docenić – ani siebie, ani rodziny, ani znajomych. Czują się samotne i opuszczone.

Uzdrawianie jelita grubego

Należy wyeliminować:

1. połączenia spożywania żywności, która ma ściągający* wpływ na ciało z pokarmami rozprężającymi**, gdyż taki sposób odżywiania nie gwa-

---

* Działanie ściągające – inaczej obkurczające, mają produkty o konsystencji ścisłej i suchej oraz smaku gorzkim i słonym, np. wędliny, mięso, żółty ser, jajka.

**Działanie rozprężające – inaczej rozszerzające, mają produkty o konsystencji wodnistej i wilgotnej oraz smaku pikantnym, słodkim i lekko kwaśnym, np. soki z owoców i warzywa, alkohol, herbata, kawa, nabiał, cukier i słodycze, tłuszcze, owoce tropikalne. Patrz rozdział „Wszystko w równowadze: teoria jin – jang" rantuje równowagi, jest natomiast balansowaniem między skrajnościami. Rezultatem takich połączeń bywa często zespół jelita drażliwego i uchyłkowatość,

2. żywność przetworzoną i rafinowaną, pozbawioną ważnego dla jelita błonnika (brak błonnika powoduje nagromadzenie w organizmie niestrawionych białek zwierzęcych i tłuszczów),
3. mleko i przetwory mleczne,
4. mięso, szczególnie wołowinę i wieprzowinę,
5. potrawy smażone,
6. w razie zaparć – również jajka,
7. kawę naturalną, czarną herbatę i alkohol,
8. nadmiar przypraw,
9. białe ziemniaki, pomidory i większość surowych warzyw,

a ponadto: należy ograniczyć tłuszcze pochodzenia zwierzęcego.

W medycynie chińskiej następujące pokarmy i zioła używane są do wzmacniania i leczenia jelita grubego.

1. Ziarna: ryż brązowy, ryż słodki, mochi (utarty słodki ryż).
2. Warzywa: słodkie ziemniaki (w Polsce nie są uprawiane), kapusta, seler, brukiew, gorczyca, biała rzodkiew, marchew, korzeń lotosu, imbir, rzepa.
3. Fasole, tofu i tempeh.
4. Ryby: dorsz, śledź, flądra, halibut, karp.
5. Owoce: gruszki, brzoskwinie.
6. Zioła: czosnek, koper, świeżo utarty imbir, chrzan, gałka muszkatołowa, cynamon, bazylia, pieprz czarny, kolendra, tymianek, lukrecja.

<u>Sposoby radzenia sobie z zaparciami</u>

I. Gotuj kilka śliwek suszonych i fig w małej ilości soku jabłkowego przez ok. 15-20 minut. Zjedz jako pierwszy posiłek rano oraz na dwie godziny przed snem.

II. Naturalne, ziołowe środki przeczyszczające stosuj tylko w połączeniu z ogólnymi zmianami w diecie i stylu życia, pamiętając, że jelita mogą się uzależnić od środków przeczyszczających

III. Wspomagająco działają:

– agar-agar dodany do potraw (np. 1-2 łyżeczki agaru dodać do purée z warzyw lub owoców i zagotować . Odstawić do zastygnięcia),
– herbata rumiankowa,
– herbata z korzenia lukrecji,
– herbata ze śliskiego wiązu,
– siemię lniane,
– sok z aloesu,
– ugotowany lub surowy czosnek (w małych ilościach),
– gorące i zimne nasiadówki.

Ponadto zaleca się:
- ruch na świeżym powietrzu,
- ćwiczenia gimnastyczne (na wzmocnienie brzucha),
- masaż brzucha przed oddaniem stolca.

W razie biegunki zaleca się spożywać:
- kisiel z kuzu,
- kleik ryżowy,
- wywar z marchwi
- sok z marchwi i kapusty
- herbatę imbirową

<u>Inne metody</u>

Istnieje kilka skutecznych technik płukania jelit. Zalicza się do nich kolonoskopia, przeprowadzana najlepiej przy pomocy specjalisty.

Wstrzykiwanie wody powoduje pobudzenie do pracy mięśni odbytu, jelit i stymuluje wypróżnienia. W wyniku natychmiastowego wydalenia dużej ilości wody i resztek pokarmów powstaje próżnia, która wsysa składniki znajdujące się w górnym odcinku jelit. Częste stosowanie kolonoskopii powoduje jednak zakłócenie pracy jelit i zaburzenie równowagi ich naturalnego środowiska bakteryjnego.

Znacznie łagodniejszym zabiegiem, polegającym na płukaniu końcowego odcinka jelita grubego, tzw. bańki odbytnicy, jest lewatywa, którą każdy może przeprowadzić w warunkach domowych.

Ćwiczenie uelastyczniające meridiany płuc i jelita grubego

Złącz dłonie za plecami i pochyl się do przodu, podnosząc ręce jak najwyżej w górę. Zatrzymaj się w tej pozycji, rozluźnij mięśnie i weź dwa oddechy. Postaraj się w tym samym czasie wyobrazić sobie energię „czi", która płynie od góry do dołu poprzez całe ciało, a szczególnie przez barki, klatkę piersiową i ramiona. Możesz odczuć napięcie w klatce piersiowej, barkach i tylnych partiach nóg. Odpręż się całkowicie. Ćwiczenie to powtórz trzy, cztery i więcej razy.

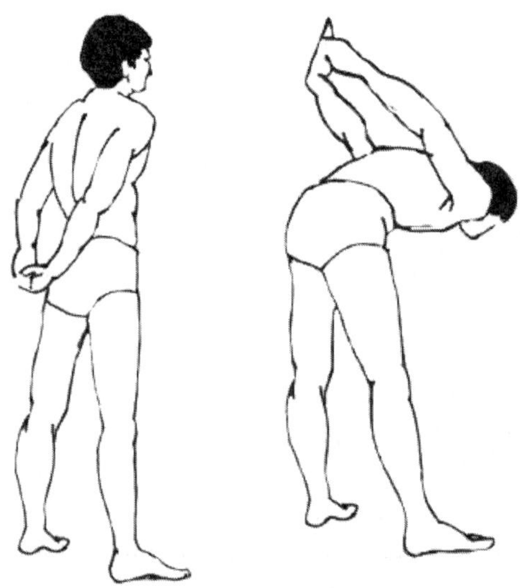

Meridian jelita grubego

Rozpoczyna się na czubku palca wskazującego, biegnie wzdłuż zewnętrznej powierzchni ramienia, poprzez szyję i zewnętrzną krawędź ust, aż do skrzydełka nosa. Objawy zlokalizowane wzdłuż przebiegu tego meridianu mogą oznaczać zaburzenia perystaltyki jelit i oddychania.

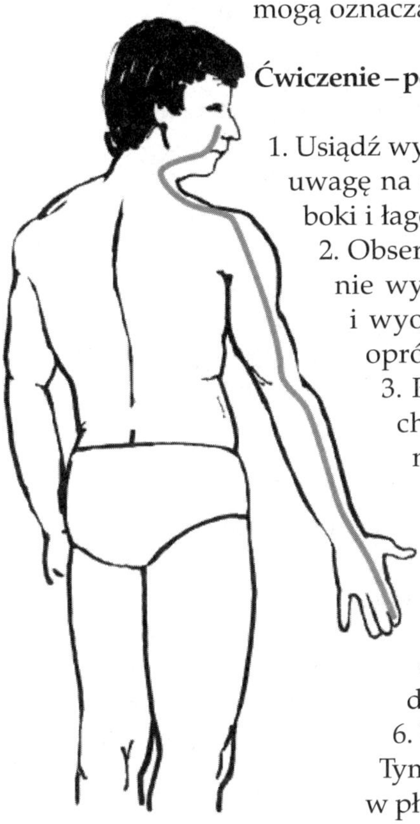

Meridian jelita grubego

Ćwiczenie – pełne oddychanie (oddychanie miękkiego brzucha)

1. Usiądź wygodnie. Ułóż stopy płasko na podłodze. Zwróć uwagę na swój oddech. Pozwól, by stał się powolny, głęboki i łagodny.
2. Obserwuj brzuch i klatkę piersiową. Pełne oddychanie wymaga ruchu brzucha. Połóż ręce na brzuchu i wyobraź sobie balon, który napełniasz, a potem opróżniasz.
3. Powoli wciągaj powietrze przez nos i nadmuchuj balon, wydymając lekko brzuch. Nie napinaj mięśni.
4. Wypuść powietrze. Poczuj, jak balon brzucha opróżnia się. Nie napinaj mięśni – pozwól brzuchowi stopniowo opadać.
5. Wykonaj to ćwiczenie trzy razy. Zauważ różnice między wdechem i wydechem. Oceń, jak się czujesz, kiedy oddychasz w ten sposób.
6. Wykonaj kolejne trzy pełne oddechy. Tym razem jednak zatrzymuj powietrze w płucach na trzy sekundy.
7. Policz do trzech po wydechu, zanim przejdziesz do następnego wdechu.

Zapamiętaj! Pełne oddychanie polepsza trawienie i ułatwia sen. Oddychaj w ten sposób, kiedy chcesz się uspokoić albo coś przemyśleć. Również wtedy, gdy czujesz się przygnębiony lub smutny.

Ćwiczenie

Medytacja – napełnianie płuc złotym światłem

(Napełnia ciało energią i wzmacnia czynności płuc)

1. Stań prosto, nogi lekko oddalone od siebie i nieco ugięte w kolanach.
2. Podnieś ręce w bok, a następnie lekko do góry, dłonie skieruj do góry i wyobraź sobie, że chwytasz w nie złote światło wypływające z nieba.
3. Zrób głębki wdech przez nos.
4. Wydychając powietrze i opuszczając dłonie, wciągaj światło do ciała. Pamiętaj, by wdychać i wydychać powietrze do ciała nosem. Przy wydechu wymawiaj głoskę „sssss", skierowaną do płuc.

4. Przepisy

PASTY I PASZTETY

Wyśmienita pasta z soczewicy

Z 30 dag zielonej soczewicy, 10-15 dag drobnej kaszki kukurydzianej, 1 łyżka sklarowanego masła
M 2 średnie cebule, pieprz
W sól, sos sojowy
D natka pietruszki

Ugotuj soczewicę oraz kaszkę kukurydzianą. Rozgrzej masło i uduś pokrojone w plasterki cebule. Zmiel soczewicę, kaszkę i przesmażoną cebulę. Wymieszaj i dodaj szczyptę pieprzu, soli, sosu sojowego oraz posiekaną natkę pietruszki. Dowolną foremkę wypłucz zimną wodą i napełnij pastą. Dokładnie ubij i odstaw do lodówki. Schłodzoną pastę pokrój w kawałki. Podawaj z warzywami oraz jako dodatek do pieczywa.

Pasta ze słonecznika i dyni

Z 3/4 szklanki wyłuskanych ziaren słonecznika, 1/3 szklanki przecieru z dyni (str. 213), 1-2 łyżki oleju z pestek winogron
M szczypta chili
W sól, sos sojowy, przegotowana zimna woda
D nieco soku z cytryny

Wypraż lekko słonecznik na suchej patelni. Zmiel w młynku. Dodaj przecier z dyni, olej, szczyptę chili, sól, nieco sosu sojowego. Wymieszaj i wlej tyle wody, aby uzyskać dość gęstą konsystencję pasty. Dodaj nieco soku z cytryny

Pasztet z fasoli (białej, czerwonej lub czarnej)

Z 1 marchew, pietruszka, 1 zeszklona na oleju cebula, 2 łyżki oliwy
M kawałek selera, 2 ząbki czosnku, pieprz, 1-2 łyżki płatków owsianych
W trochę wody, 1 1/2 szklanki ugotowanej fasoli, sól, sos sojowy
D 2 łyżki posiekanej kapusty kiszonej
O majeranek, tymianek
Z 1 jajko lub 2 łyżki skrobi kukurydzianej

oraz olej do wysmarowania foremki, otręby pszenne

Marchew, pietruszkę, cebulę i seler pokrój dowolnie. Rozgrzej oliwę, wkładaj po kolei warzywa i lekko je obsmaż. Dodaj przeciśnięty czosnek, pieprz, płatki i podlej nieco wodą. Duś ok. 15 minut na małym ogniu początkowo pod przykryciem, a potem odkryj, aby sos wyparował (zwiększ trochę ogień). Warzywa lekko przestudź i zmiel razem z fasolą. Dopraw masę solą i sosem sojowym. Dodaj posiekaną kapustę oraz po szczypcie majeranku i tymianku. Na końcu daj jajko lub skrobię. Dokładnie wymieszaj. Przełóż do wysmarowanej olejem i wysypanej otrębami foremki. Pasztet posyp siemieniem lnianym lub ziarnem słonecznika. Piecz ok. 30 minut.

POTRAWY ZE ZBÓŻ

Gotowanie ryżu
(przepis podstawowy)

M 2 szklanki brązowego ryżu
W 4 szklanki wody, sól

Ryż opłucz w zimnej wodzie. Wsyp go do garnka, zalej wodą, posól i gotuj na małym ogniu pod przykryciem przez ok. 50-60 minut. Nie mieszaj w trakcie gotowania.

Zapamiętaj! Jeśli chcesz, by ryż miał działanie rozgrzewające, możesz go przed ugotowaniem wyprażyć w garnku, przez cały czas mieszając, aż zacznie przyjemnie pachnieć. Następnie zalej go odpowiednią ilością gorącej wody i gotuj pod przykryciem. Ryż wcześniej namoczony przez kilka godzin, szybciej się ugotuje.

Gotowanie owsa (przepis podstawowy)

Namocz 2 szklanki wypłukanego owsa bezłuskowego w wodzie, zakwaszonej cytryną i zostaw na noc.

Rano wodę odlej.

M owies
W wlej do niego 3,5 szklanki świeżej, zimnej wody, dodaj sól

Gotuj ok. 1 godz. pod przykryciem na małym ogniu, najlepiej na metalowej płytce.

Gotowanie jęczmienia (przepis podstawowy)

Namocz 2 szklanki wypłukanego jęczmienia w wodzie, zakwaszonej cytryną i zostaw na noc.

Rano wodę odlej.

M jęczmień
W wlej do niego 3,5 szklanki świeżej, zimnej wody, dodaj sól

Gotuj ok. 1 godz. pod przykryciem na małym ogniu, najlepiej na metalowej płytce.

Potrawa śniadaniowa

O 1 l wrzącej wody
Z 1/2 szklanki kaszy jaglanej, 1 łyżeczka sklarowanego masła, 2-3 łyżeczki wiórków kokosowych, kilka daktyli
M 1/2 szklanki płatków jęczmiennych
W sól, nieco zimnej wody
D jabłko lub nieco soku z cytryny
O kilka orzechów włoskich
Z 4 łyżeczki zmielonego siemienia lnianego

Do gotującej wody wsyp kaszę jaglaną, dodaj masło, wiórki i daktyle. Wsyp płatki jęczmienne i szczyptę soli. Dodaj nieco zimnej wody. Gotuj ok. 25 minut. Odstaw z ognia. Dodaj utarte na tarce jabłko lub nieco soku z cytryny, posiekane orzechy włoskie oraz świeżo zmielone siemię lniane. Wymieszaj i podawaj.

Krem ryżowy

M szklanka pełnego ryżu
W 4 szklanki wody, sól

Ryż dokładnie wypłucz, odsącz na sicie, lekko podsusz. Upraż na złocisty kolor, przez cały czas mieszając. Umieść ryż w dużym garnku i zalej zimną wodą, dodając szczyptę soli. Gotuj ok. 2-3 godz., po czym lekko przetrzyj przez sito. Krem taki wskazany jest po poście, w celu wzmocnienia organizmu.

Zaleca się go szczególnie dzieciom, kobietom ciężarnym i osobom starszym.

Naleśniki z mąki gryczanej

D 1/2 szklanki mąki pszennej (dowolna, może być też biała)
O 1 szklanka mąki gryczanej (zmiel kaszę gryczaną w młynku do kawy)
Z 2 jajka lub 2 łyżki skrobi kukurydzianej, 1 łyżka oliwy
M pieprz
W sól, woda mineralna lub zwykła

Połącz obie mąki, dodaj roztrzepane jajka (lub zamiennie skrobię kukurydzianą), oliwę, szczyptę pieprzu, sól oraz tyle wody, aby powstało ciasto o konsystencji gęstej śmietany. Zmiksuj na gładką masę. Smaż na rozgrzanej patelni z odrobiną oliwy.

Zapamiętaj! Do tych naleśników dobrze pasują słone nadzienia, np. z warzyw, pieczarek, z twarożku z ziołami.

Słodkie, cienkie naleśniki

D 1 szklanka mąki pszennej (pół na pół biała z razową)
O kurkuma lub odrobina czerwonego, wytrawnego wina
Z 2-3 jaja, 1/2 szklanki mąki kukurydzianej, 1 łyżka oliwy
M imbir
W sól, trochę wody mineralnej, woda zwykła

Do mąki pszennej dodaj kurkumę lub nieco czerwonego wina, roztrzepane jaja, mąkę kukurydzianą, oliwę, szczyptę imbiru, sól, nieco wody mineralnej i tyle zwykłej, aby powstało ciasto naleśnikowe o konsystencji kwaśnej śmietany. Na odrobinie oliwy smaż cienkie naleśniki.

Zapamiętaj! Jeżeli ciasto jest zbyt gęste, nie uda się usmażyć cienkich naleśników. Zamiast wina można w Przemianie Ognia wlać nieco mleka koziego i odpowiednio zimnej wody lub też mleka krowiego w Przemianie Ziemi. Naleśniki udają się też bez dodatku jaj, użyj jednak trochę więcej mąki kukurydzianej. Podawaj z dodatkiem musu jabłkowego, dżemu, owoców itp.

Placuszki z dynią

D 1 szklanka mąki pszennej pełnoziarnistej
Z szklanka przecieru z dyni (patrz str. 213), cynamon, 2 jaja, 1/2 szklanki mąki kukurydzianej

M imbir
W sól, woda
oraz olej do smażenia

Do mąki dodaj przecier z dyni, cynamon, jaja, mąkę kukurydzianą, szczyptę imbiru, sól oraz tyle zimnej wody, aby po wymieszaniu ciasto miało dość gęstą konsystencję.

Podawaj z musem jabłkowym (patrz str. 212).

Kluski drożdżowe na parze

Rozczyn: 7 dag świeżych drożdży, 2 łyżki mąki pszennej razowej, 1 łyżeczka miodu, 1/4 szklanki kefiru lub maślanki (ewentualnie letniej wody)

D rozczyn, 2 szklanki mąki pszennej razowej
O 1/2 łyżeczki kurkumy
Z 2 szklanki mąki kukurydzianej, 3/4 szklanki przecieru z dyni (str. 213) lub 2-3 jaja, 1-2 łyżeczki miodu, 3 łyżki sklarowanego lub zwykłego masła
M 1/2 łyżeczki imbiru
W sól, woda
D kefir albo maślanka

Rozmieszaj drożdże z kefirem, miodem i mąką. Odstaw rozczyn do wyrośnięcia. Do miski wsyp mąkę, dodaj wyrośnięty rozczyn, kurkumę, mąkę kukurydzianą, przecier z dyni lub jajka, miód rozpuszczony z masłem (lekko przestudzony), imbir i sól. Wyrabiaj ciasto, powoli dolewając kefiru lub maślanki (lub wody). Powinno być gładkie i odchodzić od ręki. Przykryj je ściereczką i odstaw w ciepłe miejsce. Gdy wyrośnie, wykładaj je partiami na stolnicę, uformuj placek o grubości ok. 3 cm i wykrawaj szklanką kluski. Układaj je na stolnicy, aby jeszcze podrosły. Przełóż do garnka, przeznaczonego do gotowania na parze i paruj przez kilkanaście minut.

Wytrawna potrawa z płatków owsianych

O 1 l wrzącej wody, majeranek, tymianek, macierzanka
Z 2 łyżki nasion słonecznika, 20 dag dyni lub marchewki
M 1 szklanka płatków owsianych, imbir
W 2 łyżki gomasio (str. 211), sól, sos sojowy shoyu
D 1-2 jabłka

Dynię pokrój w drobną kostkę. Jeżeli zastąpisz ją marchewką, to zetrzyj na tarce. Na suchej patelni lekko wypraż nasiona słonecznika i osobno płatki owsiane. Do wrzącej wody dodaj po szczypcie majeranku, tymianku i macierzanki. Dołóż dynię, płatki owsiane, szczyptę imbiru i gotuj ok. 20 minut. Pod koniec przypraw gomasio, solą, sosem sojowym oraz daj utarte jabłka. Gotuj jeszcze 3 minuty i odstaw z ognia.

Kasza jaglana z dynią

O 1,5 szklanki wrzącej wody
Z 1/2 szklanki kaszy jaglanej, 20 dag dyni, 1 łyżeczka sklarowanego masła
M szczypta imbiru
W sól

Do wrzącej wody wsyp wypłukaną kaszę, dodaj pokrojoną w kostkę lub startą dynię, masło, szczyptę imbiru i sól. Gotuj ok. 20 minut na małym ogniu, najlepiej na metalowej płytce. Od czasu do czasu mieszaj, aby kasza nie przywarła do dna.

ZUPY

Zupa-krem z warzyw z nasionami słonecznika

O 2 l wrzącej wody
Z 3 marchewki, 1/2 szklanki nasion słonecznika
M 1 mały seler, mała pokrojona rzepa, 1 łyżka utartego korzenia imbiru
W sól, sos sojowy shoyu
D sok z cytryny

Zagotuj wodę, dodaj pokrojoną marchew nasiona słonecznika, pokrojony seler, rzepę. Doprowadź do wrzenia, zmniejsz ogień, nakryj i gotuj na wolnym ogniu 25-30 minut, aż warzywa zmiękną. Odstaw zupę z ognia i dopraw świeżym sokiem z imbiru (utarty imbir weź w dwa palce i wyciśnij), solą, sosem sojowym oraz sokiem z cytryną, zmiksuj.

Zupa z czerwonej soczewicy

Z 3/4 szklanki czerwonej soczewicy
M ziele angielskie
W 2 l wody
D nieco soku cytrynowego
O tymianek, kurkuma
Z 1 marchew, 1 pietruszka, zeszklona cebula, 4 ziemniaki (niekoniecznie)
M kawałek selera, pieprz, cząber
W 1/5 szklanki glonów arame, sól, 4 łyżeczki miso lub sos tamari

Do garnka wsyp soczewicę, wrzuć kilka ziaren angielskiego ziela i wlej wodę. Ustaw garnek na ogniu. Wciśnij nieco soku z cytryny, dodaj po szczypcie tymianku i kurkumy. Gotuj na średnim ogniu, usuwając z powierzchni pianę. Marchew, pietruszkę, seler utrzyj na tarce o grubych oczkach. Ziemniaki pokrój w kostkę. Dodaj do zupy warzywa kolejno według Przemian. Czas gotowania – ok. 30 minut. Pod koniec gotowania wlej nieco oleju, przypraw pieprzem i cząbrem. Dodaj, uprzednio namoczone w zimnej wodzie na 10 minut, glony arame. Odstaw zupę z ognia, odlej nieco do filiżanki i rozmieszaj w niej miso. Połącz z całością. Zamiast miso możesz użyć sosu sojowego.

Prosty bulion warzywny

Sposób pierwszy

O 1,5 l wrzącej wody, szczypta tymianku, liść laurowy
Z 2 marchewki, 2 pietruszki, kawałek selera
M 1 cebula, 1 średni por, kilka ziaren pieprzu i angielskiego ziela
W kawałek glonu kombu (niekoniecznie), sos sojowy

Zagotuj wodę, dodaj tymianek, liść laurowy oraz pokrojone w słupki warzywa, kolejno według Przemian. Wsyp po kilka ziaren pieprzu i angielskiego ziela. Włóż kawałek glonu kombu i gotuj godzinę na lekkim ogniu, w garnku z uchyloną pokrywką. Pod koniec dodaj do smaku sosu sojowego.

Sposób drugi

Z 2 marchewki, 2 pietruszki, łyżka oliwy
M 1 cebula, 1 średni por, kawałek selera, kilka ziaren pieprzu i angielskiego ziela
W kawałek glonu kombu, 1,5 l zimnej wody, sos sojowy
D odrobina soku z cytryny
O szczypta tymianku i majeranku

Rozgrzej ok. czterolitrowy garnek, wlej oliwy i dodaj kolejno według Przemian pokrojone w słupki warzywa. Duś na średnim ogniu, aż zmiękną i będą aromatyczne – nie powinny zbrązowieć. Dodaj ziele angielskie, pieprz, glon oraz zimną wodę. Gotuj godzinę. Pod koniec dodaj sosu sojowego, odrobinę soku z cytryny oraz po szczypcie majeranku i tymianku. Bulion z podduszonych na oliwie warzyw ma lepszy smak.

Zapamiętaj! Bulion warzywny jest jednym z najlepszych pokarmów dostarczających składniki mineralne naszemu organizmowi. Podstawowymi warzywami do jego przygotowania są: marchew, pietruszka, seler, por, cebula, burak, ziemniak, rzepa, natka pietruszki, lubczyk. Warzywa te mogą być nieco starsze lub brzydkie, pod warunkiem, że nie są spleśniałe. Nie powinno się przyrządzać bulionów z warzyw krzyżowych, takich jak kapusty, brokuły, kalafiory, gdyż zawierają zbyt wiele siarki i po długim gotowaniu mają one nieprzyjemny zapach. Należy unikać około centymetrowego fragmentu, gdzie korzeń marchwi styka się z nacią. Część ta jest gorzka i nadaje bulionowi niepożądany smak, który trudno jest usunąć. Buliony można gotować na zapas i przechowywać przez kilka dni. Stanowią szybką bazę do zup i innych potraw. Odradzam stosowanie bulionów w kostkach, ponieważ są słone, zawierają konserwanty i nie dostarczają żadnych mineralnych składników oprócz sodu.

Przygotowując wywary, nie trzeba kurczowo trzymać się przepisów, ale raczej podstawowych zasad. Zawsze potrzebne są warzywa (ale ich asortyment można zmieniać), przyprawy (też można stosować różne). Dodatek glonów morskich wzbogaca wywary w wapń i magnez.

Zapewniam, że warto zainwestować swój czas w przygotowanie domowych wywarów, nasz organizm (a szczególnie nasze kości), będzie nam wdzięczny.

Buliony gotujemy we wszystkich porach roku. W miesiącach zimnych, kiedy potrzebujemy więcej ciepła, możemy dodać do nich jeszcze czosnek (M) i gotować nawet przez kilka godzin. Długo gotowane buliony przecedzamy, a warzywa usuwamy, gdyż są już prawie bezwartościowe.

Zupa ziemniaczana z dynią

O 2 l wrzącej wody, szczypta majeranku
Z kilka ziemniaków, 1 marchew, 1 pietruszka, ok. 30 dag dyni
M 1 cebula, kawałek selera
W sos sojowy tamari
D natka pietruszki
O szczypta tymianku
Z 2 łyżki dobrego oleju tłoczonego na zimno (np. sezamowego lub lnianego)

Zagotuj wodę, dodaj majeranek, pokrojone w większą kostkę ziemniaki, w małą kostkę marchew oraz pietruszkę. Obraną dynię pokrój w większe kawałki i wrzuć do zupy. W dalszej kolejności dodaj drobno pokrojony seler oraz cebulę i nieco sosu sojowego. Zupę gotuj ok. 20 minut i odstaw. Następnie odlej jej część z kawałkami dyni oraz innymi warzywami do mniejszego naczynia i zmiksuj. Zmiksowaną zupę połącz z całością i wrzuć posiekaną natkę pietruszki. Na koniec dodaj do zupy szczyptę tymianku i dobrego oleju tłoczonego na zimno.

Zupa porowa z amarantusem

O 1 l wrzącej wody, szczypta kurkumy, tymianek, 3 łyżki ziarna amarantusa, rozmaryn
Z 1 łyżeczka sklarowanego masła
M 1 por
W 4-5 cm glonu wakame, sól, sos sojowy, 1 łyżka gomasio
D drobno pokrojone zielone liście (np. brokułów, rzodkwi lub jarmużu), sok z cytryny (niekoniecznie)

Do gotującej się wody dodaj po szczypcie kurkumy, tymianku i rozmarynu. Wsyp amarantus, daj masło oraz drobno pokrojony por. Gotuj ok. 25 minut. Glon namocz w zimnej wodzie i pokrój w paseczki. Wrzuć do zupy pod koniec gotowania. Dopraw solą, sosem sojowym i gomasio. Dodaj zielone listki i gotuj ok. 3 minuty (jarmuż nieco dłużej). Wlej dowolnie soku z cytryny.

POTRAWY Z WARZYW

Kabaczki duszone z ogórkiem kiszonym

Z 1 średni kabaczek, 1 duża cebula, posiekana i zeszklona na oleju
M pieprz
W sól, woda

D 1 płaska łyżka mąki pszennej lub orkiszowej, 2 kwaszone ogórki, 2 łyżki naturalnego jogurtu
O 2 łyżki posiekanego koperku

W garnku zagotuj trochę wody, dodaj obrany i pokrojony w grubą kostkę kabaczek oraz wcześniej podsmażoną cebulę. Przypraw pieprzem i solą. Duś pod przykryciem do miękkości. Do 1/3 szklanki wody dodaj mąkę, rozmieszaj i wlej do kabaczka. Na 2-3 minuty przed końcem gotowania wrzuć starte na tarce o grubych oczkach kiszone ogórki. Wymieszaj i zestaw z ognia. Dodaj naturalny jogurt oraz koperek. Podaj jako dodatek do kaszy i makaronu lub jako samodzielne danie, wzbogacone o tofu lub tempeh.

Leczo z kabaczka i papryki

Z 50 dag kabaczka, 2-3 papryki, 3 łyżki oliwy
M 1 cebula, pieprz, 2-3 ząbki czosnku, kolendra
W sól, sos sojowy
D 2-3 pomidory lub 3 łyżki przecieru pomidorowego
O majeranek, kostka tofu wędzonego lub
Z kostka tofu zwykłego

Kabaczka obierz i pokrój w kostkę. Paprykę oczyść i pokrój w paseczki, cebulę natomiast w grubszą kostkę. Rozgrzej patelnię, wlej oliwy, po czym dodaj kabaczek, paprykę, cebulę, posiekany czosnek i duś pod przykryciem ok. 10 minut. Dopraw szczyptą pieprzu, kolendry, solą oraz sosem sojowym. Dodaj sparzone i obrane ze skórki pokrojone pomidory lub przecier pomidorowy. Duś 5 minut. Dopraw majerankiem i dodaj pokrojone w kostkę tofu. Trzymaj na małym ogniu jeszcze 10 minut.

Podawaj jako dodatek do ryżu, kaszy i makaronu.

Zapamiętaj! Papryka nie jest w tym przepisie konieczna. Potrawę można wzbogacić, dodając 1 łyżkę namoczonych w zimnej wodzie glonów arame lub hiziki (**W**).

Brokuły z grzybami

Z 1 łyżka oliwy, 15 dag grzybów (leśnych lub pieczarek), 2 brokuły
M 2 duże ząbki czosnku
W sól, 1/5 szklanki wody

Grzyby drobno pokrój. Odetnij kwiaty brokułów od łodyg i włóż do miski. Obierz łodygi ostrym nożem. Odetnij centymetrowe końcówki. Poszatkuj łodygi ukośnie. W dużym rondlu lub woku podgrzej oliwę na średnim ogniu, dodaj grzyby. Lekko mieszaj i potrząsaj, aż zaczną puszczać sok. Następnie dodaj łodygi brokułów. Nakryj naczynie, zmniejsz ogień i gotuj jeszcze 5 minut. Dodaj kwiaty brokułów do rondla oraz przeciśnięte ząbki czosnku, sól i wodę. Gotuj pod przykryciem 3 minuty. Podawaj natychmiast jako dodatek do kasz, ryżu lub makaronu.

Ziemniaki pieczone

O 1 łyżeczka suszonego koperku
Z 1 kg ziemniaków, 2-3 łyżki oliwy lub sklarowanego masła, 1 łyżka kminku, 1 przesmażona na oleju cebula
M pieprz, 2-3 ząbki czosnku
W sól

Ziemniaki wyszoruj szczoteczką i pokrój w plasterki razem ze skórką. Wysmaruj naczynie żaroodporne oliwą lub masłem. Ziemniaki wymieszaj z koperkiem, kminkiem, podsmażoną cebulą, pieprzem, posiekanym czosnkiem oraz solą. Piecz godzinę w dobrze nagrzanym piekarniku.

Zapiekanka z warzyw

Z 2 cebule pokrojone i zeszklone na czterech łyżkach oliwy, 1 średnia cukinia
M 2 szklanki ugotowanego ryżu, pieprz, oregano
W sól, sos tamari, kilka czarnych oliwek
D 4 małe pomidory
O tymianek, kawałeczek koziego sera
oraz oliwa i 2 ząbki czosnku do wysmarowania naczynia

Cukinię pokrój w kostkę i dodaj do zeszklonej w rondlu cebuli. Duś 10 minut. Odstaw z ognia. Dodaj ugotowany ryż, pieprz, oregano, sól, sos tamari i dokładnie wymieszaj. Rozgrzej piekarnik do 180^{0}C. Naczynie żaroodporne wysmaruj oliwą i natrzyj czosnkiem. Ułóż ryż z warzywami, posyp oliwkami oraz pokrojonymi na ćwiartki, obranymi ze skórki pomidorami. Posyp rozkruszonym serem kozim oraz tymiankiem. Zapiekaj ok. 20 minut.

Jarzynka z cebulą i jabłkami

Z 2-3 łyżki oliwy, 2 żółte, słodkie jabłka, 3 strąki papryki
M 4-5 cebul, 2 ząbki czosnku, pieprz, imbir
W 2-3 łyżki wody, sól
D nieco soku z cytryny
O 1/2 szklanki czerwonego wina

Jabłka pokrój na 4 części, a każdą ćwiartkę potnij w cieniutkie talarki. Paprykę pokrój w paseczki, a cebulę w półplasterki. Rozgrzej w rondelku oliwę, dodaj jabłka, paprykę, cebulę. Przez cały czas smażenia mieszaj. Dodaj przeciśnięty czosnek, pieprz, imbir, wodę. Przykryj rondelek i zmniejsz ogień. Duś ok. 10-15 minut. Pod koniec dodaj sól, nieco soku z cytryny oraz czerwone wino.

Surówka ze świeżych i kiszonych ogórków

Z 2 świeże wężowe ogórki, 1 łyżka oleju słonecznikowego, 1 łyżka miodu
M 2-3 ząbki czosnku
W sól

D kilka ogórków kiszonych, 2-3 łyżki naturalnego jogurtu, kefiru lub śmietany
O 2-3 łyżki koperku

Ogórki świeże dokładnie umyj, wytrzyj do sucha i pokrój ze skórką w półplasterki. Miód wymieszaj z olejem i dodaj do ogórków. Obierz czosnek, drobno posiekaj i wrzuć do ogórków. Dodaj nieco soli oraz pokrojone w półplasterki kiszone ogórki i jogurt (lub kefir albo śmietanę). Dokładnie wymieszaj. Surówkę tę podawaj jako dodatek do potraw, posypaną obficie koperkiem.

Zapamiętaj! W Przemianie Metalu możesz dołożyć do surówki kilka rzodkiewek, pokrojonych w cieniutkie plasterki, wtedy surówka zyska nie tylko na smaku, ale i na kolorystyce.

Surówka z porów

M 2 pory
W sól
D 2 kiszone ogórki, 1 jabłko
O tymianek, koperek
Z 2-3 łyżki majonezu

Pory drobno pokrój i sparz wrzącą wodą. Odsącz na sitku, lekko posól, dodaj starte na tarce o grubych oczkach kiszone ogórki oraz jabłko. Wsyp szczyptę tymianku i koperek. Dokładnie wymieszaj z majonezem,

Gulasz warzywny

Z 2 łyżki oliwy, 1 marchew, 1 pietruszka, 1-2 brokuły, 1/3 kabaczka, 1 papryka, zawiesina z 1 łyżki skrobi kukurydzianej i niewielkiej ilości wody
M 1 por, pieprz, sproszkowana papryka
W sól, sos sojowy
D 2-3 łyżki przecieru pomidorowego
O tymianek, majeranek, wrząca woda
Z odrobina miodu

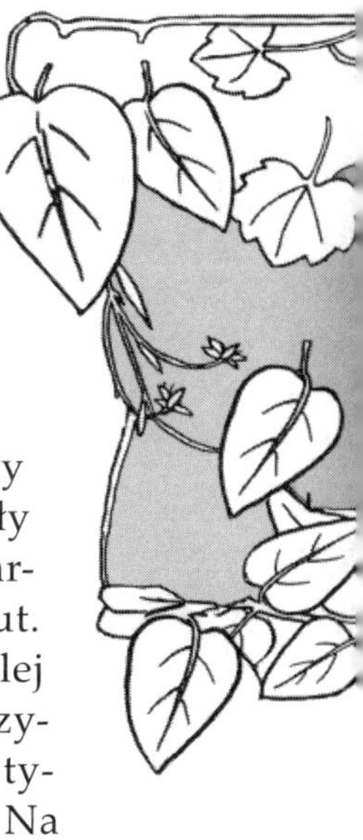

Warzywa umyj, oczyść i pokrój w duże słupki lub paski. Brokuły podziel na różyczki. Po kolei blanszuj we wrzącej wodzie por, brokuły i paprykę. Rozgrzej garnek, wlej oliwę, dodaj pokrojone warzywa: marchew, pietruszkę, kabaczek i smaż na większym ogniu przez 5 minut. Następnie włóż zblanszowaną paprykę i brokuły. Zmniejsz ogień. Wlej zawiesinę z mąki, delikatnie mieszając. Dodaj zblanszowany por. Przypraw solą, sosem sojowym, przecierem pomidorowym, majerankiem i tymiankiem. Gdyby potrawa była za gęsta, wlej nieco gorącej wody. Na koniec dodaj odrobinę miodu i wymieszaj.

Warzywa w kremie sezamowym

Ugotuj na parze pokrojone na nieduże kawałki dowolne warzywa: marchew, pietruszkę, dynię, cebulę, kalafior, kapustę lub inne.

Krem sezamowy

Z 2-3 łyżki tahiny
M 1 ząbek czosnku
W przegotowana, zimna woda, sos tamari

Włóż tahinę do miseczki, dodaj przeciśnięty ząbek czosnku, nieco sosu tamari i tyle wody, aby powstał krem lub – jeśli wolisz nieco rzadszy niż krem – rodzaj sosu. Wymieszaj z warzywami lub tylko je polej.

Krem sezamowy inaczej

Z 3 łyżki sezamu
M 1 ząbek czosnku
W przegotowana, zimna woda, sos tamari

Umyj sezam na sicie i upraż na suchej patelni. Zmiel, dodaj przeciśnięty czosnek, (zamiast czosnku możesz też użyć nieco soku ze świeżego korzenia imbiru lub szczyptę sproszkowanego), sosu tamari do smaku i tyle wody, aby powstał krem. Wymieszaj z warzywami.

INNE POTRAWY

Jednogarnkowa potrawa z warzyw, białej fasoli i grzybów

Z 1/4 szklanki suszonych grzybów, 1 cebula posiekana i zeszklona na 2 łyżkach oliwy, 2 marchwie
M 1 średni por, 1 średnia biała rzodkiew, mała rzepa lub brukiew, cząber
W 1/2 szklanki suszonej białej fasoli (wcześniej ugotowanej), sól, sos sojowy shoyu lub tamari
D odrobina soku z cytryny
O tymianek, kurkuma

Namocz suszone grzyby w gorącej wodzie na 20 minut. Wszystkie warzywa pokrój w słupki. Do podsmażonej cebuli dodaj pokrojoną marchew, odsączone i pokrojone w paseczki grzyby, por, białą rzodkiew oraz rzepę lub brukiew. Wsyp nieco cząbru i podsmaż warzywa na średnim ogniu ok. 5-8 minut, przez cały czas mieszając. Dodaj fasolę i wodę (powinna ona sięgać do 2/3 wysokości warzyw). Doprowadź do wrzenia, zmniejsz ogień i gotuj na małym ogniu ok. 15 minut. Dodaj soli, sosu sojowego, nieco soku z cytryny oraz tymianku i kurkumy. Jest to bardzo energetyzująca, zimowa potrawa, którą można przygotować na zapas i przechować w lodówce.

Francuska tarta z zielonymi warzywami

Ciasto

W 1/4 szklanki wody, 1/2 łyżeczki soli morskiej
D 1/2 szklanki mąki pszennej
O 1/2 szklanki mąki amarantusowej, szczypta kurkumy
Z 1/4 szklanki oliwy

Nadzienie

Z 1 szklanka ugotowanych na parze i posiekanych brokułów (lub jarmużu), 3 duże jaja

M 3 pory

W 1/4 szklanki świeżo zmielonego sera parmezanu, sól

Podgrzej piekarnik do 180^0. Aby przygotować ciasto, połącz w misce obie mąki, wodę, sól, kurkumę i oliwę, przez cały czas mieszając. Wyrabiaj szybko, aby ciasto było pulchne. Foremkę do tarty wysmaruj oliwą i wyłóż ciastem. Wstaw do piekarnika na ok. 10-15 minut. Przygotuj nadzienie – najpierw pokrój drobno oczyszczone pory i sparz wrzącą wodą przez ok. 5-10 minut. Rozbij jajka, wlej do miski i ubijaj przez 30 sekund. Dodaj posiekane brokuły, sparzone i odcedzone pory, parmezan i sól. Dokładnie wymieszaj i wylej na upieczone ciasto. Wstaw z powrotem do piecyka na kilkanaście minut, aby masa się ścięła.

Gołąbki z grochem i ryżem

1 główka białej lub włoskiej kapusty, nadającej się na gołąbki

Farsz

Z 20 dag grochu (całego lub połówek), kminek, podsmażona 1 cebula

M 1 szklanka ugotowanego wcześniej brązowego ryżu, pieprz, 2-3 ząbki czosnku

W sól, sos sojowy shoyu

D 2 łyżki posiekanej natki pietruszki oraz młodych listków selera

O kurkuma, tymianek, majeranek

Groch namocz na kilka godzin.

Kapustę wymyj i sparz we wrzącej wodzie w całości. Oddziel liście do zawinięcia farszu (ok. 8-10 sztuk). Groch ugotuj do miękkości w niedużej ilości wody z dodatkiem kminku. Powinien mieć dość gęstą konsystencję. Dodaj do niego podsmażoną cebulę, ugotowany ryż. Wymieszaj i dopraw farsz pieprzem, zmiażdżonym czosnkiem, solą, sosem sojowym. Wsyp posiekaną natkę pietruszki i selera, po szczypcie kurkumy, tymianku i majeranku. Na liść kapusty nałóż kopiastą łyżkę farszu, zawiń najpierw brzegi do środka, a później zroluj kapustę w drugą stronę, formując gołąbka. Dno garnka wyłóż pozostałymi liśćmi kapusty, ciasno ułóż gołąbki, podlej wodą, w której parzona była kapusta. Dodaj nieco sosu sojowego i łyżkę oliwy. Gotuj na wolnym ogniu, ustawiając garnek na metalowej płytce ok. 20 minut. Podawaj z dowolnym sosem (np. pomidorowym, pietruszkowym, koperkowym).

Pikantny gulasz z warzyw i tofu

Z 2-3 łyżki oleju sezamowego, 2 marchewki, 1 fenkuł – inaczej koper włoski (niekoniecznie), pietruszka

M 1/2 kapusty pekińskiej, 1 por, 2 ząbki czosnku, pieprz

W sól, sos sojowy
D 1-2 pomidory lub 2-3 łyżki przecieru pomidorowego
O kurkuma, tymianek, majeranek
Z dowolna ilość naturalnego tofu (np. 1/2 kostki) – pokrojonego w plastry i skropionego sosem sojowym

W gorącym woku lub rondlu rozgrzej olej, wrzuć pokrojone w paski: marchew, fenkuł, pietruszkę, kapustę, pekińską i pora. Smaż na średnim ogniu ok. 10 minut, przez cały czas mieszając drewnianą łyżką. Dodaj zmiażdżony czosnek, nieco pieprzu, soli oraz sosu sojowego. Pomidory sparz wrzącą wodą, obierz ze skórki, pokrój w kostkę i wrzuć do potrawy. Przypraw szczyptą kurkumy, tymianku i majeranku. Na końcu dodaj pokrojone w kostkę tofu. Duś jeszcze 10 minut. Podawaj z makaronem lub dowolną kaszą. Wyśmienicie smakuje z ryżem.

Kopytka ziemniaczane z sosem warzywnym

Z 1 kg ugotowanych ziemniaków, garść nasion słonecznika i pestek dyni
M szczypta imbiru
W sól
D 10-20 dag mąki pszennej białej lub razowej (mogą być zmieszane)

Sos

Z 3 łyżki oliwy, 2 czerwone papryki
M 3 ząbki czosnku, pieprz, liść laurowy, sproszkowana papryka
W sól
D 50 dag pomidorów
O tymianek
Z 1 łyżeczka miodu

Nasiona słonecznika i pestki dyni namocz na godzinę. Odcedź na sicie. Ziemniaki obierz i przekręć razem z nasionami przez maszynkę. Dodaj szczyptę imbiru, soli oraz mąkę. Zagnieć ciasto, podsypując mąką, tak aby nie przylepiało się do rąk. Uformuj wałki o grubości 2 cm i pokrój je ukośnie na kawałki ok. 3 cm długości. Wrzucaj partiami do osolonej, wrzącej wody i gdy wypłyną na powierzchnię, wyjmuj łyżką cedzakową na talerz.

Przygotuj sos: podgrzej oliwę, dodaj pokrojone na kawałki papryki, zmiażdżony czosnek, pieprz, liść laurowy, sproszkowaną paprykę, sól i obrane ze skórki pomidory. Duś pod przykryciem ok. 10-15 minut. Odstaw z ognia, przypraw tymiankiem i miodem. Sosem polej ciepłe kopytka i podaj z dodatkiem dowolnych warzyw jako danie obiadowe lub kolacyjne.

SOSY

Sos pietruszkowy

Z 2 łyżki masła sklarowanego lub oliwy, 3 łyżki mąki kukurydzianej, szklanka bulionu warzywnego

M pieprz
W odrobina zimnej wody, sól
D sok z cytryny, 2 łyżki posiekanej natki pietruszki, 1-2 łyżki naturalnego jogurtu (niekoniecznie)

Podgrzej rondelek na średnim ogniu, włóż masło i mąkę. Mieszaj ciągle drewnianą łyżką, aż mąka lekko się zarumieni i zacznie pachnieć. Wlewaj powoli bulion warzywny, przez cały czas mieszając, aż masa zacznie gęstnieć i wszystkie grudki znikną. Dodaj pieprz. Posól i gotuj na małym ogniu ok. 10 minut. Jeżeli sos jest zbyt gęsty, wlej nieco zimnej wody. Odstaw z ognia, dodaj posiekaną natkę pietruszki, sok z cytryny oraz jogurt naturalny (niekoniecznie). Podawaj jako dodatek do kotletów, pieczeni jarskich, tofu pieczonego lub pieczeni z sejtanu.

Sos ze świeżych pomidorów

Z 1 łyżka oliwy
M 1 średnia cebula, pieprz, sproszkowana papryka, 1 łyżka płatków owsianych
W sól, sos sojowy, 1/2 l wody
D 2-3 świeże pomidory

Zeszklij na oliwie pokrojoną cebulę, dodaj pieprzu i papryki. Wsyp płatki i cały czas mieszając, wlej wodę. Gotuj ok. 15 minut. Dodaj sól i sos sojowy do smaku. Pomidory sparz wrzącą wodą, obierz ze skórki i pokrój na cztery części. Wrzuć do gotujących się płatków na 5 minut. Odstaw z ognia i zmiksuj.

Wyborny sos do spaghetti

Z sejtan z 1 kg mąki, 1 przesmażona na oliwie cebula, 1 marchewka
M pieprz, oregano, papryka mielona, 2 ząbki czosnku
M sól, sos sojowy, woda
D 1/2 szklanki przecieru pomidorowego
O tymianek, kurkuma
Z miód do smaku

Ciepły sejtan, po wyjęciu z wywaru, przeciśnij przez praskę do ziemniaków lub po przestudzeniu zmiel. W rondlu rozgrzej oliwę. Dodaj bardzo drobniutko pokrojoną marchewkę i smaż, przez cały czas mieszając. Dodaj do niej przesmażoną cebulę i zmielony sejtan. Smaż cały czas, mieszając ok. 5 minut. Dopraw pieprzem, oregano, papryką mieloną, przeciśniętym czosnkiem, solą i sosem sojowym. Wlej tyle wody, aby uzyskać konsystencję gęstego sosu. Dodaj przecier pomidorowy i gotuj jeszcze 5 minut. Sos, po odstawieniu z ognia, przypraw tymiankiem, kurkumą i miodem. Podawaj do makaronu typu spaghetti.

CIASTA I DESERY

Ciasteczka korzenne

D 1 szklanka mąki pszennej razowej lub orkiszowej, 1 łyżeczka proszku do pieczenia*
O szczypta kurkumy
Z 1 szklanka mąki kukurydzianej, 1/2 szklanki oleju (lub 3/4 kostki masła), 3 łyżki słodu, melasy lub miodu, cynamon
M 1 szklanka mąki owsianej, imbir, mielone goździki
W sól, zimna woda
oraz cynamon i imbir do posypania

Wsyp mąkę pszenną na stolnicę, dodaj proszek do pieczenia, kurkumę, mąkę kukurydzianą, olej, słód, cynamon, mąkę owsianą oraz po pół łyżeczki imbiru i zmielonych goździków. Lekko posól. Wszystkie składniki posiekaj, starając się je połączyć i wlej tyle wody, aby szybko zlepić ciasto. Ciasto powinno mieć dość zwartą konsystencję. Nie wyrabiaj go. Włóż do lodówki na minimum 30 minut. Wykrawaj foremką ciasteczka. Piecz krótko w temp. ok. 180^{0}C. Przed podaniem posyp ciasteczka cynamonem i imbirem,

Ciasto z kremem orzechowym

Ciasto

Z 1/2 szklanki miodu, 3 łyżki karobu, 1/3 szklanki oleju, 1/2 szklanki mleka sojowego
M szczypta imbiru
W sól
D 1 1/2 szklanki mąki orkiszowej lub pszennej razowej, 2 łyżeczki proszku do pieczenia, skórka otarta z cytryny
O 1 płaska łyżeczka kakao
Z 3 jaja (oddziel żółtka od białek)

Krem

O 15 dag wyłuskanych i zmielonych orzechów włoskich
Z 15 dag miodu, 15 dag masła, 1 łyżka masła orzechowego (z orzechów arachidowych)
M szczypta imbiru
W 1/2 szklanki mleka sojowego lub krowiego (**Z**), odrobina soli

Polewa

O 2 łyżki kakao
Z 2 łyżki miodu, 2 łyżki masła
oraz wiórki kokosowe lub posiekane orzechy

W garnku rozpuść miód, połącz z karobem, olejem, mlekiem, szczyptą imbiru i solą. Wymieszaj. Wsyp mąkę połączoną z proszkiem do pieczenia. Dodaj skór-

---

* Najlepszy proszek do pieczenia bio Weinstein Backpulver, który używam, wyprodukowany jest w Niemczech z osadu powstałego przy produkcji wina.

kę otartą z cytryny, kakao, żółtka i dokładnie ciasto zmiksuj. Delikatnie wymieszaj z pianą ubitą z białek. Małą tortownicę wysmaruj tłuszczem, wysyp tartą bułką lub otrębami. Przełóż ciasto do foremki, wstaw do nagrzanego piekarnika. Piecz ok. 50 minut w temp ok. 180^{0}C. W tym czasie sporządź krem. Orzechy upraż lekko na suchej patelni, przez cały czas mieszając. Dodaj miód i masło, szczyptę imbiru, wlej mleko. Rozmieszaj i ogrzewaj na małym ogniu, aż wszystkie składniki się rozpuszczą. Odstaw krem do wystudzenia. Zimne ciasto przekrój na pół lub na trzy części, przełóż kremem i polej polewą (rozpuść wszystkie składniki polewy, nie gotuj). Posyp ciasto wiórkami kokosowymi lub zmielonymi orzechami. Ciasto jest najlepsze do spożycia po kilku godzinach.

Kisiel ze śliwkami

Z 3 szklanki kompotu lub soku z jabłek, cynamon, 1-2 łyżki słodu, miodu lub cukru trzcinowego, zawiesina z 2 łyżeczek skrobi kukurydzianej i odrobiny wody, 1/2 kg bardzo dojrzałych śliwek węgierek
M 1/2 łyżeczki soku wyciśniętgo z korzenia imbiru lub szczypta suszonego
W szczypta soli (wzmacnia smak słodki), nieco wody, gdyby kisiel był za gęsty

Zagotuj kompot lub sok z jabłek, dodaj cynamon. Dosłódź według swojego smaku. Zmniejsz ogień i wlej zawiesinę z mąki, przez cały czas mieszając. Gotuj przez 2-3 minuty i odstaw z ognia. Śliwki umyj i wypestkuj. Wymieszaj z gorącym kisielem. Dodaj odrobiny soku z imbiru oraz szczyptę soli. Możesz użyć też innych owoców, jak np. malin, jagód.

NAPOJE

Kompot z gruszek

Z 4 gruszki, kawałek kory cynamonowej, po kilka suszonych moreli i fig, nieco rodzynek
M 3 goździki, plasterek świeżego imbiru
W 4-5 szklanek wody

Gruszki obierz ze skórki i pokrój na cztery części. Suszone morele, figi i rodzynki sparz wrzącą wodą. Odcedź na sicie. Wszystkie owoce razem z przyprawami zalej wodą i gotuj na małym ogniu przez 30 minut. Kompot znakomicie rozgrzewa i wzmacnia płuca.

Kompot ze śliwek

O 1 l wrzącej wody
Z 50 dag śliwek, cynamon
M goździki, imbir
W zimna woda
D sok z cytryny
O wrząca woda
Z miód

Do wrzącej wody dodaj wymyte i wypestkowane śliwki, po szczypcie przypraw, odrobinę wody, soku z cytryny i nieco wrzątku. Gotuj ok. 10 minut. Przestudzony kompot osłódź miodem.

Herbatka na przeziębienie

O 1/2 l wrzącej wody
Z 1-2 łyżki kwiatu lipy, 1 łyżka suszonych malin
M imbir (szczypta suszonego lub plasterek świeżego)
W odrobina zimnej wody
D torebka herbatki ekspresowej z dzikiej róży lub hibiskusa

Do wrzącej wody dodaj suszone maliny i gotuj 3 minuty. Wsyp kwiat lipy i dodaj szczyptę imbiru. Odstaw z ognia i parz pod przykryciem. Dodaj odrobinę zimnej wody oraz wysypaną z torebki dziką różę lub hibiskus. Postaw jeszcze na małym ogniu i parz przez kilka minut. Nie gotuj! Napar rozcieńczaj gorącą wodą.

Rozgrzewająca kawa zbożowa

O 1/2 l wrzącej wody, 1 czubata łyżka zbożowej kawy
Z kilka daktyli, cynamon
M plasterek świeżego imbiru (lub szczypta sproszkowanego), goździki, kardamon

Do wrzącej wody dodaj kawę oraz kilka daktyli i gotuj 10 minut. Następnie zmniejsz do minimum ogień, dodaj szczyptę cynamonu, oraz po odrobinie pozostałych przypraw. Gotuj pod przykryciem 3-5 minut. Napar jest dość mocny, rozcieńczaj go gorącą wodą.

Rozgrzewająca kawa zbożowa II

O 1/2 l wrzącej wody, 1 czubata łyżka kawy zbożowej
Z cynamon
M imbir, kardamon, goździki
W odrobina zimnej wody
D kilka kropli soku z cytryny
O 1/2 łyżeczki kakao
Z miód

Do wrzącej wody dodaj kawę oraz przyprawy. Gotuj 5 minut. Wlej odrobinę zimnej wody i kilka kropli soku z cytryny. Dodaj rozpuszczone w małej ilości gotującej się kawy – kakao. Odstaw z ognia. Przestudź i osłódź miodem.

PRZETWORY

<u>Solenie</u> – jest jedną z najstarszych metod utrwalania warzyw. Polega na obfitym przesypywaniu ich solą (najlepiej morską lub naturalną kopalną). Do solenia nadają się rozdrobnione warzywa, nać selera i pietruszki, koperek oraz grzy-

by. Sól działa na produkty bakteriostatycznie, dzięki czemu uzyskuje się przetwory wyjątkowo trwałe. Można je przechowywać do 2 lat.

Koper solony na zimę

3 pęczki koperku, 3 łyżki soli

Wypłukany i osuszony młody koperek (bez korzonków), posiekaj, wymieszaj z solą, włóż do słoiczków, ubij. Przechowuj w suchym, chłodnym miejscu. Używaj do zup i innych potraw.

Solona mieszanka warzywna

1,5 kg marchwi, 1 kg pietruszki, 50 dag selera, po 30 dag pora i cebuli, po 10 dag liści selera, pietruszki i kapusty włoskiej, 50 dag soli

Marchew, pietruszkę i seler po obraniu zetrzyj na grubej tarce, resztę posiekaj, wymieszaj, dodaj sól i pozostaw na 12-24 godzin. Ubij mocno w słoiczkach, tak aby wyciekł nadmiar solanki. Zamknij słoiczki. Przechowuj w chłodnym miejscu. Używaj do zup, wywarów i innych potraw.

Pomidory wekowane w całości

1 kg pomidorów, 2 szklanki wody, 2 łyżki soli

Dowolne, dojrzałe pomidory umyj, nakłuj skórkę szpilką i ułóż w słoiczkach typu twist. Zalej gorącą wodą z solą i pasteryzuj ok. 25 minut. Wykorzystaj do sporządzenia zup i sosów.

Ogórki konserwowe

Z 2 kg ogórków korniszonów

Zalewa

M 3-5 ziaren ziela angielskiego, 3-5 ziaren pieprzu, 1 cebula, 3 ząbki czosnku
W 1 l wody, 4 dag soli
D 1/2 szklanki octu winnego
O 2-3 gałązki kopru
Z 1-2 łyżki miodu

Umyte ogórki ułóż w słoiczkach typu twist. Ziele angielskie, pieprz, pokrojoną cebulę i obrany czosnek zalej w garnku 1 l wody. Zagotuj. Wlej ocet winny, dodaj koper oraz miód. Gorącą zalewą zalej ogórki w słoiczkach. Pasteryzuj 25 minut. Spożywaj po 2-3 miesiącach.

Przecier z ogórków kwaszonych

Ogórki kwaszone, olej słonecznikowy.

Miękie ogórki kwaszone wyjmij z zalewy, pokrój i zmiksuj z małą ilością zalewy. Przelej do słoiczków twist, na wierzch wlej 1-2 łyżki oleju i zakręć. Stosuj do sporządzania zup i sosów.

Musztarda z gruszek

Z 50 dag gruszek, 2 łyżki miodu
M 3 łyżki gorczycy
W łyżeczka soli

Zalewa

D 1/4 szklanki octu winnego
O liść laurowy
M 2 goździki, 5 ziaren pieprzu

Gruszki obierz i upiecz (jeżeli mają ładną skórkę, to użyj ich w całości). Miękkie przetrzyj przez sito. Masę utrzyj z miodem, gorczycą i solą. Ocet zagotuj z liściem laurowym, goździkami i pieprzem. Przecedź i wystudź. Do masy z gruszek dodaj tyle octu, by nie była zbyt rzadka. Przełóż musztardę do małych słoiczków. Przechowuj w suchym i chłodnym miejscu. Możesz ją pasteryzować (ok. 20 minut). Nadaje się do spożycia po kilku dniach.

Papryka kwaszona

Z 2 kg papryki słodkiej
M 3 strąki papryki ostrej

Zalewa

W 2 l wody, 6 dag soli

oraz główka czosnku, 5 liści laurowych, łyżka nasion kopru

Paprykę umyj, oczyść z nasion, ułóż szczelnie w słoikach typu twist, przekładając przyprawami. Zagotuj wodę z solą i liśćmi laurowymi. Ostudzoną zalewą napełnij słoiki, zamknij i postaw na 3 dni w temperaturze pokojowej. Następnie odstaw do zimnej piwnicy lub spiżarni. Podawaj jako dodatek do potraw.

Mączka z grzybów suszonych

Różne gatunki grzybów suszonych

Wysuszone trzonki i całe grzyby gorszej jakości sproszkuj (zaraz po wysuszeniu) w moździerzu lub młynku elektrycznym. Suchą mączkę przechowuj w małych, szczelnie zamkniętych słoiczkach. Używaj do przyrządzania np. sosów i farszów.

Czosnek marynowany

25 dag czosnku, 1 szklanka octu winnego, 2 łyżeczki miodu, 2 goździki, 10 ziaren ziela angielskiego, 2 łyżki oleju słonecznikowego

Zagotuj wodę, ocet i przyprawy. Do wrzątku dodaj obrane ząbki czosnku i gotuj 3-4 minuty. Przełóż do wyprażonych słoiczków. Przed zamknięciem wlej na wierzch nieco oleju, zakręć i odwróć słoiczki do góry dnem.

Marynata z czerwonej kapusty

1 kg czerwonej kapusty, 30 dag kwaśnych jabłek, 1 por, 1 łyżka soli, 2 łyżki miodu, 3 goździki, sok z całej cytryny, szczypta nasion kopru, nieco octu winnego

Kapustę poszatkuj, obrane jabłka utrzyj na tarce z dużymi oczkami, por oczyść i pokrój w plasterki. Wszystko wymieszaj i włóż luźno do słoiczków. Zagotuj wodę z solą, miodem, goździkami, dodaj sok z cytryny i nieco octu winnego (zalewa ma być słodko-kwaśna). Napełnij słoje z kapustą gorącą zalewą, dodaj przyprawy i po zamknięciu pasteryzuj 20 minut. Podawaj jako dodatek do potraw.

Kapusta włoska kwaszona

5 kg kapusty włoskiej, 2 kg jabłek (antonówek), 1 kg ogórków, 10 dag soli, pęczek koperku

Kapustę oczyść, poszatkuj razem z głąbem i wymieszaj z solą. Jabłka umyj, obierz, usuń gniazda nasienne i pokrój w paski. Umyte ogórki, obierz i drobno pokrój. Koper umyj i drobno posiekaj. Wszystkie składniki wymieszaj, włóż do kamiennego garnka i mocno ubij, przyciśnij obciążonym talerzykiem. Po 2 tygodniach przełóż kapustę do słoików, ubij i pasteryzuj 20 minut. Używaj do przyrządzania surówek i sałatek.

Kapusta kiszona domowa

2 kg białej lub czerwonej kapusty, 3 dag soli, garść kminku i owoców jałowca, nasiona kopru i gorczycy, korzenie chrzanu.

Usuń zewnętrzne liście z kapusty i drobno ją poszatkuj. Nakładaj warstwami do dużego, kamionkowego garnka, dodając stopniowo soli, kminku i innych przypraw. Każdą warstwę ugniataj pięściami lub drewnianym tłuczkiem, aż do wydzielenia się soku. Po napełnieniu garnka przykryj kapustę dużym, umytym liściem lub ściereczką, na niej połóż talerz oraz umyty i wyparzony kamień do obciążenia. Pozostaw na 4 tygodnie do przefermentowania. Od czasu do czasu usuwaj nadmiar soku i myj brzeg garnka oraz talerz i kamień. Po 4 tygodniach kapusta gotowa jest do spożycia.

Zapamiętaj! Gdyby wierzchnia warstwa kapusty stała się miękka i odbarwiona, to ją usuń. Staranne mycie talerza, kamienia i płukanie ściereczki zapobiega psuciu się kapusty.

Marmolada z jabłek, gruszek i śliwek węgierek

po 1 kg – jabłek, gruszek i śliwek

Owoce umyj. Śliwki wypestkuj. Gruszki i jabłka oczyść z ogonków. Wszystkie owoce zmiel w maszynce razem z gniazdami nasiennymi i skórką. Przełóż owoce do żeliwnego lub stalowego garnka, umieść na małym ogniu i gotuj przez kilka godzin, aż do odparowania wody. Najlepiej powtórz gotowanie następnego dnia, aby uzyskać właściwą konsystencję marmolady.

5. Przykładowe jadłospisy na jesień

I

Śniadanie: Napój z miodu i cytryny (miód rozpuść na noc w letniej, przegotowanej wodzie)
Krem ryżowy (str. 164)
Mus jabłkowy (str.212), prażone orzechy włoskie do posypania potrawy

Obiad: Zupa-krem z warzyw z nasionami słonecznika (str. 166)
Francuska tarta z zielonymi warzywami (str. 172)
Ciasteczka korzenne (str. 176)
Kompot śliwkowy (str. 177)

Kolacja: Pasta ze słonecznika i dyni (str. 162), pieczywo
Sałatka z pomidora, ogórka kiszonego i szczypiorku. Jabłko
Herbata bancha z imbirem

II

Śniadanie Napój z kiszonych buraków
Zupa porowa z amarantusem (str. 168)
Pieczywo z masłem orzechowym

Obiad: Bulion warzywny (str. 167) z polentą (str. 106)
Jednogarnkowa potrawa z warzyw, białej fasoli i grzybów (str. 172)
Surówka z porów (str. 171)
Kawa zbożowa (str. 178) Jabłko pieczone

Kolacja: Warzywa w kremie sezamowym (str. 171)
Kasza jaglana gotowana z dynią (str. 166)

III

Śniadanie: Napój z miodu i cytryny lub herbatka lipowo-różana (zaparz dziką różę z lipą)
Wytrawna potrawa z płatków owsianych (str. 165)
Pasta z soczewicy (str. 162), chrzan, pieczywo
Owoce sezonowe

Obiad: Zupa ziemniaczana z dynią (str. 168)
Pikantny gulasz z warzyw i tofu (str. 173)
Kasza jęczmienna
Surówka ze świeżych i kiszonych ogórków (str. 170)

Kolacja: Warzywa gotowane na parze
Placuszki z dynią (str. 165)
Mus jabłkowy (str. 212)
Kawa zbożowa (str. 178)

Pada śnieg, prószy śnieg,
wszędzie go nawiało.
dachy są już białe
Na ulicach biało.

Strojne w biel, w srebrny puch,
latarnie się wdzięczą.
Dziń-dziń-dziń-dziń-
dzwonki sanek brzęczą.

Pada śnieg, prószy śnieg,
bielutki jak mleko.
W sklepach gwar, w sklepach ruch:
– Gwiazdka niedaleko! [...]

Józef Czechowicz

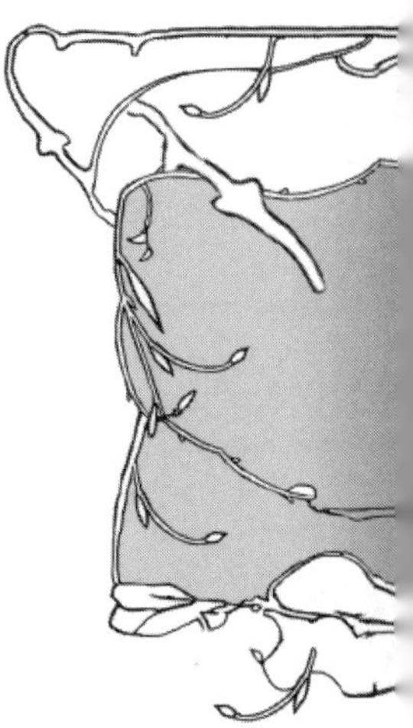

XV. Zima

<u>Przemiana Wody</u>

Pora roku:	zima
Pogoda:	chłód
Kolor:	czarny, niebieski
Organ jin:	nerki
Organ jang:	pęcherz moczowy
Smak:	słony
Zmysł:	słuch
Głos:	westchnienie, jęk
Emocja:	lęk, trwoga

Właściwości „wody"

Dodatnie: odwaga, mądrość, siła woli, nieustraszoność, prostota, jasność, wstrzemięźliwość.

Ujemne: lęk przed życiem, zagubienie, bojaźliwość, bezradność, chłód emocjonalny.

„Woda" to symbol nieskończoności. Umiejętność płynięcia wraz z nurtem życia oraz zdolność przystosowania do tego, co ono niesie. Element ten jest źródłem odwagi, siły i woli człowieka. Daje umiejętność współodczuwania ze wszystkim, co istnieje oraz bezwarunkową i wszechogarniającą miłość. Równowaga tego elementu to zachowanie mądrości, nie pozwalającej zakłócić życia lękom, i wytrwałe dążenie do celu.

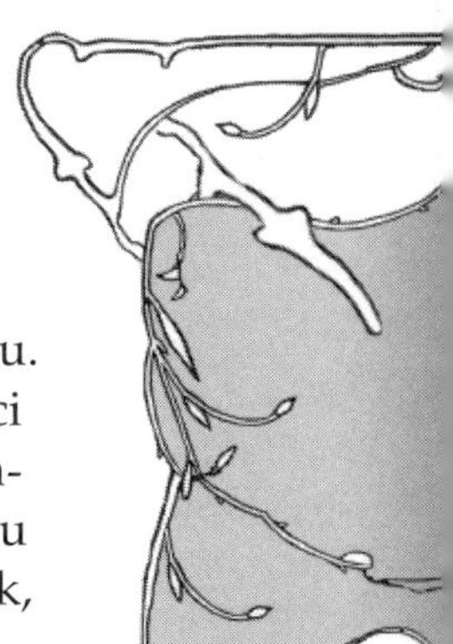

Nadmiar „wody" prowadzi do lekkomyślności, zagubienia i oziębłości uczuć. Osłabienie tego elementu wiąże się z niezdecydowaniem i strachem przed życiem, przeważnie bez żadnych przyczyn. Brak Elementu Wody powoduje, że nie mamy siły do realizowania w życiu czegokolwiek, a zwłaszcza własnych zamierzeń.

Zima jest porą roku o ekstremalnie niskich temperaturach i energii opadającej. W tym czasie występuje największa aktywność nerek.

1. Sztuka gotowania zimą

W zimowych potrawach stosujemy takie techniki, jak częste mieszanie, ucieranie, pieczenie, duszenie, przypiekanie, długie gotowanie, okazjonalnie smażenie w głębokim tłuszczu.

Uśpiona przyroda w tym czasie nie daje żadnych plonów poza zimującymi pod śniegiem najodporniejszymi warzywami: porem, jarmużem i brukselką. Od jesieni przez kilka zimowych miesięcy, czasami do późnej wiosny, w naturalny sposób przechowujemy ziemniaki, marchew, pietruszkę, selery, cebulę, czosnek, dynie i kapusty.

W zimowych jadłospisach generalnie dominują dania ciepłe. Pamiętajmy, że ciepło w żołądku konieczne jest do prawidłowego procesu trawienia. W tym czasie jadamy dużo zbóż (kasza gryczana, jaglana, owies, jęczmień, płatki owsiane, wielozbożowe i inne), często przed gotowaniem poddając je prażeniu i zmieniając ich energię na cieplejszą. Potrawy zbożowe uzupełniamy warzywami przede wszystkim korzeniowymi, które gotowane i duszone (często długo, aby nagromadzić energii) wspaniale rozgrzewają organizm. Inne warzywa pożądane w zimowych jadłospisach to różnego rodzaju kapusty (biała, czerwona, brukselka) rzepa, brukiew, pasternak i dynia.

Jeśli chodzi o dynie, to najlepiej przechowują się gatunki o większej zawartości skrobi. Pozostałe gatunki, bardziej wodniste, szybciej się psują. Na szczególną uwagę zimą zasługują cebula, czosnek i por, mające właściwości rozgrzewające. Zimą jadamy więcej potraw z grochu, soczewicy i fasoli o różnych odmianach.

Warto zwrócić uwagę na fasolę azuki, działającą leczniczo na nerki. Potrawy z roślin strączkowych powinny być odpowiednio przygotowane z dodatkiem rozgrzewających przypraw, ułatwiających trawienie (majeranek, tymianek, kminek, cząber, kurkuma).

W zimowej kuchni korzystamy też z innych naturalnie przechowujących się produktów: orzechów, pestek, nasion, ziół i przypraw, suszonych owoców i warzyw, grzybów, olejów, masła, jajek i miodu.

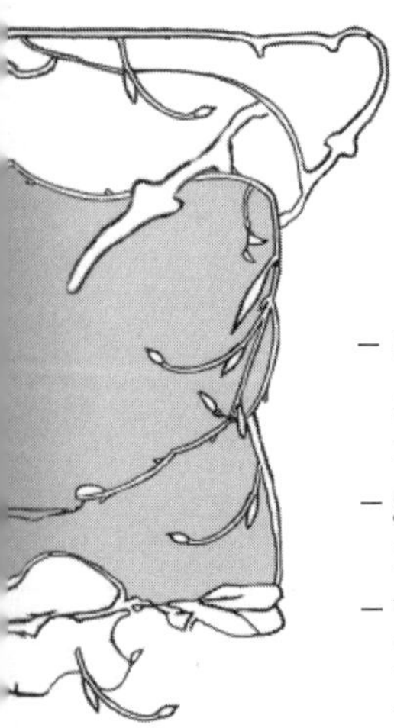

Jadamy też więcej ryb oraz drobiu tzw. wiejskiego. Jeżeli ktoś nie ma dostępu do wyhodowanego w sposób naturalny drobiu, to kurczaków z intensywnej hodowli nie polecam. Przy diecie wegetariańskiej ważne jest regularne spożywanie roślin strączkowych.

A oto jakie potrawy jemy w miesiącach zimowych:

- dłużej gotowane, zawiesiste zupy warzywne, np. z dodatkiem fasoli lub grochu, kasz oraz zupy rybne; lekkie buliony możemy podawać okazjonalnie, np. na święta,
- gulasze warzywne, leczo, kotlety i pieczenie jarskie z dodatkiem sosów do różnorodnych kasz i makaronów,
- warzywa, zwłaszcza korzeniowe i kapustne, 3/4 w postaci przede wszystkim gotowanej, duszonej i blanszowanej oraz 1/4 na surowo w postaci prasowanek,

- kiszonki w formie potraw gotowanych (bigosy jarskie, zupy) oraz na surowo (krótkie kiszonki) i kiszonki przechowywane od jesieni,
- placki, naleśniki pierogi i racuszki,
- kremy i płatki zbożowe gotowane z dodatkiem suszonych owoców i podane z dodatkiem prażonych lub zmielonych nasion,
- ciasta i desery (z gotowanych suszonych owoców oraz jabłek, zagęszczone agar-agarem lub skrobią kukurydzianą),
- rozgrzewające herbatki i kompoty z dodatkiem takich przypraw, jak imbir, kardamon, cynamon i goździki,
- potrawy gotowane, duszone i pieczone równoważymy dodatkiem niewielkiej ilości surowych warzyw (mogą być kiszonki),
- zimą pamiętajmy również o zielonych warzywach liściastych (por, jarmuż), ewentualnie zmielonej pokrzywie lub innych ziołach jako dodatku do potraw; są one idealnym źródłem wapnia i magnezu oraz zapobiegają nowotworom.

2. Przemiana Wody – nerki

Według tradycyjnej medycyny chińskiej nerki i pęcherz moczowy tworzą Przemianę Wody, która rządzi objętością płynów całego ciała.

Nerki związane są z zimą i właśnie wtedy otrzymują optymalną ilość energii uzdrawiającej. Jednak szkodzi im zbyt wiele zimna. Stają się wtedy nadmiernie skurczone, co utrudnia przepływ odpowiedniej ilości krwi, energii i płynów.

Nerki usuwają z organizmu człowieka zbędne produkty przemiany materii. Każda nerka waży ok. 150 g, a swoim kształtem przypomina ziarno fasoli. Nerki zbudowane są z nefronów, a te z kolei z wielu kłębuszków i kanalików, które pełnią funkcję filtra oczyszczającego krew. Filtrowanie krwi przez nerki jest procesem złożonym. Głównymi substancjami odpadowymi, podlegającymi filtracji nerek, są produkty metabolizmu białka, azot, mocznik i amoniak.

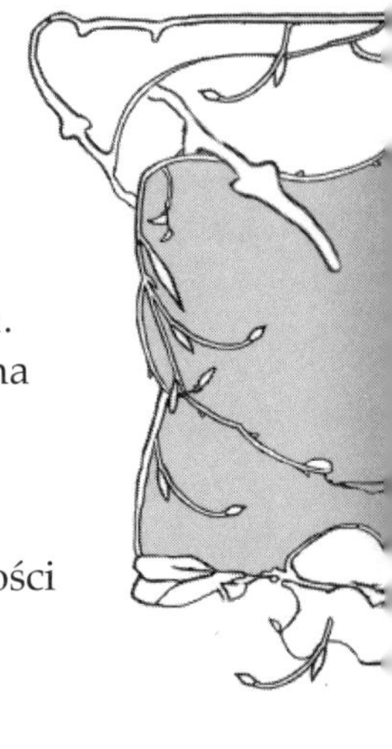

Nerka prawa, nazywana przez Chińczyków „Wrotami Życia", odpowiada za przechowywanie energii życiowej „czi" oraz energii seksualnej. Przy zmniejszeniu energii jang nerka prawa ulega osłabieniu. Występują wtedy między innymi poranne biegunki.

Nerka lewa kontroluje obszar, gdzie przechowywana jest energia przedurodzeniowa, warunkująca długość życia każdego człowieka. W starożytnych Chinach wierzono, że kiedy ta energia wyczerpuje się na skutek niewłaściwego trybu życia, człowiek umiera.

A oto inne funkcje nerek:
- tworzą szpik kostny i cały układ kostny,
- kontrolują równowagę elektrolitową, zatrzymując odpowiednie ilości sodu, potasu, wodoru, magnezu, wapnia i innych substancji,
- przetwarzają witaminę D w jej aktywną postać,

– utrzymują równowagę kwasowo-zasadową,
– kontrolują także ciśnienie krwi,
– mają bezpośredni udział w produkcji krwi; wytwarzają hormon erytroproetynę, odpowiadający za produkcję czerwonych ciałek krwi,
– wspólnie z płucami regulują oddychanie.

Na Wschodzie uważa się, że wszystkie wrodzone zdolności człowieka magazynowane są w nerkach, gdzie oczekują na właściwy moment, aby się ujawnić. W ten sposób pomagają realizować potencjał człowieka.

Nerki są źródłem żywotności całego ciała. Osłabienie organizmu jest wynikiem braku energii nerek. Według medycyny Wschodu nerki regulują uczucia strachu i odwagi. Ludzie z osłabionymi nerkami częściej doznają uczucia strachu niż Ci, których nerki są silne. Emocja strachu uszkadza nerki, zaburzając ich zdolność do prawidłowego funkcjonowania.

Chińczycy twierdzą, że nerki są siedliskiem ludzkiej woli. Człowiek, mający silne nerki, będzie pamiętał o wytyczonym przez siebie celu, zmierzając do niego wytrwale i pokonując wszelkie trudności. Zdolność do koncentrowania się na celu pochodzi z siły nerek.

Ludzie, którzy z determinacją chcą realizować swoje zamiary życiowe, powinni wzmacniać nerki. Bardzo ważny dla nich jest głęboki rytmiczny oddech, dzięki czemu energia „czi" kierowana jest do nerek, pęcherza i narządów płciowych. Nerki utrzymują też w żywotności, giętkości i sprężystości kości. Osłabione i łamliwe kości – to brak równowagi w nerkach, wynikającej z niedoboru energii „czi". Ta sama energia odżywia też mechanizm słuchu. Wszystkie problemy słuchu, w tym powszechne u dzieci infekcje, wynikają z braku równowagi nerkowej. Nerki wpływają też na nasze owłosienie, mocne piękne włosy są oznaką silnych nerek. Łysina pojawia się, gdy nerki nie są w stanie utrzymać właściwej równowagi wodnej.

Nerki kontrolują też narządy seksualne, a diagnozując u pacjenta np. niezdrowe włosy o rozdwojonych końcach, można stwierdzić osłabienie funkcji organów płciowych. Smakiem związanym z nerkami i pęcherzem moczowym jest smak słony. Potrzebna jest jednak niewielka ilość soli. Nadmiar soli szkodzi nerkom, powodując ich skurczenie, co prowadzi do wzrostu ciśnienia krwi.

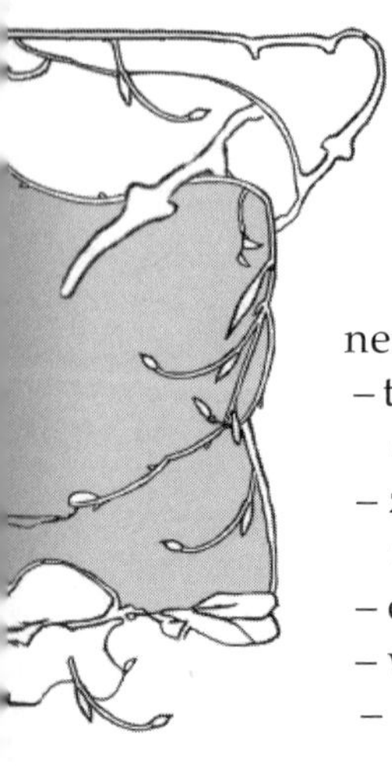

Nerki otrzymują optymalną ilość energii między godziną 17^{00} a 19^{00}. Osłabienie i zmęczenie w tym czasie wskazuje na brak równowagi w nerkach. Kolorem ich jest czarny i niebieski. A oto co jeszcze szkodzi nerkom:
– tryb życia niezgodny z rytmami natury (praca w nocy, a odsypianie w dzień, dalekie podróże wiążące się z przekraczaniem stref czasowych),
– zbyt ciężka praca (szczególnie taka, która nie sprawia nam przyjemności), zmęczenie fizyczne i psychiczne,
– częste porody, seksualne nadużycia,
– wychłodzenie,
– niewłaściwe odżywianie się; najbardziej szkodliwe jest jedzenie pro-

duktów poza właściwą im porą roku (np. spożywanie owoców cytrusowych czy nowalijek zimą) oraz nadmiar potraw silnie przetworzonych, sztucznie oczyszczonych i zawierających dodatki chemiczne, a także używki,

– osłabia je nadmiar białka zwierzęcego i tłuszczu.

Nerki i wątroba to główne narządy oczyszczające krew. Kiedy w sytuacji nadmiernej toksyczności środowiska funkcja tych narządów zostanie wyczerpana, ciało próbuje eliminować nadmiar odpadów poprzez skórę. I tak pojawiają się pryszcze, wysypka czy trądzik. Kiedy toksyny obniżają się do poziomu, z którymi nerki mogą sobie poradzić (np. po oczyszczeniu organizmu głodówką czy monodietą), zmiany skórne same znikają.

Nerki są niczym skarbiec, w którym każdy człowiek przechowuje to, co odziedziczył po przodkach. Nie tylko zasilają cały organizm energią „czi", ale – z całym tym skarbcem odziedziczonych uzdolnień muzycznych, artystycznych czy technicznych – wpływają na los człowieka.

Można stwierdzić, że nerki każdemu z nas wyznaczają ścieżkę życia.

Nerki niedoenergetyzowane

Objawy: skóra pozbawiona elastyczności o ziemistej barwie, słabe krążenie, wzmożone oddawanie moczu, bóle dolnej części pleców, osłabiony popęd seksualny, płytki sen, słabe kości i skłonność do wypadków, nadmierna pobudliwość. Może się też pojawić dzwonienie w uszach z uwagi na to, iż nerki związane są z narządem słuchu. Objawami psychicznymi są częste podenerwowanie, stany lękowe, brak zdecydowania, wytrwałości i cierpliwości.

Nerki przeenergetyzowane

Objawy: osłabiony słuch i dzwonienie w uszach, napięcie w tułowiu i dolnej części pleców, ciągłe łaknienie, ciemny mocz, gorzki smak w ustach, nieprzyjemny oddech i ciągłe zmęczenie, ciemne zabarwienie skóry pod oczyma. Objawami psychicznymi są pracoholizm oraz pedanteria. Również nerwowość i strach przed niepowodzeniem.

Poza tym przy chorobach nerek mogą wystąpić następujące zaburzenia: osłabienie pamięci, kłopoty z zębami (paradontoza, próchnica), pogorszenie słuchu, stany zapalne uszu, nietrzymanie moczu i kału, obrzęki, nadciśnienie pochodzenia nerkowego, przedwczesne starzenie oraz brak odporności i osłabienie.

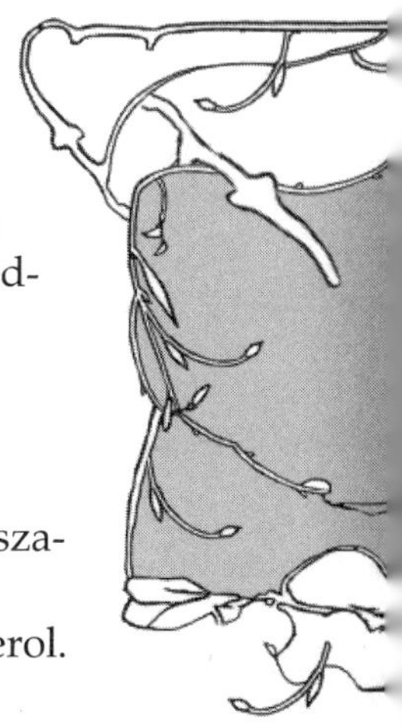

<u>Uzdrawianie nerek</u>

Należy wyeliminować:

1. Produkty nadmiernie przetworzone, rafinowane z dodatkiem polepszaczy, barwników i konserwantów.
2. Produkty obfitujące w białko zwierzęce, tłuszcze nasycone i cholesterol.
3. Dania z barów szybkiej obsługi, obfitujące w tłuszcze, sól i cukier.

Trzeba ograniczyć:

1. Pokarmy bogate w kwas szczawiowy (szpinak, szczaw, rabarbar, kakao, czekoladę).

Dieta uzdrawiająca nerki:

1. Wypijanie odpowiedniej ilości wody jest podstawą utrzymania zdrowia nerek. Nie istnieje tu żadna reguła, powinniśmy zaufać własnemu instynktowi i sygnałom przekazywanym przez nasze ciało.
2. Jedzenie różnych odmian fasoli, a szczególnie azuki, mung, czarnej i czerwonej oraz grochu włoskiego, zielonej i czerwonej soczewicy.
3. Spożywanie zbóż, a szczególnie jęczmienia (najbardziej efektywnie wpływa na funkcje nerek) w postaci całego ziarna, pęczaku jęczmiennego oraz płatków jęczmiennych spożywanych 2-3 razy w tygodniu. Inne zboża dobre dla nerek to: proso, ryż i wyprażona przed ugotowaniem pszenica.
4. Regularne jedzenie niewielkiej ilości glonów morskich jako dodatku do potraw.
5. Spożywanie małych ilości solonych, sfermentowanych pokarmów, takich jak marynaty, miso, sosy shoyu i tamari, kiszonki.
6. Uwzględnianie w diecie owoców: winogron (działają moczopędnie), jeżyn, czarnych borówek amerykańskich, żurawin błotnych oraz arbuza (relaksuje nerki). Na nadmierne skurczone nerki dobra jest herbata z nasion arbuza (zmiażdżyć wysuszone nasiona i ugotować je w wodzie).
7. Jedzenie lekkich zup, musów i pureé.
8. Spożywanie długiej, białej rzodkwi (wspomaga oddawanie moczu i eliminację toksyn).

Napój z białej rzodkwi nr 1

Utrzeć 2-3 łyżki stołowe świeżej rzodkwi, przełożyć do woreczka z gazy i wycisnąć sok. Zalać go następnie wrzącą wodą i dodać 1-2 kropli sosu sojowego shoyu lub tamari. Pić dwa razy dziennie.

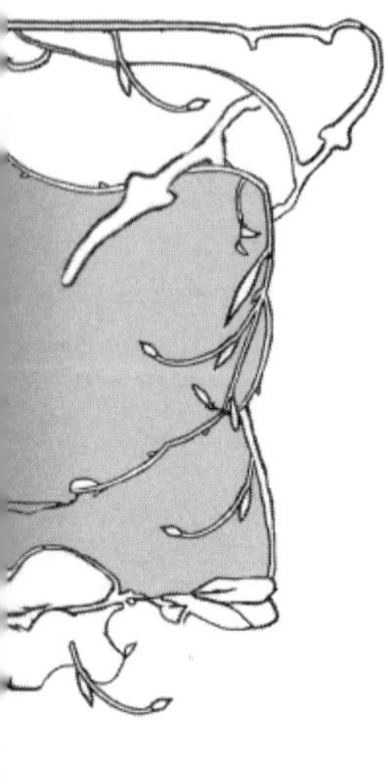

Napój z białej rzodkwi nr 2

Utrzeć 2-3 łyżki stołowe świeżej rzodkwi do filiżanki, zalać wrzącą wodą i dodać 2 krople sosu sojowego.

Napoje te rozpuszczają w nerkach blokady i kamienie.

9. Spożywać korzeń łopianu, który przyspiesza eliminację produktów odpadowych metabolizmu. Wzmacnia układ moczowy i narządy płciowe. (Gotować pod ciśnieniem pokrojony w plasterki korzeń łopianu przez 15 minut razem z pokrojoną marchewką i kawałkiem wodorostu kombu w małej ilości wody lub ugotować 1-2 łyżki stołowe łodyg, gałązek i liści łopianu w jednej filiżance wody – odstawić na 10 minut, pić tę herbatkę 2 do 3 razy dziennie).
10. Pić herbatkę z bazylii (1-2 łyżeczki suszonej bazylii zalać szklanką wrzącej wody. Odstawić na 10 minut). Roślina ta wzmacnia nerki.

11. Pić herbatę z pokrzywy (Zagotować korzenie pokrzywy, dodać liście i pozostawić przez 20 minut, szczelnie przykrywając. Można przelać do termosu, wtedy lepiej się naparzy).
12. Inne zioła: herbata rumiankowa oraz z krwawnika pospolitego – rozpuszczają kamienie. Wywar z kory hortensji (gotować korę godzinę) – również rozpuszcza kamienie.
13. Inne rośliny lecznicze:
   – mącznica lekarska – napar z liści stosować w zakażeniach bakteryjnych przewodu moczowego,
   – bulwy kopru włoskiego – mają działanie moczopędne; należy je pokroić w plasterki i wysuszyć, stosować odwar (25 g suszonych plasterków kopru na 1 l wody – gotować 10 minut),
   – dzienne spożycie 400 g posiekanej kapusty (lub soku z kapusty) wywołuje po kilku dniach wzmożone wydzielanie moczu,
   – warzywa: karczoch, oberżyna, dynia, pasternak, seler (bulwa i nać), szparagi i cykoria również mają działanie moczopędne.

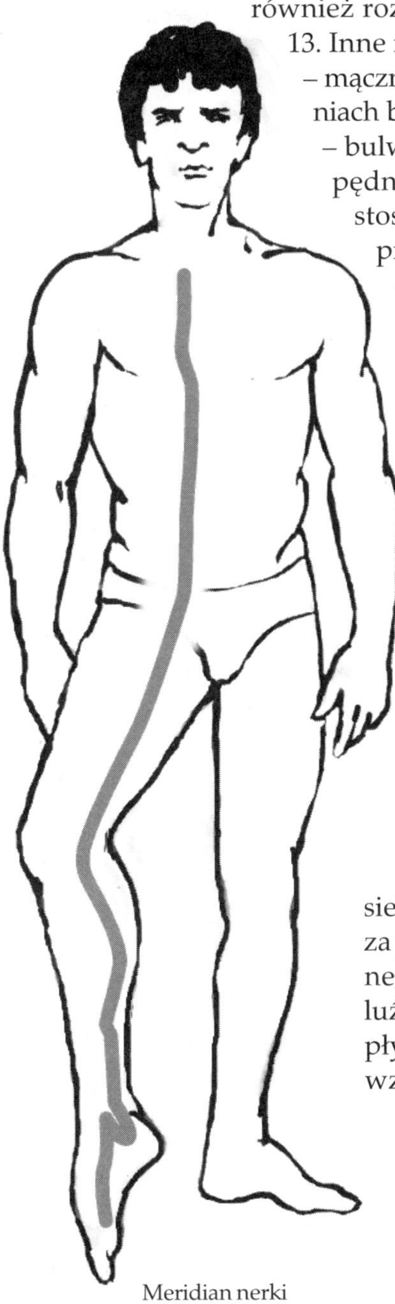
Meridian nerki

<u>Meridian nerki</u>

Meridian nerki biegnie od punktu na podeszwie stopy wzdłuż łuku do pięty i dalej, poprzez wewnętrzną powierzchnię nogi, narządy rodne i środek żołądka, do punktu, w którym mostek łączy się z obojczykiem.

Ćwiczenie wzmacniające nerki

Usiądź na podłodze, wyciągnij przed siebie obie nogi i uchwyć się rękoma za palce u nóg. W punkcie maksymalnego rozciągnięcia zatrzymaj się, rozluźnij i weź dwa oddechy. Poczuj przepływ energii wzdłuż ciała, a zwłaszcza wzdłuż pleców i nóg.

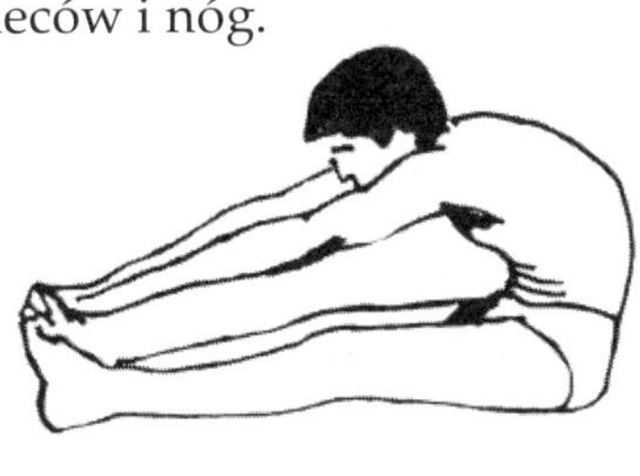

3. Przemiana Wody – pęcherz moczowy

Pęcherz moczowy w chińskiej medycynie, podobnie jak nerki, związany jest z zimą. Jest to worek mięśniowy o kształcie kulistym, zlokalizowany w dolnej części brzucha wewnątrz miednicy. Wyłożony jest błoną śluzową, a jego ściany złożone są z trzech warstw mocnych mięśni o właściwościach rozprężania i kurczenia się. Na tylnej ścianie pęcherza są ujścia dwóch moczowodów, którymi mocz spływa z nerek.

Najczęstszymi chorobami pęcherza są infekcje dróg moczowych, nietrzymanie moczu oraz kamica. U mężczyzn występują problemy z prostatą.

Do przyczyn infekcji dróg moczowych należą:
- uszkodzenia cewki lub pęcherza,
- obrzęk cewki moczowej, głównie u kobiet na skutek współżycia,
- kamienie na nerce lub pęcherzu,
- ciąża,
- drażniące kąpiele w chemicznych płynach wytwarzających pianę,
- antykoncepcyjne krążki domaciczne,
- wrodzone wady cewki moczowej,
- zapalne powiększenie gruczołu krokowego,
- cewnikowanie,
- stres.

Infekcja dróg moczowych objawia się częstym oddawaniem moczu, kłującym bólem w czasie tej czynności oraz gorączką.

Najbardziej rozpowszechnionym typem nietrzymania moczu jest nietrzymanie moczu wysiłkowe, występujące głównie u kobiet. Polega na tym, że małe ilości moczu wydalane są w czasie jakiegoś wysiłku, kaszlu lub śmiechu.

Inne przyczyny nietrzymania moczu to:
- zaburzenia układu nerwowego,
- uszkodzenia mózgu, pęcherza lub miednicy,
- infekcje dróg moczowych,
- kamica nerkowa,
- gniew, stres i lęk.

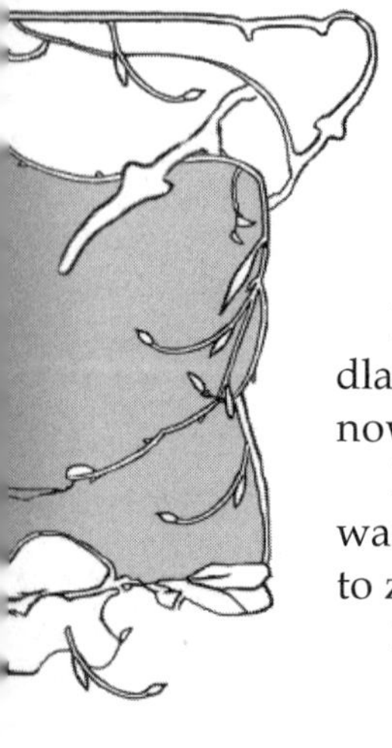

Najczęstszą jednak przyczyną nietrzymania moczu, objawiającą się głównie u kobiet, jest słaby zwieracz i osłabienie mięśni dna miednicy. Do degeneracji mięśni macicy prowadzi brak ćwiczeń zarówno przed, jak i po porodzie oraz zmiany hormonalne po menopauzie.

Pęcherz, podobnie jak nerki, jest bardzo wrażliwy na wszelkie lęki i stres, dlatego zachowanie spokoju w sytuacjach stresowych utrzymuje go w równowadze.

Przy zaburzonych funkcjach pęcherza pojawiają się bóle pleców, ponieważ dostarcza on energię „czi" do kręgosłupa. Kiedy nerki i pęcherz są silne, to zdrowy i mocny jest też kręgosłup.

Problemy pęcherza wynikają przede wszystkim z nadmiernego skurczu.

Wiążą się ze spożywaniem zbyt dużej ilości soli. U mężczyzn stan zapalny gruczołu krokowego może być przyczyną skurczenia się cewki moczowej, co uniemożliwia pełne opróżnianie pęcherza.

Pęcherz niedoenergetyzowany

Objawy: brak kontroli nad czynnościami pęcherza, częste oddawanie moczu, napięcie mięśni nóg, ogólne napięcie nerwowe, słabe krążenie, uczucie chłodu wzdłuż kręgosłupa i w okolicy pośladków (zgodnie z przebiegającym meridianem), pocenie w nocy. Ludzie o słabym pęcherzu są bardzo wrażliwi, znerwicowani i cisi.

Przeenergetyzowany pęcherz moczowy

Objawy: częste migreny, sztywna szyja, czucie ciężaru w oczach i w głowie, częste oddawanie moczu i zapalenie gruczołu krokowego (prostaty), napięcie tylnych części nóg. Osoby z takimi przypadłościami często martwią się drobnostkami, są nerwowi, nadpobudliwi i nadmiernie wrażliwi.

Leczenie pęcherza

1. Ludzie, którzy mają ciemną barwę moczu, powinni zmniejszyć spożycie pokarmów pochodzenia zwierzęcego oraz soli.
2. Należy wyeliminować tłuste jedzenie bogate w cholesterol.
3. Trzeba ograniczyć picie herbat aromatyzowanych.
4. Zaleca się unikanie cukru.
5. Należy unikać żywności przetworzonej.

Leczenie pęcherza sprowadza się do zwiększenia produktów Przemiany Wody oraz z Przemian Metalu i Drzewa. Szczególnie ważne jest:

1. Picie tylko czystej wody lub słabych herbat.
2. Jedzenie fasolki azuki, łopianu, jęczmienia i gryki.
3. Spożywanie małych ilości wodorostów morskich (1-2 łyżki dziennie w postaci namoczonej) – wakame, arame, hiziki, nori. Stosować jako dodatek do potraw.
4. Spożywanie następujących owoców: czarnej borówki amerykańskiej, jeżyn, żurawiny błotnej, arbuzów i winogron.
5. Jedzenie pokarmów bogatych w beta-karoten: marchwi, brokułów i dyni.
6. Uwzględnianie w diecie pokarmów bogatych w witaminę E (kiełków pszenicy) oraz witaminy C (brokułów, zielonej pietruszki).
7. Jedzenie żywności bogatej w minerały (zielonych warzyw liściastych, wodorostów morskich, pełnych zbóż i ryb).

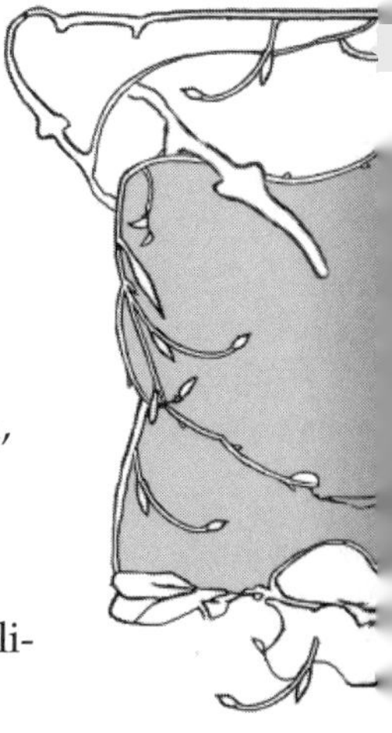

Pęcherz i układ immunologiczny wzmacniają następujące herbatki:

I. Ugotować 1-2 łyżki stołowe łodyg, gałązek i liści łopianu w dwóch filiżankach wody i pić 2-3 razy dziennie.

II. Ugotować 1-2 łyżki stołowe gałązek echinacei w dwóch filiżankach wody i pić 2 razy dziennie lub zażywać gotowe krople echinacei w ilości 15-30 kropli w wodzie lub herbacie kukicha.

A oto ćwiczenia które należy wykonywać codziennie, aby odzyskać kontrolę nad mięśniami wpływającymi na czynność uwalniania moczu z pęcherza.

Ćwiczenia wzmacniające pęcherz moczowy

1. Kontroluj pęcherz przez zwalnianie szybkości wypływu moczu oraz całkowite wstrzymanie wypływu. Kiedy potrafisz już zatrzymać wypływ, wytrwaj tak przez 1-2 sekund. Każdorazowo w czasie oddawania moczu powtarzaj to ćwiczenie 6-8 razy. Może będziesz musiała wykonać je wiele razy, zanim uda ci się zupełnie zatrzymać wypływ moczu. Osiągniesz jednak całkowitą kontrolę nad swoim pęcherzem. Ćwicz również rozluźnianie i kurczenie mięśni dna macicy.
2. Ćwicz zwieracze (jak w ćwiczeniu 1.), również wtedy, kiedy nie oddajesz moczu. Zatrzymaj skurcz przez kilka sekund, a następnie rozluźnij go. Wykonuj to ćwiczenie wielokrotnie w ciągu dnia.
3. Ściągaj dno miednicy w czasie współżycia.
4. Stosuj ćwiczenia na mięśnie brzucha, ponieważ pomagają one również przywracać siłę i kontrolę mięśniom dna miednicy.

<u>Meridian pęcherza moczowego</u>

Biegnie on z prawej strony od wewnętrznej krawędzi oka, wspina się poprzez czoło na czubek głowy i stamtąd opada na plecy. Po drodze rozdziela się na dwie odnogi, które spływają przez plecy, pośladki, uda i łączą się z tyłu z kolanami. Stamtąd jeden kanał prowadzi już w dół, poprzez łydkę, tył kostki i zewnętrzną powierzchnię stopy do najmniejszego palca. Meridian ten odpowiada za wydalanie.

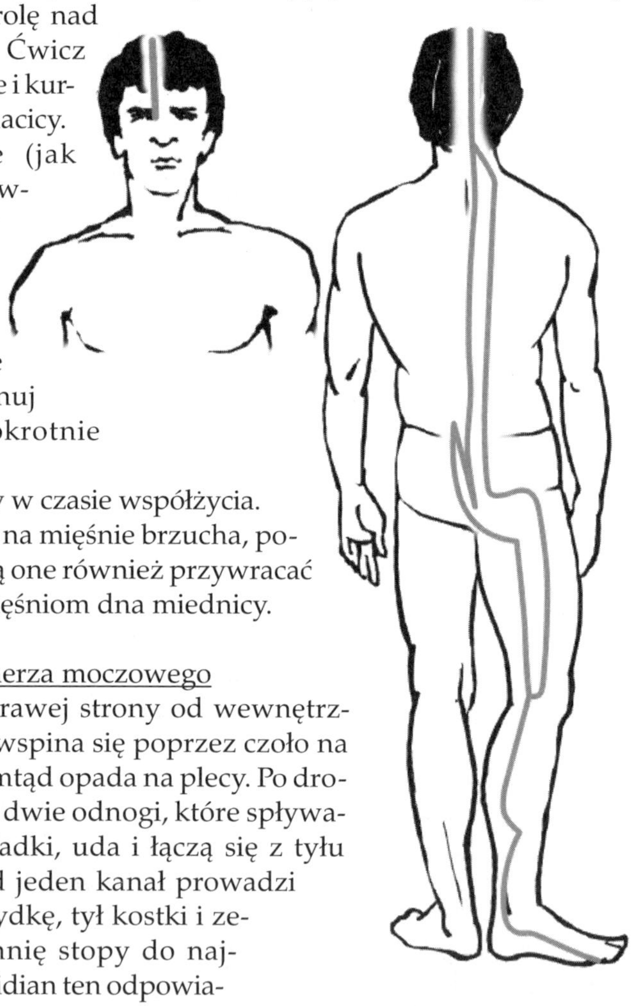

Meridian pęcherza moczowego

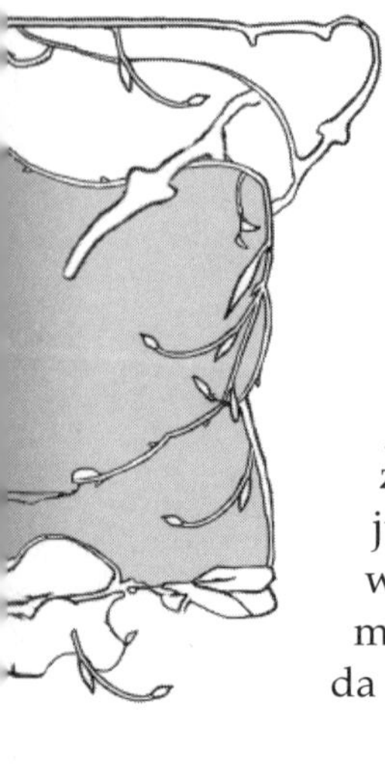

Ćwiczenie

Medytacja – wzmocnienie i oczyszczenie nerek

1. Stań w pozycji wyprostowanej, z lekko ugiętymi w kolanach i nieco rozsuniętymi nogami.
2. Przyłóż dłonie w okolice nerek.
3. Zamknij oczy, skup uwagę na nerkach i napełnij je swoim najbardziej przekonującym wewnętrznym uśmiechem.
4. Przy wdechu wyobraź sobie, że wraz z nim wciągasz siłę.
5. Przy wydechu skieruj tę energię do nerek. Twoje dłonie zostają lekko uniesione przez nerki, okolica lędźwiowa zostaje rozciągnięta – górna część ciała nie porusza się. Oddychaj przez jakiś czas w ten sposób. Oddychanie jest łagodne i głębokie, działa wzmacniająco na nerki.
6. Następnie weź głęboki wdech przez nos, przy wydechu zrób tak, jakbyś chciał zdmuchnąć świecę, kierując powietrze w stronę nerek. Powtórz kilka razy.
7. W ten sposób napełniasz nerki siłą i oczyszczasz je.

4. Przepisy

PASTY I PASZTETY

Pasta z ciecierzycy

Z 1 szklanka ugotowanej ciecierzycy, 2-3 marchewki, 2 łyżki oliwy
M 1 cebula, pieprz, 1 łyżeczka musztardy
W sól
D natka pietruszki, 1-2 ogórki kiszone

Ugotowaną ciecierzycę rozetrzyj lub przepuść przez maszynkę. Dodaj do niej starte na najdrobniejszych oczkach tarki marchewki, oliwę, posiekaną cebulę (uprzednio sparzoną wrzątkiem, by była lżej strawna), musztardę, po odrobinie pieprzu i soli. Dokładnie wymieszaj. Na końcu dodaj drobno posiekaną natkę pietruszki oraz pokrojony w kostkę ogórek kiszony. Używaj do pieczywa.

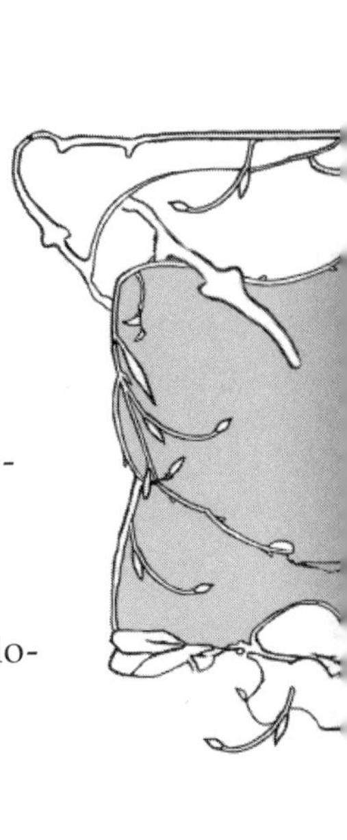

Pasta ze słonecznika

Z 1 szklanka ziarna słonecznika, 1-2 łyżki oleju z pestek winogron
M 2 łyżki ugotowanego ryżu, chili, pieprz, 1-2 ząbki czosnku
W sól, sos tamari, nieco przegotowanej zimnej wody

Słonecznik gotuj przez 10-15 minut i jeszcze gorący zmiksuj z ryżem, dodając pozostałe składniki.

Pasztet z soczewicy

Z 1 zeszklona na oleju cebula, 2 łyżki oliwy, 1 szklanka kaszy kukurydzianej lub jaglanej
M 1 ząbek czosnku, pieprz, gałka muszkatołowa
W sól, 3 szklanki wody
D pęczek natki pietruszki
O majeranek, tymianek
Z 1 1/2 szklanki czerwonej soczewicy

Rozgrzej oliwę, wsyp kaszę, dodaj cebulę i smaż kilka minut, dodając przyprawy i często mieszając. Posól ją i dolej wodę, Gotuj ok. 15 minut, wsyp posiekaną zieloną pietruszkę, szczyptę majeranku, tymianku oraz soczewicę. Gotuj pod przykryciem, do wchłonięcia wody przez kaszę i soczewicę. Przełóż masę do wysmarowanych i obsypanych otrębami blaszek i piecz w średnio nagrzanym piekarniku ok. 25 minut. Podawaj jako dodatek do pieczywa lub z sosem i warzywami jako ciepłą potrawę.

Norweski pasztet Ani

Z 2 łyżki oliwy
M 1 cebula drobno pokrojona
W 1 łyżeczka sosu sojowego
D sok z 1/2 cytryny, 10 dag razowego chleba
O szczypta kurkumy
Z 20 dag obranych i zmielonych migdałów
M 5 dag płatków owsianych, pieprz, 5 łodyg selera naciowego (ok.40 dag)
W sól
D 1 starte jabłko, 1 szklanka białego wytrawnego wina, 1 łyżka mąki pszennej razowej
O szczypta tymianku
Z 2 roztrzepane jajka

Nadzienie:

Z 2 łyżki oleju
M 1 cebula drobno pokrojona
W odrobina sosu sojowego
D trochę soku z cytryny
O tymianek, 15 dag orzechów włoskich
Z 50 dag boczniaków lub pieczarek
M pieprz, 2 ząbki czosnku
W sól

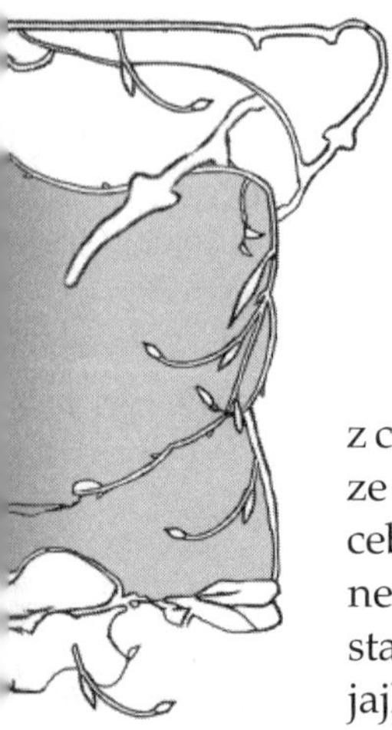

Olej rozgrzej i zeszklij pokrojoną w kostkę cebulę, dodaj sos sojowy, sok z cytryny i szczyptę kurkumy. Migdały zalej wrzątkiem i po 10 minutach obierz ze skórki. Zmiel. Seler naciowy wymyj i bardzo drobno pokrój. Do zeszklonej cebuli dodaj namoczony i rozkruszony chleb, zmielone migdały, płatki owsiane oraz pokrojony seler. Duś 3 minuty i odstaw z ognia. Następnie dodaj sól, starte jabłko, łyżkę mąki, szklankę wina, szczyptę tymianku i 2 roztrzepane jajka. Przygotuj nadzienie. Obraną i pokrojoną cebulę zeszklij na oleju. Dolej trochę sosu sojowego i soku z cytryny oraz wrzuć szczyptę tymianku. Grzyby wymyj, drobno pokrój. Orzechy zmiel. Do zeszklonej cebuli dodaj orzechy i grzyby oraz zmiażdżony czosnek. Duś 10 minut, przez cały czas mieszając. Dopraw solą i pieprzem.

Długą foremkę o pojemności 1 l wysmaruj i wyłóż pergaminem. Pierwszą masę z selerem podziel na dwie części. Jedną z nich wyłóż na spód foremki, na to daj nadzienie i przykryj drugą. Posyp pasztet siemieniem lnianym lub sezamem. Wstaw do piekarnika na 30-40 minut. Piecz w temperaturze 180^{0}C. Podawaj zarówno na gorąco, jak i na zimno z sezonowymi warzywami.

Zapamiętaj! Pasztet ma lepszą konsystencję, jeżeli mieląc migdały do pierwszej masy, zmielisz też chleb razowy i seler naciowy.

ZUPY

Barszcz ukraiński

O 2 l wrzącej wody, szczypta tymianku, odrobina kurkumy
Z oczyszczone i drobno pokrojone: 1 mała marchew, 1 mała pietruszka, 2 buraczki; 2 łyżki rozpuszczonej w małej ilości wody kaszki kukurydzianej, 2 ziemniaki pokrojone w kostkę, 1 łyżka sklarowanego masła lub oleju
M mały kawałek oczyszczonego i pokrojonego selera, 1 pokrojona mała cebula, liść laurowy, szczypta pieprzu
W 1 łyżeczka namoczonych glonów arame lub hiziki, sól, sos sojowy do smaku, 2-3 łyżki ugotowanej fasoli
D 10 dag posiekanej kiszonej kapusty, barszcz czerwony kiszony lub sok z cytryny, 2-3 łyżki kefiru lub naturalnego jogurtu

Do wrzącej wody dodaj po szczypcie tymianku i kurkumy. Wrzuć pokrojoną marchew, ziemniaki i buraczki. Dodaj masło, wymieszaną w małej ilości wody kaszkę kukurydzianą, pokrojony seler, cebulę, listek laurowy i nieco pieprzu. Gotuj zupę ok. 20 minut, po czym wrzuć odcedzone na sicie glony oraz ugotowaną fasolę. Gotuj 10 minut. Następnie wrzuć posiekaną kiszoną kapustę i gotuj 5 minut. Odstaw z ognia. Wlej do smaku kiszonego barszczu buraczanego lub jeżeli go nie masz, wyciśnij nieco soku z cytryny. Wlej kefir lub jogurt, rozmieszany z małą ilością zupy.

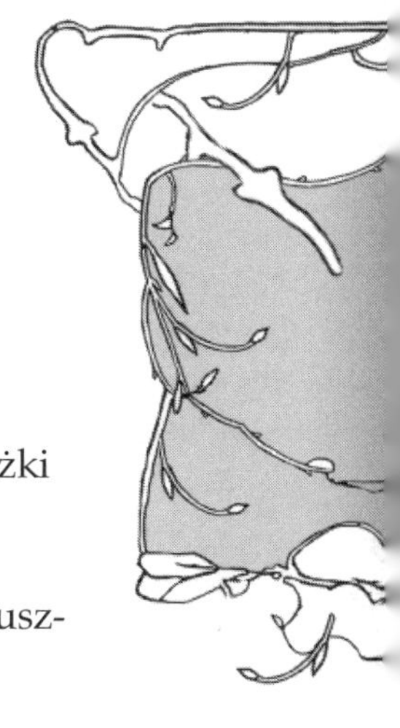

Zupa ogórkowa

O 2 l wrzącej wody, liść laurowy, tymianek, lubczyk
Z 1 łyżka sklarowanego masła, 5-6 ziemniaków
M 1 cebula, mały seler, kilka ziaren ziela angielskiego, 2-3 łyżki płatków owsianych
W sól, sos sojowy shoyu
D 4-5 startych ogórków kiszonych, 1 łyżka posiekanej natki pietruszki, 1-2 łyżki naturalnego jogurtu lub kefiru (niekoniecznie)

Do wrzącej wody dodaj przyprawy: liść laurowy, szczyptę tymianku i lubczyka oraz masło. Pokrój w kostkę ziemniaki i wrzuć do zupy. Dodaj pokrojoną cebulę i seler, ziele angielskie oraz płatki owsiane. Gotuj pod przykryciem na niewielkim ogniu ok. 20 minut. Następnie dopraw solą i sosem sojowym. Dodaj starte ogórki i gotuj jeszcze 5 minut. Odstaw zupę z ognia. Wsyp natkę pietruszki oraz wlej rozmieszany z niewielką ilością zupy jogurt lub kefir.

Zupa pomidorowa z brązowym ryżem

O 2 l wrzącej wody
Z 1 marchew, 1 pietruszka, szczypta sproszkowanej papryki
M 1 mały por, 6 łyżek brązowego ryżu, angielskie ziele, bazylia
W sól, sos sojowy
D 3-4 łyżki przecieru pomidorowego, 2-3 łyżki jogurtu naturalnego lub kefiru, zielona pietruszka, estragon

Do wrzącej wody dodaj oczyszczone i starte na tarce o grubych oczkach marchew i pietruszkę oraz szczyptę sproszkowanej papryki. Por umyj i drobno pokrój. Ryż dokładnie wypłucz i odsącz na sicie. Do zupy wrzuć por, ryż i po odrobinie przypraw angielskiego ziela, bazylii, soli i sosu sojowego. Gotuj ok. 50 minut, aż ryż będzie miękki, po czym zupę odstaw z ognia, dodaj przecier pomidorowy, szczyptę estragonu oraz jogurt lub kefir (rozmieszany najpierw w małej ilości zupy, aby się nie zwarzył). Zupę podawaj z drobno posiekaną natką pietruszki.

Wykwintna zupa piwna z tofu

Tofu

Z 1 kostka tofu
M gałka muszkatołowa
W miso lub sos sojowy
D mąka orkiszowa lub pszenna razowa
O szczypta tymianku
Z ciasto naleśnikowe (2 łyżki mąki kukurydzianej, 1 łyżka mąki pszennej białej, sól, woda)

Zupa

O niewielka ilość wrzącej wody
Z dowolna ilość rodzynek, cynamon
M imbir
W sól
D piwo

Tofu pokrój w plastry, oprósz gałką muszkatołową, posmaruj każdy plaster miso (z obu stron) lub polej sosem sojowym. Obtocz w mące, oprósz lekko tymiankiem i zanurz w cieście naleśnikowym. Smaż na gorącym oleju.

Do niewielkiej ilości wrzącej wody dodaj opłukane rodzynki, szczyptę cynamonu i imbiru. Lekko posól. Wlej piwo i gotuj 5 minut. W miseczkach ułóż plastry smażonego tofu i zalej je gorącą zupą.

POTRAWY ZE ZBÓŻ

Płatki owsiane gotowane z daktylami

O 1,5 szklanki wyprażonych płatków owsianych, 4 szklanki gorącej wody, szczypta kurkumy
Z kilka daktyli, odrobina anyżku
M imbir
W sól
D trochę soku z cytryny
O nieco gorącej wody
Z 1/3 szklanki rodzynek, 4 łyżeczki świeżo zmielonego siemienia lnianego

Rodzynki sparz wrzącą wodą, wylej ją i zalej ponownie świeżą do namoczenia. Wypraż płatki owsiane na małym ogniu, przez cały czas mieszając drewnianą łyżką. Zalej gorącą wodą, dodaj szczyptę kurkumy, wypłukane daktyle, odrobinę anyżku, imbiru i soli. Gotuj 20 minut. Odstaw z ognia. Wlej trochę soku z cytryny i nieco gorącej wody. Dodaj odcedzone rodzynki oraz zmielone siemię lniane. Wymieszaj i podawaj.

Kasza jaglana gotowana z warzywami i prażonymi orzechami

O 1,5 szklanki wrzącej wody, tymianek
Z 1/2 szklanki kaszy jaglanej, 1 łyżeczka sklarowanego masła, 1 marchew
M 1 mały por
W sól
D 1 łyżka kefiru lub naturalnego jogurtu ewentualnie nieco soku z cytryny
O 1-2 łyżki posiekanych i wyprażonych orzechów włoskich

Do wrzącej wody dodaj szczyptę tymianku, opłukaną kaszę, masło, startą marchew oraz drobno pokrojony por. Gotuj kaszę na małym ogniu, najlepiej w garnku ustawionym na płytce ok. 25 minut. Odstaw z ognia, posól, wlej łyżkę kefiru. Wymieszaj. Na talerzu i posyp prażonymi orzechami.

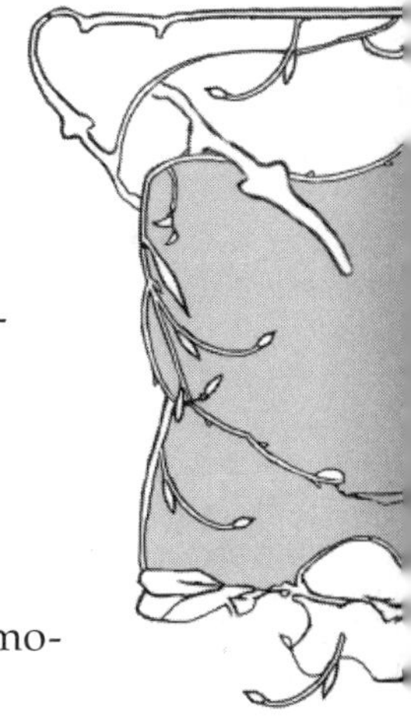

Krem z kaszy jaglanej

O 1,5 szklanki wrzącej wody, szczypta kurkumy
Z 1/2 szklanki kaszy jaglanej, kilka daktyli, 1 łyżeczka sklarowanego masła
M imbir
W sól
D nieco soku z cytryny lub 1 jabłko
O kilka włoskich orzechów uprzednio wyprażonych
Z 4 łyżeczki świeżo zmielonego siemienia lnianego, nieco namoczonych rodzynek

Kaszę wypraż na suchej patelni, mieszając drewnianą łyżką. Przełóż do rondelka, wlej wrzątek, dodaj kurkumę, masło, daktyle, imbir i sól. Gotuj 25 minut. Odstaw z ognia. Wlej nieco soku z cytryny lub dodaj starte jabłko. Wymieszaj kaszę z wyprażonymi orzechami, zmielonym siemieniem. Przełóż na talerze i posyp namoczonymi rodzynkami.

Kasza jaglana z suszonymi śliwkami

O 1,5 szklanki wrzącej wody, kilka wyłuskanych orzechów włoskich
Z 1/2 szklanki kaszy jaglanej, szczypta cynamonu, łyżeczka sklarowanego masła, garść suszonych śliwek
M szczypta imbiru
W sól
D nieco soku z cytryny
O nieco wrzącej wody
Z 4 łyżeczki świeżo zmielonego siemienia lnianego

Do wrzącej wody dodaj orzechy, wypłukaną i odsączoną na sicie kaszę jaglaną, sparzone i drobno pokrojone śliwki suszone, cynamon, masło, imbir i sól. Gotuj ok. 25 minut. Następnie odstaw z ognia, dodaj nieco soku wyciśniętego z cytryny oraz tyle wrzącej wody, aby kasza miała konsystencję kremu. Na koniec wsyp świeżo zmielone siemię lniane i dobrze wymieszaj.

Kasza gryczana gotowana z grzybami

O 2,5 szklanki wrzącej wody po namoczeniu grzybów, 1 szklanka kaszy gryczanej
Z 1/3 szklanki suszonych grzybów, 1/4 szklanki nasion słonecznika
M pieprz
W sól

Namocz na 30 minut grzyby. Osusz, zachowując wodę z moczenia, pokrój w drobne kawałki. Odcedź wodę po namoczeniu grzybów z zanieczyszczeń, jeśli trzeba dolej jej jeszcze, aby uzyskać 1 szklankę płynu, który zagotuj, dodając następnie wypłukaną kaszę, grzyby, nasiona słonecznika, szczyptę pieprzu i sól. Zmniejsz gaz, przykryj pokrywą i gotuj przez 15 minut na małym ogniu, najlepiej na metalowej płytce. Kiedy ziarna napęcznieją, zamieszaj widelcem. Wyłącz ogień i jeszcze przez kilkanaście minut trzymaj kaszę pod przykryciem. Podawaj z warzywami i sosami.

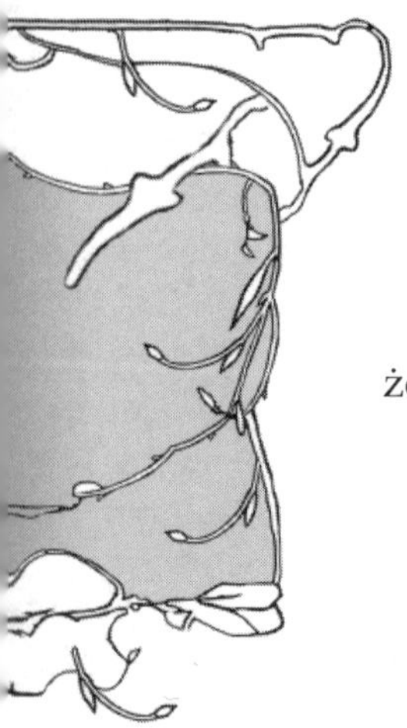

Zapamiętaj! Kasza będzie smaczniejsza, jeżeli dodasz do niej przesmażone na sklarowanym maśle 2-3 łyżki pokrojonych drobno porów (**Z**).

„Kaszanka wegańska" zapiekana

O 3 szklanki wrzącego wywaru po gotowaniu ciemnej fasoli, 1 szklanka kaszy gryczanej, 1 szklanka gorącej wody
Z 2 pokrojone w kostkę i podsmażone cebule, 2 utarte ziemniaki, 1 łyżka sklarowanego masła

M 1 szklanka kaszy jęczmiennej, 2 ząbki czosnku, pieprz
W sól, sos sojowy, nieco zimnej wody
D 1 łyżka mąki pszennej lub orkiszowej
O tymianek, majeranek
oraz olej do wysmarowania blachy i bułka tarta do wysypania

Do wrzącego wywaru z fasoli, wlej gorącej wody i wsyp kaszę gryczaną. Gotuj, ustawiając garnek na metalowej płytce, na małym ogniu. Dodaj cebulę, ziemniaki oraz masło. Wsyp kaszę jęczmienną. Dodaj przeciśnięty czosnek, pieprz, sól i sos sojowy. Gotuj ok. 15 minut. Odstaw z ognia, wsyp mąkę oraz nieco tymianku i majeranku. Wymieszaj i wyłóż masę na blachę, wysmarowaną tłuszczem i posypaną bułką tartą. Zapiekaj przez 30 minut. Podawaj z sosami i warzywami.

Ryż azuki

M 1/2 szklanki ryżu brązowego
W 1 szklanka fasoli azuki, 3 1/2 szklanki wody, kawałek glonu kombu (ok. 5 cm), 1/2 łyżeczki soli

Fasolę opłucz i namocz na 8 godzin, a następnie odcedź, lecz wodę z namoczenia zachowaj (wyjątkowo tylko w przypadku azuki). Do dużego garnka włóż ryż (wcześniej namoczony w zakwaszonej żurkiem wodzie), dodaj namoczoną fasolkę, wlej wodę (razem z tą pozostałą po namoczeniu fasoli). Wymieszaj, dodaj glon oraz sól. Gotuj na wolnym ogniu, w garnku ustawionym na metalowej płytce ok. 50-60 minut. Czas gotowania w szybkowarze, który nadaje się najlepiej do tego rodzaju potrawy, wynosi ok. 35-40 minut.

Jest to tradycyjne, bardzo pożywne danie japońskie. Podawaj je z warzywami.

Karinto

D 1,5 szklanki mąki pszennej razowej
O szczypta kurkumy
Z 1,5 szklanki mąki z kaszy jaglanej (kaszę zmiel w młynku do kawy), 10 dag suszonych daktyli, 5-10 dag migdałów lub orzechów włoskich (**O**)
M szczypta imbiru
W sól, zimna woda
oraz olej do smażenia

Migdały sparz wrzącą wodą, obierz ze skórki i posiekaj. Do dużej miski wsyp mąkę pszenną, szczyptę kurkumy, mąkę jaglaną, pokrojone drobno daktyle, migdały (lub orzechy) oraz po szczypcie imbiru i soli. Wlej tyle zimnej wody, aby zagnieść dość gęste ciasto. Dokładnie wyrób. Partiami ciasto wałkuj, krój w dowolne formy (np. faworków) i smaż w głębokim oleju.

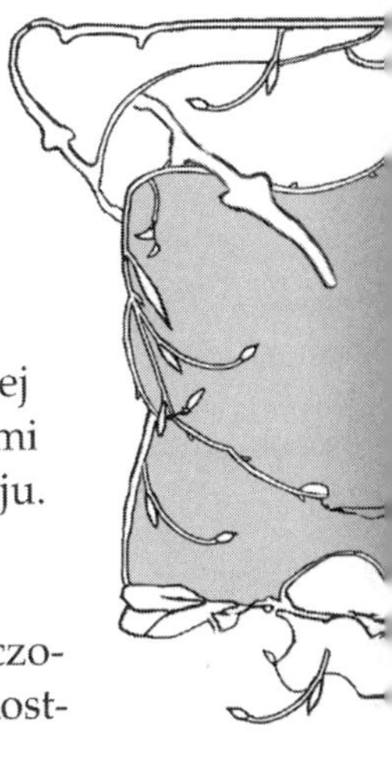

Krokiety z kaszy jęczmiennej

Z 3 szklanki ugotowanej kaszy jęczmiennej (np. pozostałej z wczorajszego dnia), 1 łyżka sklarowanego masła, 1 pokrojona w kost-

kę i przesmażona cebula, 1 łyżka skrobi kukurydzianej lub mąki ziemniaczanej
M 20-30 g suszonych grzybów, pieprz, bazylia, imbir
W sól
D natka pietruszki
oraz bułka tarta i oliwa do smażenia

Grzyby namocz i ugotuj do miękkości. Do kaszy dodaj przesmażoną cebulę, masło, skrobię i posiekane grzyby. Masę dopraw szczyptą pieprzu, bazylii, imbiru i soli. Dodaj posiekaną natkę pietruszki i dokładnie wyrób. Formuj niewielkie, podłużne krokiety, obtaczaj w bułce tartej i smaż na patelni lub piecz na blasze w piekarniku (ok. 20 minut).

Piłeczki zbożowe

Do wykonania tej potrawy nadają się pozostałości każdego rodzaju zbóż. Szczególne jednak smakuje z ryżu lub słodkiego ryżu (inna odmiana ryżu).
Z ok. 2 szklanek ugotowanego, kleistego ryżu, 2 łyżki wiórków kokosowych, 2 łyżki słodu ryżowego, 1 łyżka sklarowanego masła, 15 dag migdałów
M szczypta imbiru
W sól
D odrobina soku z cytryny
oraz olej do smażenia

Migdały sparz wrzącą wodą, pozostaw na 10 minut, obierz ze skórki i grubo posiekaj. Wypraż migdały na suchej patelni, przez cały czas mieszając, dodaj wiórki kokosowe, masło, słód. Kiedy wszystkie składniki połączą się, odstaw patelnię z ognia. Do lekko przestudzonej masy dodaj ryż, szczyptę imbiru i soli oraz nieco soku z cytryny. Wymieszaj i formuj okrągłe kulki.
O w głębokiej patelni lub rondlu rozgrzej olej i smaż kulki na złoty kolor

Podawaj ciepłe jako przekąskę.

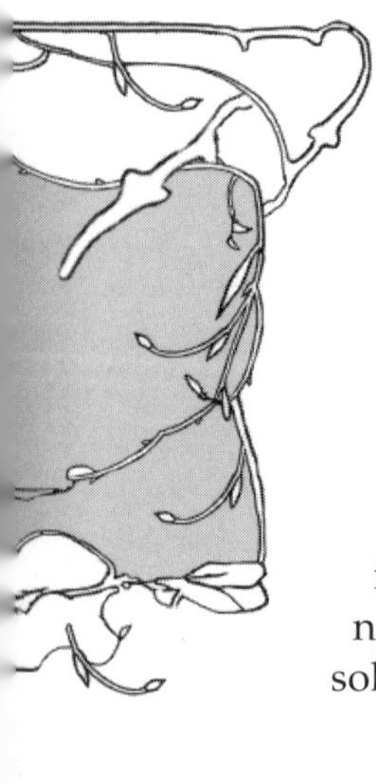

POTRAWY Z WARZYW

Jarmuż duszony z czosnkiem
Z 1 łyżka oliwy lub sklarowanego masła
M 30 dag jarmużu, 2 posiekane ząbki czosnku, szczypta utartej gałki muszkatołowej
W sól, nieco wody

Odetnij twarde łodygi z jarmużu. Umyj liście i osusz. Ułóż razem, posiekaj w małe kawałki. W dużym rondlu podgrzej delikatnie oliwę, dodaj posiekany czosnek, mieszaj przez minutę a następnie dodaj jarmuż i szczyptę gałki muszkatołowej. Podlej małą ilością wody. Gotuj na wolnym ogniu bez przykrycia przez kilkanaście minut. Na końcu dodaj nieco soli i rondel odstaw z ognia.

Zapamiętaj! Jarmuż powinien zachować swoją soczystozieloną barwę. Przy długim gotowaniu staje się ciemnozielony i jest mniej wartościowy.

Nituke z marchwi i ziemniaków

Z 2 marchwie, 2 ziemniaki, olej sezamowy lub inny, 1 łyżeczka kminku
M pieprz
W sól

Nituke to potrawa ze smażonych warzyw. Marchwie i ziemniaki wymyj, a następnie wyszoruj szczoteczką. Pokrój w słupki. Rozgrzej garnek na ogniu, wlej olej, a następnie dodaj warzywa. Wsyp kminek, pieprz i sól. Smaż na większym ogniu i przez cały czas potrawę mieszaj. Po ok. 5 minutach smażenia garnek przykryj pokrywą i zmniejsz ogień. Najlepiej ustaw go na specjalnej płytce i potrzymaj jeszcze kilkanaście minut, aby warzywa zmiękły.

Warzywa duszone z glonem hiziki

O nieco wrzątku
Z 2 marchewki, 1 pietruszka
M kawałek selera, 1 cebula, imbir, 1 rzepa, kawałek dowolnej kapusty
W 1 łyżka glonu hiziki, sól, sos sojowy
D sok z cytryny
O tymianek
Z oliwa lub dowolny olej

Warzywa korzeniowe pokrój w słupki lub półplasterki, natomiast cebulę – w półplasterki. Posiekaj kapustę. Glon namocz w zimnej wodzie na 20 minut. Do małej ilości wrzącej wody włóż kolejno warzywa. Dodaj plasterki świeżego imbiru (lub szczyptę suszonego) oraz odcedzony na sitku glon hiziki. Garnek z warzywami trzymaj najlepiej na metalowej płytce i na niewielkim ogniu. Warzywa duś ok. 20 minut, od czasu do czasu mieszając drewnianą łyżką. Pod koniec duszenia przypraw solą, sosem sojowym, wyciśniętym sokiem z cytryny oraz tymiankiem. Wlej nieco oliwy lub dowolnego oleju. Odstaw z ognia. Dokładnie wymieszaj.

Kapusta włoska z imbirem i opiekanym tofu

Z 1 łyżka oliwy, opiekane tofu (patrz przepis str.114)
M 50 dag kapusty włoskiej, 4 cienkie kawałki świeżego imbiru
W sól

Kapustę włoską ugotuj w całości na parze. Następnie pokrój grubo i odłóż. Pokrój tofu w kostkę (przetnij każdy kawałek wzdłuż i dwa razy na krzyż), a imbir drobno posiekaj. Podgrzej oliwę w rondlu, dodaj tofu, kapustę, imbir i smaż 30 sekund. Mieszaj 2-3 minuty, aż zrobią się gorące. Podawaj natychmiast.

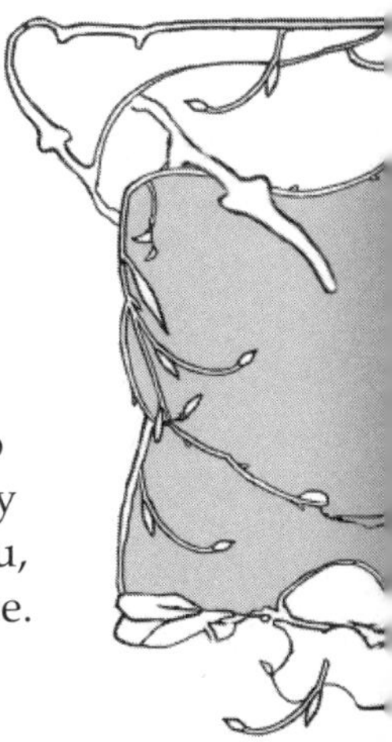

Bigos

O wrząca woda (ok. 0,5 l), liść laurowy, 10 dag orzechów włoskich (wyłuskanych)
Z 2-3 łyżki sklarowanego masła lub oleju, 10 dag śliwek suszonych, 10 dag migdałów, 30 dag pieczarek, 1 cebula pokrojona i podsmażona na oleju
M kolendra, angielskie ziele, pieprz
W sól, sos sojowy
D 1 kg kapusty kiszonej
O majeranek
Z pokrojony w kostkę i podsmażony na tłuszczu sejtan (ok. 30 dag)

Migdały sparz wrzącą wodą i po ok. 10 minutach moczenia obierz ze skórki. Grubo posiekaj orzechy i migdały. Cebulę pokrój w kostkę i przesmaż na oleju. Dodaj do niej umyte i pokrojone w plasterki pieczarki. Duś do odparowania sosu.

Zagotuj wodę, dodaj liść laurowy, a następnie masło, pokrojone śliwki, orzechy, migdały i pieczarki z cebulą. Duś 10 minut. Wrzuć po szczypcie pieprzu i kolendry oraz kilka ziaren angielskiego ziela. Lekko posól. Wlej nieco sosu sojowego. Dodaj lekko posiekaną kiszoną kapustę i wymieszaj. Dodaj szczyptę majeranku oraz podsmażony wcześniej sejtan pokrojony w kostkę (przepis na sejtan patrz str. 214). Zamiast sejtanu możesz dodać ugotowaną fasolę (**W**) lub wędzone tofu (**O**). Gotuj 25-30 minut.

Surówka z kiszonej kapusty

D 40 dag kiszonej kapusty
O majeranek
Z 1 marchew, kminek, 2 łyżki oleju sezamowego lub oliwy
M cebula
W sól

Kapustę drobno posiekaj, dodaj szczyptę majeranku, startą na tarce marchew, odrobinę zmielonego kminku oraz olej. Cebulę pokrój w drobną kostkę, sparz wrzącą wodą i odsącz na sitku. Dodaj do surówki. Całość lekko posól i dokładnie wymieszaj. Podawaj jako dodatek do potraw.

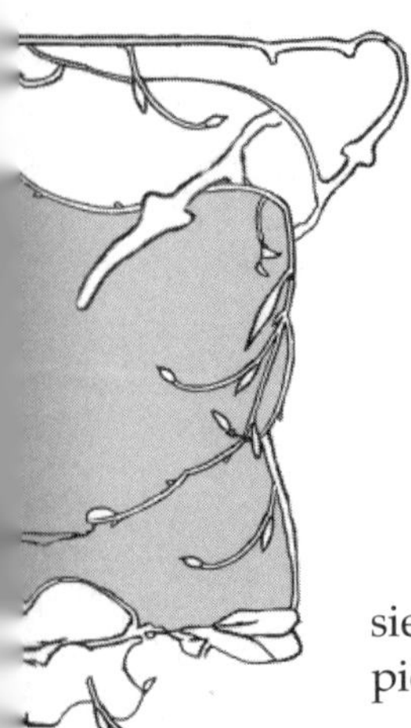

Sałatka z buraków

Z 4 buraki, 2 łyżki oleju sezamowego lub słonecznikowego
M 1-2 cebule, pieprz, 2 łyżki tartego chrzanu (niekoniecznie)
W sól
D 1 łyżka soku z cytryny

Ugotuj buraki. Obierz i zetrzyj na tarce o grubych oczkach. Wlej olej. Posiekaj cebulę i sparz ją wrzątkiem. Odsącz na sicie. Dodaj do buraków cebulę, pieprz, chrzan. Posól. Wlej sok z cytryny. Dokładnie wymieszaj.

Surówka z cykorii i orzechów włoskich

O 3 sztuki cykorii, 20 dag orzechów włoskich
Z 2 łyżki oliwy z oliwek
M oregano, rzeżucha (dowolnie)
W sól
D 1 łyżka soku z cytryny

Cykorie umyj i pokrój w drobne paseczki. Orzechy posiekaj i upraż na suchej patelni. Wymieszaj z cykorią. Dodaj oliwę, szczyptę oregano, rzeżuchę, sól do smaku oraz soku z cytryny. Dokładnie wymieszaj i odstaw na jakiś czas, aby wzajemnie połączyły się wszystkie smaki i aromaty potrawy.

Krótka kiszonka z marchwi, białej kapusty i cebuli

Z 2 marchwie
M 1-2 cebule, gorczyca, 1/2 średniej główki kapusty
W sól, woda

Oczyszczoną marchew pokrój w cienkie paseczki, kapustę drobno poszatkuj. Cebulę pokrój w cienkie piórka. Warzywa umieść w słoiczkach, dodaj po kilka ziaren gorczycy. Zalej lekko słoną wodą i pozostaw do ukiszenia w ciepłym miejscu. Przykryj słoiczki nakrętkami, ale nie zakręcaj. Po ukiszeniu (3-4 dni) słoiczki zakręć i przechowuj w lodówce. Podawaj jako dodatek do potraw.

INNE POTRAWY

Gołąbki z białej kapusty i ziemniaków

Z 25 dag ziemniaków surowych, 25 dag ziemniaków gotowanych, 2 pokrojone w kostkę cebule przesmażone na 2 łyżkach oleju
M 1 główka białej kapusty, pieprz
W sól

oraz oliwa i sos sojowy

Kapustę sparz we wrzącej wodzie w całości. Ostrożnie oddziel poszczególne liście. Przygotuj farsz. Surowe ziemniaki zetrzyj na tarce, pozostaw na sicie, aby obciekły. Ugotowane ziemniaki rozgnieć na gładką masę. Wymieszaj razem surowe i ugotowane ziemniaki, dodaj przesmażoną cebulę. Dopraw pieprzem i solą. Ułóż nieco farszu na liściu i zawiń. Na dnie rondla umieść pozostałe liście kapusty i ułóż ciasno gołąbki. Podlej je wodą, pozostałą po sparzeniu kapusty, dodaj łyżkę oliwy i łyżką sosu sojowego. Duś na małym ogniu ok. 25-30 minut. Podaj z sosem pomidorowym, grzybowym lub cebulowym.

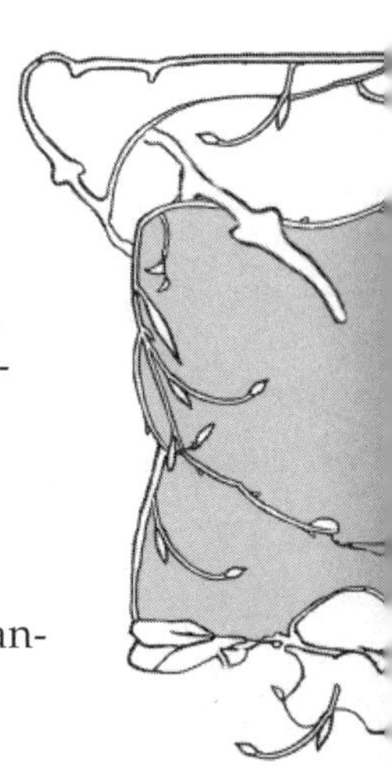

Imbirowo-warzywny kawior z tofu i suszonych grzybów

Z 1 łyżka oleju sezamowego, 25 dag tofu
M 1 łyżka siekanego imbiru, 1 łyżka siekanego czosnku, 1/2 szklanki suszonych grzybów shitake
W 1/2 szklanki suszonego wodorostu hiziki, sos sojowy shoyu

Umieść hiziki w papierowej torbie i zgnieć wałkiem do ciasta. Wymocz w dwóch szklankach zimnej wody przez 30 minut. Osusz na sicie i dokładnie posiekaj. Grzyby namocz w dwóch szklankach ciepłej wody. Odcedź grzyby, wody nie wylewaj. Pokrój je w paseczki. W dużym rondlu podgrzej olej sezamowy, dodaj pokrojone w drobną kostkę tofu, namoczone, posiekane grzyby wraz z wodą pozostałą z namoczenia, imbir, czosnek oraz namoczony glon. Gotuj na małym ogniu ok. 15 minut bez przykrycia, aż cały płyn wyparuje. Dopraw solą, sosem sojowym. Podawaj z pieczywem lub jako dodatek do makaronu, kaszy lub ryżu.

Sałatka z fasoli

Fasolę białą, czarną i czerwoną (zmieszane wszystkie trzy, co daje wspaniały efekt kolorystyczny) – po 1/2 szklanki, namocz na noc. Nazajutrz wodę wylej, dodaj świeżej (ok. 10 cm ponad powierzchnię fasoli) i ugotuj z kawałkiem glonu kombu, najlepiej w szybkowarze (ok. 15-20 minut). Fasola powinna być miękka, ale nie przegotowana.

4 ziemniaki ugotuj w „mundurkach", wystudź i obierz ze skórki. Cebulę i por posiekaj i sparz wrzątkiem przez ok. 3-5 minut.

O 1/2 szklanki włoskich orzechów wypraż i posiekaj
Z dodaj do nich pokrojone w kostkę 4 ziemniaki oraz 2 łyżki oliwy
M wrzuć pokrojone i sparzone: cebulę i por oraz nieco pieprzu,
W a także ugotowaną, odcedzoną fasolę
D oraz pokrojone w kostkę 2 kiszone ogórki
O przypraw tymiankiem i majerankiem
Z dodaj 2 łyżki oleju z pestek winogron lub majonezu

Fasola azuki z duszoną cebulą

Z 2 łyżki oliwy
M 2-3 cebule
W sól, woda, 1 szklanka ugotowanej fasolki azuki, sos sojowy shoyu
D kilka kropli soku z cytryny, natka pietruszki
O majeranek, tymianek

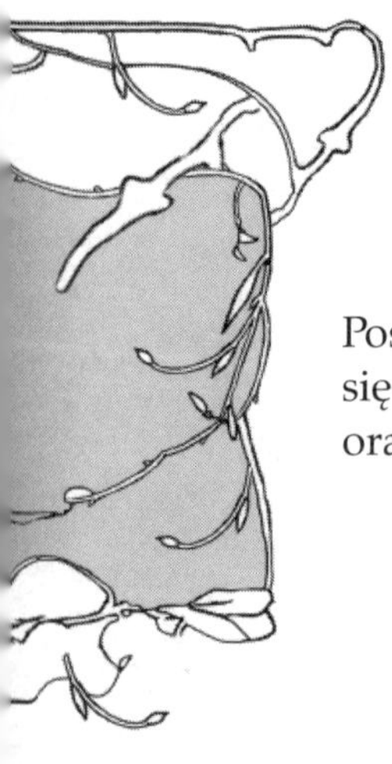

Cebulę przekrój wzdłuż na pół, a następnie każdą połowę pokrój również wzdłuż w cienkie talarki. Rozgrzej oliwę w rondlu, wrzuć cebulę i smaż, mieszając ok. 3 minuty. Podlej odrobiną wody i duś ok. 10 minut pod przykryciem. Odkryj pokrywę, aby woda wyparowała, włóż fasolkę. Posól, wlej nieco sosu sojowego oraz kilka kropli soku z cytryny. Kiedy fasola się podgrzeje, zestaw z ognia. Dodaj do potrawy posiekaną natkę pietruszki oraz majeranek i tymianek do smaku.

Kotlety gryczane

O 1,5 szklanki ugotowanej kaszy gryczanej
Z mała marchewka i cebula uduszone na 1 łyżce masła sklarowanego, 1 łyżka skrobi kukurydzianej lub mąki ziemniaczanej

M pieprz
W sól

Cebulę drobno pokrój, podsmaż na maśle, dodaj startą marchew. Duś razem pod przykryciem, często mieszając, ok. 10 minut. Do kaszy dodaj podsmażone warzywa, łyżkę skrobi kukurydzianej lub maki ziemniaczanej, szczyptę pieprzu i soli. Formuj małe kotleciki, obtaczaj w bułce tartej i smaż na oleju. Podawaj z surówkami i warzywami gotowanymi.

Zapamiętaj! Jeżeli kasza jest ugotowana na sypko, to wlej nieco wody (**W**).

SOSY

Sos pieczarkowy

Z 1 średnia pokrojona i podsmażona na tłuszczu cebula, 30 dag pieczarek, 1 łyżeczka masła sklarowanego lub oliwy
M 1 łyżeczka drobnych płatków owsianych, pieprz
W sól, 1 szklanka wody
D estragon
O majeranek

Pieczarki umyj i drobno pokrój. Podsmaż je na maśle, aż do wyparowania płynu. Dodaj podsmażoną cebulkę oraz płatki i nieco pieprzu. Wlej wodę i gotuj na małym ogniu ok. 15 minut. Odstaw i przypraw solą, estragonem, majerankiem. Zamiast płatków owsianych możesz dodać zawiesinę z mąki lub skrobi kukurydzianej (**Z**).

Sos miso

Z 3 łyżki tahiny (masło sezamowe)
M szczypta imbiru
W 1 łyżka pasty miso, 3/4 szklanki wody

Do tahiny dodaj imbir oraz miso. Dolewaj stopniowo wodę, rozcierając masę drewnianą łyżką, aż do połączenia się składników. Krótko zagotuj. Podawaj ten sos do kasz, ryżu, makaronu i jarzyn.

CIASTA I DESERY

Duszone jabłka

Z 1 łyżeczka sklarowanego masła, 2 słodkie jabłka
M goździki
W szczypta soli rozpuszczona w łyżce zimnej wody
D nieco soku z cytryny, 2 kwaśne jabłka
O szczypta piołunu
Z miód (niekoniecznie)

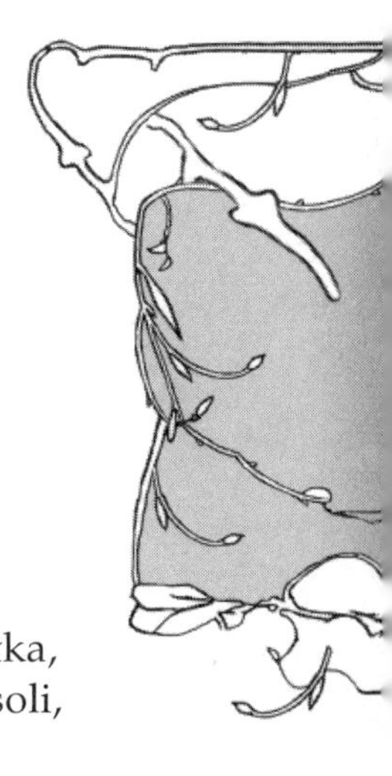

Rozgrzej rondelek, dodaj masło, pokrojone w ósemki słodkie jabłka, szczyptę zmielonych goździków, rozpuszczoną w wodzie odrobinę soli, nieco soku z cytryny i pokrojone w ósemki kwaśne jabłka. Wsyp trochę piołunu i duś 10-15 minut. Po ostudzeniu możesz dodać nieco miodu.

Zapamiętaj! Razem z jabłkami można dusić gruszki (**Z**).

Wykwintny deser owocowo-korzenny

O 1 szklanka czerwonego wina (najlepiej wytrawnego)
Z 1 łyżka miodu, 2 łyżki rodzynek królewskich, 2 łyżki wyłuskanych orzechów laskowych, 1 banan, cynamon
M kardamon, goździki, imbir
W łyżka zimnej wody (może być mineralna)
D 2 pomarańcze, wiśnie bez cukru z kompotu

Zagotuj wino, dodaj miód, rodzynki, orzechy, cynamon, plasterki banana oraz po szczypcie kardamonu, goździków i imbiru. Gotuj 5 minut i zestaw z ognia. Dodaj łyżkę zimnej wody oraz wiśnie z kompotu i podzielone na cząstki pomarańcze.

Podstawowe ciasto kruche

D 25 dag mąki pszennej razowej
O szczypta kurkumy
Z 25 dag mąki kukurydzianej, 25 dag masła
M szczypta imbiru
W sól, woda

Wysyp mąkę pszenną razową na stolnicę, dodaj szczyptę kurkumy, mąkę kukurydzianą, miękkie masło, szczyptę imbiru oraz sól. Posiekaj energicznie nożem, a następnie wlej tyle zimnej wody, aby ciasto zlepić. Nie wyrabiaj. Schłodź w lodówce, minimum przez 1 godzinę. Ciasta używaj do wypieku szarlotki, rogalików, babeczek i innych ciast.

Zapamiętaj! Zamiast mąki kukurydzianej możesz użyć białej pszennej (**D**). Połowę masła, możesz zastąpić olejem lub oliwą.

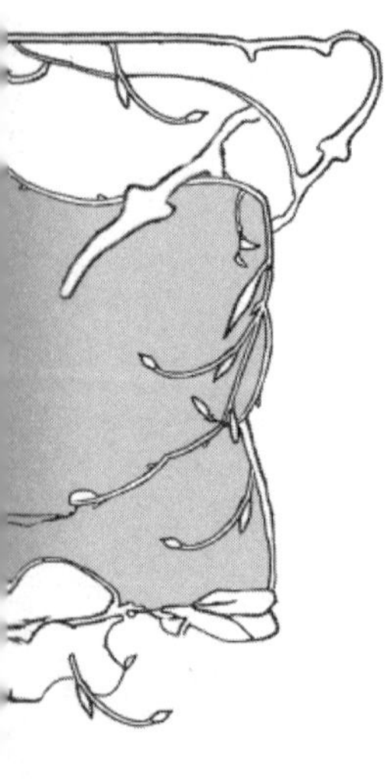

Kruche ciasto z masą makową

1,5 szklanki maku zalej wrzącą wodą, tak aby go w całości przykryła i namocz na 8 godzin.

Przygotuj ciasto kruche (patrz przepis wyżej), wyłóż na blachę do pieczenia i piecz 10-15 minut w nagrzanym piekarniku. Namoczony mak odsącz na sicie i zmiel.

Masa makowa

Z 1,5 szklanki zmielonego maku, 1-2 łyżki drobnej kaszki kukurydzianej, 2-3 łyżki rodzynek, 2-3 łyżki miodu, 1-2 łyżki drobno pokrojonej skórki pomarańczowej, usmażonej w miodzie, 1-2 łyżki roztopionego masła.
M zmielone goździki, kardamon
W szczypta soli morskiej, odrobina wody

oraz orzechy, rodzynki i skórka pomarańczowa do dekoracji

Przygotuj dużą miskę, wsyp zmielony mak i kaszkę kukurydzianą. Dodaj lekko podgrzany miód, masło oraz wcześniej namoczone i odsączone z wody rodzynki, posiekane orzechy i skórkę pomarańczową. Dobrze wymieszaj i przypraw masę odrobiną goździków, kardamonu i solą. Dodaj odrobinę wody. Masę makową wyłóż na upieczony, kruchy spód, udekoruj orzechami, rodzynkami i skórką pomarańczową. Wstaw jeszcze od piekarnika na 15-20 minut, przykrywając ciasto z wierzchu pergaminem.

Zapamiętaj! Jeżeli 1 łyżkę kaszki kukurydzianej ugotujesz w 1/2 szklanki wody i wymieszasz z makiem, dodając inne podane składniki, to ciasta z nałożoną masą już nie musisz piec, wystarczy tylko odstawić je do zastygnięcia.

Piernik

Z 15 dag masła, 4-5 żółtka, cynamon, 5-7 łyżek miodu, 1 szklanka mąki kukurydzianej, 1-2 łyżeczki wiórków kokosowych
M mielone goździki, kardamon, kolendra
W sól, 1/2 -1 szklanki wody mineralnej gazowanej
D 1 1/2 szklanki mąki pszennej razowej lub orkiszowej, 1 łyżeczka sody
O 1 łyżka kakao, 2 łyżki wyłuskanych orzechów włoskich
Z piana z białek, 2 łyżki rodzynek

Żółtka oddziel od białek i utrzyj z miodem, cynamonem, wiórkami kokosowymi i mąką kukurydzianą. Dodaj mielone goździki, kardamon, kolendrę, sól, wodę mineralną, sodę oraz tyle mąki, aby ciasto było dość gęste. Cały czas ucieraj, dosypując kakao. Na koniec dodaj posiekane orzechy, pianę ubitą z białek oraz namoczone rodzynki.

Ciasto wyłóż do wysmarowanej tłuszczem foremki i piecz ok. 60 minut w nagrzanym piekarniku. Temperatura pieczenia ok. 180^0C.

Polewa do piernika

O 2 łyżki kakao
Z 2 łyżki masła, 2 łyżki miodu

Wszystkie składniki rozpuść (nie gotuj). Polej upieczone ciasto. Posyp wiórkami kokosowymi.

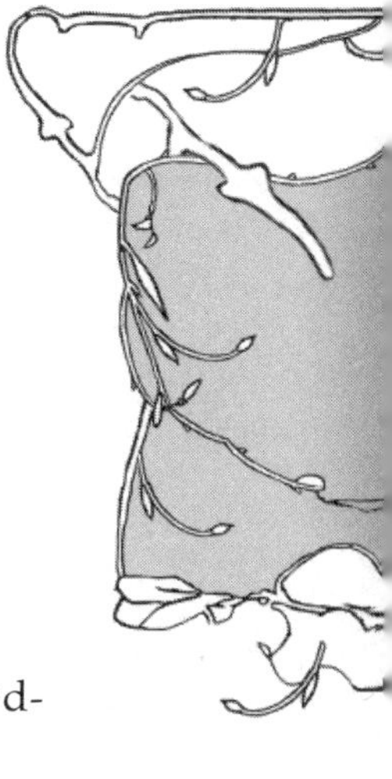

Piernik z marchwi

O 1/2 szklanki wrzącej wody
Z 1 kg marchwi, 2 dag drożdży, 1 szklanka mąki kukurydzianej, 1/2 szklanki oliwy, 2 łyżki miodu, 10 dag rodzynek, 10 dag orzechów laskowych, cynamon, 1 jajko
M pieprz, zmielone goździki, ziele angielskie
W sól
D 2 szklanki mąki pszennej razowej
O 1 łyżka kakao

oraz oliwa do smarowania formy i otręby pszenne

Do wrzącej wody dodaj pokrojoną w cząstki marchew i ugotuj. Odcedź z wody. Marchew zmiel lub zmiksuj. Przestudź, a następnie dodaj drożdże (rozpuszczone w odrobinie wody, w której gotowała się marchew, lekko przestudzonej) i kolejno mąkę kukurydzianą, rozpuszczony miód, cynamon, jajko, oliwę oraz namoczone wcześniej rodzynki i orzechy. Przyprawy zmiel i wrzuć do ciasta w ilości 1 łyżki wszystkich razem. Ciasto lekko posól, dodaj mąkę pszenną, kakao i zagnieć dość twarde ciasto. Jeśli nie jest twarde, to należy dodać jeszcze więcej mąki. Ciasto przełóż do formy wysmarowanej oliwą i wysypanej otrębami. Pozostaw w ciepłym miejscu do wyrośnięcia. Piecz w średnio nagrzanym piekarniku ok. 1 godzinę.

Polewa

Z 2 łyżki masła, 2 łyżki miodu, 2 łyżki karobu
oraz posiekane orzechy włoskie lub wiórki kokosowe

Wszystkie składniki rozpuść w rondelku, nie dopuszczając do zagotowania. Polewę wylej na ciepłe jeszcze ciasto, posyp posiekanymi orzechami lub wiórkami kokosowymi. Odstaw do wystudzenia.

Kisiel pomarańczowy z kuzu

O 1,5 szklanki wrzącej wody
Z 5 słodkich pomarańcz, 2 łyżki słodu lub miodu
M 3 łyżki kuzu
W odrobina zimnej wody, szczypta soli

Pomarańcze wymyj mydłem i wyszoruj szczoteczką. Wyciśnij z nich sok. Do soku dodaj kuzu i nieco zimnej wody. Dokładnie wymieszaj aż kuzu się rozpuści. Do wrzącej wody dodaj słód oraz mieszaninę soku z kuzu i szczyptę soli. Gotuj krótko na małym ogniu i odstaw. Rozlej kisiel do kompotierek i odstaw. Po wystygnięciu możesz udekorować deser dowolnymi suszonymi owocami i orzechami.

NAPOJE

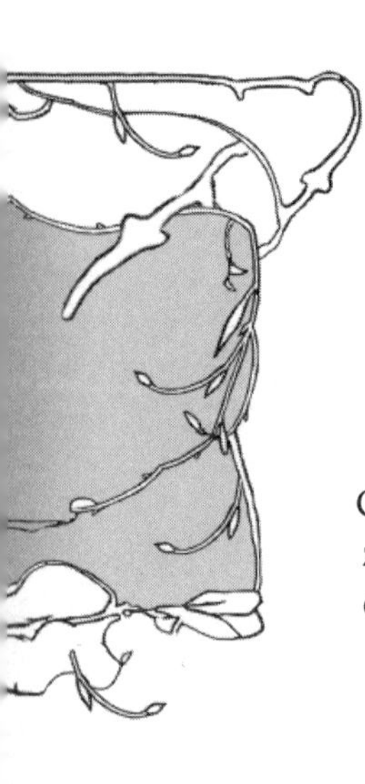

Rozgrzewający napój z czarnej kawy

O wrząca woda
Z cynamon
M imbir, goździki
W odrobina zimnej wody
D odrobina soku z cytryny
O kawa naturalna (dowolnie)
Z miód

Do wrzącej wody dodaj po szczypcie cynamonu, imbiru i goździków. Gotuj 5 minut, a następnie wlej nieco zimnej wody oraz odrobinę soku z cytryny. Wsyp kawę i gotuj 3 minuty. Odstaw z ognia, lekko przestudź, dodaj miodu i wypij z fusami.

Zapamiętaj! Tak przygotowana kawa rozgrzewa nerki.

Herbata z kombu

Można ją pić leczniczo przez 4-6 tygodni, aby dostarczyć organizmowi składników mineralnych. Z uwagi na to, że tylko część minerałów przechodzi do herbatki, należy zjeść również glon. Herbatka zapobiega dolegliwościom okresu przekwitania i wzmacnia kości. Zaleca się ją pić 3-4 razy w tygodniu.

W kawałek glonu kombu (ok. 10 cm) zalać dwoma filiżankami wody i gotować ok. 15 minut, aż glon zmięknie

5. Przykładowe jadłospisy na zimę

I

Śniadanie:	Płatki owsiane gotowane z daktylami (str. 197)
	Pasta ze słonecznika (str. 193), chleb razowy
	Herbata kukicha
Obiad:	Barszcz ukraiński (str. 195)
	Krokiety z kaszy jęczmiennej (str. 200)
	Sos pieczarkowy (str. 205), jarmuż duszony z czosnkiem
Deser:	Duszone jabłka (str. 205)
Kolacja:	Kasza jaglana gotowana z warzywami i prażonymi orzechami (str. 197)
	Herbata ziołowa

II

Śniadanie:	Ryż + gomasio (str. 211)
	Warzywa duszone z glonem hiziki (str. 201)
	Pasta z ciecierzycy (str. 193), ogórek kiszony, pieczywo razowe, herbata z dzikiej róży
Obiad:	Zupa ogórkowa (str. 195)
	Gołąbki z białej kapusty i ziemniaków (str. 203)
	Kasza gryczana gotowana z grzybami (str. 198), sałatka z buraków (str. 202)
Deser:	Piernik z marchwi (str. 207), kawa zbożowa (str. 88)
Kolacja:	Nituke z warzyw korzeniowych (str. 201)
	Tofu zapiekane (str. 113)
	Surówka z cykorii i orzechów włoskich (str. 203)
	Herbatka owocowa

III

Śniadanie:	Zupa miso
	Kasza jaglana gotowana ze śliwkami suszonymi i cynamonem (str. 198), kawa zbożowa

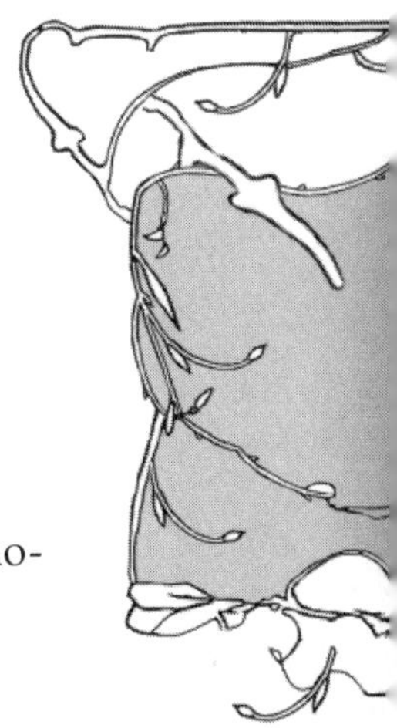

Obiad:	Zupa pomidorowa z ryżem (str. 196) Fasola z duszoną cebulą (str. 204) Polenta zapiekana Surówka z kiszonej kapusty (str. 202)
Deser:	Kisiel pomarańczowy z kuzu (str. 208)
Kolacja:	Warzywa gotowane na parze (marchew, pietruszka, por, jarmuż, kapusta) polane olejem lnianym i przyprawione gomasio (str. 211) Piłeczki zbożowe (str. 200) Herbata miętowa

XV I. Dodatkowe przepisy

Gomasio

7 łyżeczek sezamu, najlepiej nieoczyszczonego, dobrze wypłucz w zimnej wodzie, posługując się sitkiem (zanurz go umiejętnie w misce z wodą, lekko pomieszaj łyżką ale, tak aby sezam nie wypłynął).

Dobrze wypłukany upraż na suchej patelni, przez cały czas mieszając drewnianą łyżką. Sezam powinien mieć ładny, złoty kolor i przyjemny zapach. Nie można go przypalić, gdyż wtedy jest gorzki. Pod koniec prażenia wsyp łyżeczkę soli, najlepiej morskiej. Krótko praż razem. Następnie utrzyj w suribaszi lub w makutrze. Ziarenka powinny być lekko roztarte, ale nie zmiażdżone na pył. Po wystudzeniu można przechowywać tę przyprawę ok. 10 dni w zakręconym słoiczku.

Podawaj jako posypkę do kasz, ryżu, zup i warzyw gotowanych na parze.

Zimą użyj sezamu do soli w stosunku 7:1, a latem 12-15:1

Przyprawa z sezamu i wodorostu wakame (wakame gomasio)

Do jej wykonania potrzebny jest moździerz z tłuczkiem lub japoński moździerz, zwany suribaszi (jest idealny do rozdrabniania nasion i ucierania przypraw). Mikser go nie zastąpi. Należy rozdrabniać ręcznie w celu zachowania aromatu nasion i roślin. Przyprawa służy do posypywania dowolnych dań zbożowych, warzywnych zup lub jako przekąska, uzupełniająca składniki mineralne (1 lub 2 łyżeczki).

1 szklanka nieoczyszczonego sezamu

Garstka suszonych wodorostów wakame

Rozgrzej piekarnik do 180^{0}C i umieść wakame. Praż do momentu, aż stanie się suche i kruche. Wyjmij z piekarnika, niech ostygnie. Rozkrusz delikatnie w moździerzu. Rozetrzyj tłuczkiem na proszek. Umyj ziarno sezamowe na sitku, zanurzając je w misce z zimną wodą, w ten sposób, aby ziarno nie spłynęło. Zanurzając dolną część sita w wodzie, należy jednocześnie mieszać jego zawartość.

Po kilkakrotnym wypłukaniu osusz sezam, a następnie umieść na rozgrzanej patelni. Praż na małym ogniu, mieszając przez cały czas drewnianą łyżką, aż zacznie energicznie strzelać i wydzielać aromat. Nasiona nie powinny zmienić koloru, bo wtedy stają się gorzkie.

Wsyp nasiona do moździerza i ucieraj w jedną stronę przez 2-3 minuty. Dodaj 2 łyżki wakame i dalej rozcieraj przez 2-3 minuty, do momentu, kiedy już ok. 2/3 nasion będzie roztarte.

Przechowuj w szczelnym pojemniku.

Nori prażone

Kawałek wodorostu nori

Opiekaj nori przez 1-2 minuty, trzymając je na wysokości 7,5-10 cm nad płomieniem gazu i obracając, aż się skurczy i ściemnieje. Można też umieścić nori w opiekaczu w najwyższej temperaturze. Pocięty w paseczki, lub pokruszony na małe kawałeczki, używaj do garnirowania zup i innych potraw.

Przecier z daktyli (do słodzenia ciast i deserów)

50 dag daktyli umyj i zalej w garnku zimną wodą, tak aby poziom wody był ok. 5 cm powyżej owoców. Gotuj na średnim ogniu ok. 10-15 minut. Zmiksuj i przełóż do słoiczków. Wystudź. Przechowuj w lodówce ok. 3 tygodni. Stosuj zamiast cukru jako dodatek do ciast, ciasteczek i deserów. Jeżeli użyjesz świeżych daktyli to wcześniej usuń z nich pestki.

Mus z suszonych owoców

O wrząca woda
Z daktyle, figi, śliwki, rodzynki, cynamon
M imbir
W szczypta soli, zimna woda
D sok z cytryny, skórka otarta z cytryny

Owoce umyj i sparz wrzącą wodą. Mocz w niej owoce, z wyjątkiem daktyli, przez 10 minut. Wodę odlej, owoce jeszcze raz wypłucz i odsącz na sicie. W dużym garnku zagotuj nieco wrzącej wody, dodaj owoce, cynamon, imbir, szczyptę soli oraz tyle zimnej wody, aby jej poziom był o ok. 10 cm ponad owoce. Gotuj na wolnym ogniu pod przykryciem, od czasu do czasu mieszając, aż owoce będą miękkie (ok. 45 minut). Odstaw z ognia, dodaj nieco soku oraz otartą skórkę z wyszorowanej cytryny. Wymieszaj. Używaj jako dodatek do kremów zbożowych na śniadanie, jako masę do przekładania ciast oraz jako składnik do deserów.

Mus jabłkowy

Z 1 kg słodkich jabłek, cynamon
M imbir, goździki
W szczypta soli
D sok z cytryny

Jabłka z upraw ekologicznych umyj, pokrój na cztery części i wydrąż gniazda nasienne. Jabłka niewiadomego pochodzenia umyj, obierz ze skórki i dopiero pokrój. Do dużego, rozgrzanego wcześniej garnka włóż jabłka, dodaj cynamon, imbir, goździki i szczyptę soli. Gotuj na średnim ogniu ok. 20 minut. Odstaw z ognia, wyjmij goździki, dodaj nieco soku z cytryny i zmiksuj. Przełóż do słoiczków. Mogą stać w lodówce ok. 1 tygodnia. Używaj jako dodatek do kasz i ryżu, do placuszków, deserów i ciast.

Przecier z dyni

1 dynię obierz ze skóry (odmiany hokaido używa się razem ze skórką), pokrój na kawałki i wybierz gniazda nasienne. Ziarno ususz. Dynię umyj i pokrój w większą kostkę. Umieść w dużym garnku i zalej zimną wodą, tak aby sięgała ona 10 cm ponad dynię. Gotuj na średnim ogniu, często mieszając, do momentu aż się lekko rozgotuje. Odstaw z ognia i zmiksuj. Możesz ją lekko posolić. Przełóż do słoików. W lodówce przechowuj go przez tydzień, pasteryzuj, jeżeli chcesz, by przecier dłużej nadawał się do spożycia. Dodaje się go do zup (np. dyniowa, jarzynowa, kapuśniak), placuszków, ciast i klusek.

Mus z dyni, jabłek i gruszek

2 kg dyni, 1 kg jabłek (kwaskowych), 1 kg dojrzałych gruszek, goździki, szczypta soli

Dynię obierz i pokrój w kostkę. Jabłka i gruszki umyj i jeżeli mają ładną skórkę, to pokrój całe owoce w kawałki. Na dno żeliwnego lub stalowego garnka wlej nieco wody, wrzuć dynię i owoce. Dodaj goździki i szczyptę soli. Ustaw garnek na metalowej płytce i gotuj na wolnym ogniu, aż dynia i owoce się rozgotują (ok. 1-2 godzin). Możesz też, po ugotowaniu, przecier jeszcze zmiksować, ale nie jest to konieczne. Używaj jako dodatku do kasz i płatków na śniadanie (mus rozcieńcz małą ilością gorącej wody i polej tym sosem kaszę jaglaną lub płatki), do deserów, do pieczywa lub jako dodatek do pasty ze słonecznika (prażony i zmielony słonecznik + przecier z dyni).

Masło klarowane (ghi)

W większym rondlu delikatnie podgrzej dowolną ilość masła śmietankowego, np. 2 paczki, aż się stopi. Rondelek ustaw na metalowej płytce, na niewielkim ogniu, tak aby utworzyła się piana. Pianę możesz usuwać, choć nie jest to konieczne.

Kiedy masło zrobi się lekko przejrzyste, należy wyłączyć ogień i pozostawić je jeszcze na kilka minut. Ostrożnie przecedź czysty, maślany tłuszcz przez sitko wyłożone gazą do słoiczków lub kamiennego garnka. Pojemnik na klarowane masło powinien być nieprzezroczysty. Jeżeli używasz szklanych słoików, to owiń je folią aluminiową, aby nie dopuścić światła, które może spowodować jełczenie. Nie używaj plastikowych pojemników.

Jest to bardzo wartościowy tłuszcz, służący jako dodatek do gotowania i smażenia potraw. Ponieważ składniki mleczne zostają usunięte, może być ogrzany do wyższej temperatury niż zwykłe masło i nie przypali się. Właściwie przechowywany, wytrzymuje ok. trzech miesięcy. Osoby, cierpiące na alergie na białka, zawarte w mleku, mogą jeść klarowane masło.

Kiszenie barszczu z buraków

Z 1 kg buraków
M kilka ząbków czosnku
W 1 łyżeczka soli, 1,5 l wody
D kromka razowego chleba
O łodyga koru (niekoniecznie)

Buraki dokładnie wyszoruj , pokrój w plastry, zalej wodą. Dodaj sól, kromkę chleba i koper. Przykryj naczynie gazą i odstaw na kilka dni w ciepłe miejsce. Po trzech dniach wyjmij chleb. Po ukiszeniu przelej barszcz do zakręcanych słoików i przechowuj w lodówce nie dłużej niż tydzień.

Kiszenie żuru

Kilka łyżek razowej żytniej mąki zalej przegotowaną letnią wodą w specjalnie do tego celu przeznaczonym naczyniu (gliniany dzbanek, słoik). Dodaj kilka ząbków czosnku i kawałek razowego chleba. Przykryj naczynie gazą i obwiąż dookoła nitką. W procesie kiszenia biorą udział bakterie beztlenowe, toteż dostęp powietrza psuje smak kiszonki i zaburza fermentację. Naczynie odstaw w ciepłe miejsce. Pamiętaj o codziennym mieszaniu fermentującego żuru, aby nie dopuścić do utworzenia pleśni na wierzchu.

Gotowanie fasoli (białej, czarnej i czerwonej)

1 szklankę fasoli namocz przez 8 godzin w ok. 7 szklankach zimnej wody. Następnie wodę odlej, umieść fasolę w garnku i zalej świeżą wodą, aby przykryła ziarno na ok. 3 cm. Dodaj liść laurowy i ok. 5-7 cm glonu kombu. Jeżeli nie masz glonu, wsyp nieco kminku. Gotuj fasolę tak długo, aż będzie miękka (przeszło 1 godzinę).

Strączkowe najlepiej gotuje się w szybkowarze. Nie tylko skraca to czas przyrządzania o połowę, ale ziarno gotuje się równo.

Sejtan – mięso pszeniczne

1 kg dobrej wysokoglutenowej mąki pszennej białej

Zmieszaj i wyrób mąkę z taką ilością wody, aby uzyskać luźne ciasto, jak na pierogi. Odstaw, aby ciasto „odpoczęło". Następnie kulę ciasta w misce umieść w zlewie i wlewaj raz ciepłą, raz zimną wodę, ugniatając ciasto rękoma. Wypłukana skrobia barwi wodę na biało. Należy ją tak długo wymieniać, ugniatając ciasto, aż będzie zupełnie przezroczysta . Otrzymany czysty gluten pszeniczny to produkt o wysokiej wartości białkowej. Jego wydajność uzależniona jest od jakości mąki.

Następnym etapem będzie ugotowanie glutenu w wywarze z warzyw (ok. 30 minut), gdzie znacznie zwiększy swoją objętość. Otrzymasz półprodukt zbliżony do mięsa. Możesz z niego przyrządzać potrawy podobne do mięsnych (gulasze, kotlety, gołąbki, pieczeń). Sejtan w wywarze przechowasz przez kilka dni w lodówce.

Majonez

Z 1 żółtko, 3/4 szklanki oleju z pestek winogron (lub innego)
M 1 łyżeczka musztardy
W sól
D 2-3 łyżki naturalnego jogurtu (niekoniecznie), sok z cytryny

Najważniejszą zasadą obowiązującą przy sporządzaniu majonezu jest jednakowa temperatura wszystkich użytych składników, zwłaszcza oleju i żółtka. Jeżeli zasada ta nie jest przestrzegana, to majonez może się nie udać.

W miseczce ukręć żółtko, wlewając bardzo powoli wąskim strumieniem olej. Gdy zacznie gęstnieć, dodaj musztardę i szczyptę soli. Kiedy już zużyjesz cały olej, a majonez będzie gęsty, dolej nieco soku z cytryny oraz naturalnego jogurtu (niekoniecznie).

Zakończenie

Medycyna Dalekiego Wschodu wykształciła sztukę i wiedzę o odżywianiu w oparciu o energię, która przepływa przez ludzi, rośliny i zwierzęta. Nazywa ją energią „czi". Poprzez odpowiednie pożywienie można podnieść poziom energii człowieka i zsynchronizować ją z energią środowiska. Pory roku to przekształcanie energii w przyrodzie. My, ludzie, jesteśmy mikrokosmosem w skali makro, tak samo więc powinna być przekształcana energia w naszych ciałach. Medycyna chińska hołduje tezie, że ciało, umysł i środowisko zewnętrzne nieustannie na siebie wpływają. Zatrucie środowiska i kurczące się zasoby naturalne we współczesnym świecie to dowód na zachwianie równowagi. Jednocześnie następuje załamanie się środowiska wewnętrznego człowieka, okupione chorobami i cierpieniem. Związane jest to z niewłaściwym stylem życia i żywienia. Niski poziom energii u współczesnego człowieka sprawia, że wykorzystuje on zaledwie cząstkę swego potencjału życiowego. Jedynie życie w harmonii ze środowiskiem i ze swoim wnętrzem zapewnia równowagę oraz odpowiedni poziom energii, co stymuluje zdrowie.

W chińskiej medycynie uznaje się, że każdy człowiek jest niepowtarzalną kombinacją Pięciu Elementów. Zwykle jeden z nich dominuje, kształtując osobowość i ciało człowieka. Najlepsze zdrowie przynosi harmonijna równowaga Pięciu Elementów. Jeżeli okresowo lub chronicznie masz niedobór jednego lub kilku elementów, to możesz zrównoważyć własną energię, jedząc to, co odpowiada barwą i smakiem brakującemu Ci Elementowi. Określone smaki i kolory pomagają osiągnąć pożądane cele energetyczne. Przygotowując jedzenie, aktywizujesz moc Pięciu Przemian potrawami i łączącymi się z nimi kolorami oraz pięcioma smakami. Harmonia między tymi smakami to cecha dobrego przepisu. Gdy jesz pokarm zgodnie z określoną Przemianą, wykorzystujesz jego energię w umyśle i ciele. Pokarm może Ci pomóc doświadczyć i wyrazić emocje kojarzone z określonym z Pięciu Elementów. Zestawiając potrawy według Pięciu Przemian, możesz dopasować dietę do swoich potrzeb psychicznych i fizycznych. Na wartość pożywienia i jego siłę oddziaływania ma wpływ nie tylko wrażliwość zmysłowa człowieka, ale też pozytywne nastawienie. Dobre myśli i intencje w czasie gotowania przekształcają składniki przepisu w źródło siły życiowej. Raduj się życiodajnym procesem karmienia siebie i innych. Czas spędzony w kuchni ma być okresem dobrej zabawy i satysfakcji ze swojej pracy. Liczy się Twoje nastawienie. Jeżeli gotowanie Cię stresuje i jest źródłem wewnętrznego przymusu, to nawet najzdrowsze potrawy pozbawione będą energii.

Buddyści zen uważają, że każda czynność, z której składa się życie, powinna być wykonana świadomie i z uwagą. Staje się wówczas medytacją. Gotowanie też może stać się medytacją, pomagającą w przekształcaniu energii pożywienia. Skupienie i uwaga są niezbędne, aby być w chwili obecnej. Zacznij od gotowania z pomocą pięciu zmysłów, które są dla nas cennym darem Natury:

Patrz – na informacje o produktach, czytając uważnie etykiety na opakowaniach. Oczy dostarczą też wiedzy, jak przebiega gotowanie. Zwróć uwagę na barwy potraw, ich formy i konsystencję.

Słuchaj – gotujące potrawy przemawiają własnym językiem. Bulgoczą, skwierczą, syczą, szumią itp., dostarczając cennych informacji o procesie gotowania.

Wąchaj – cudowne aromaty potraw przy tworzeniu różnorodnych kombinacji wzajemnie przenikających się smaków.

Dotykaj – aby ocenić, czy warzywa są jędrne i świeże, a owoce dojrzałe. Poprzez dotyk uświadomisz sobie, czy ugotowany produkt ma pożądaną konsystencję: czy jest chrupiący, czy też miękki. Musisz wyczuć, co Ci odpowiada.

Smakuj – aby bezpośrednio określić smak danego produktu i zakwalifikować go do określonej Przemiany. Kubki smakowe to twój największy dar. Informują na bieżąco o smaku wszystkiego, co spożywasz. Jednak pamiętaj, że nadmiar cukru i soli w pożywieniu zniekształca smak.

Przygotowując posiłki, nieustannie pracujesz nad równowagą sił działających w Twoim organizmie i we wszechświecie. Stan trwałej równowagi nie istnieje. Energia podlega codziennym zmianom. „Wszystko płynie" – jak zauważył Heraklit. Energia „czi" wznosi się i opada, kurczy i rozpręża. Gdy jest zrównoważona i przepływa prawidłowo – chroni organizm, a gdy popada w zastój (niedobór lub nadmiar) ciało staje się podatne na choroby. Energia „czi" jako wynik równowagi jin i jang stymuluje wzrost i zdrowie.

Jedzenie tego, co najwłaściwsze dla Twego ciała w danym momencie, odżywia „czi" i zbliża w stronę równowagi. Słuchaj swego ciała i swojej intuicji.

Błogosław jedzenie, zanim je spożyjesz.

Błogosławienie jedzenia i picia

Jedzenie to akt magiczny. W czasie procesu trawienia i wchłaniania, pożywienie zamieniane jest w komórki i tkanki naszego ciała.

Błogosław zawsze pokarm, który spożywasz. Podziękuj planecie. Podziękuj zwierzętom i roślinom, które są konsumowane oraz tym, dzięki którym jedzenie i picie znalazło się na twoim stole. Kiedy w ten sposób traktujesz pokarm, jego energia zostaje wzmocniona i oczyszczona z wszelkich negatywnych wpływów.

Dzięki skupieniu Twojej uwagi powstają też optymalne warunki do trawienia. Każda forma dziękczynienia jest dobra, najlepsze są jednak słowa lub myśli powstające spontanicznie.

XIX. Spis potraw

Wiosna

Zima

Dodatkowe przepisy

XX. Spis ćwiczeń

Uwaga: Ćwiczenia i medytacje stosuj dowolnie przez cały rok, posługując się intuicją. W poszczególnych porach roku możesz zastosować częściej, te ćwiczenia wzmacniające organizm, które są związane z daną porą roku.

Bibliografia

1. Neal Barnard, *Uciec przed chorobą*, Warszawa 2001
2. Annemarie Colbin, *Osteoporoza*, Warszawa 1999
3. Anna Czelej, *Pięć Przemian w kuchni wegetariańskiej*, Wrocław 1992
4. Ivan Hoffman, *Tao miłości*, Poznań 1997
5. Marek Kalmus, *Chiny, kuchnia...tajemnice medycyny*, Kraków 1991
6. Marek Kalmus, *Sztuka gotowania w/g chińskiej tradycji opartej na znajomości Pięciu Przemian* – tłumaczenie ze skryptu niemieckiego, Kraków 1987
7. Anna Kłosińska, *Polska kuchnia naturalna*, Warszawa 1994
8. Ryszard Matuszewski, *Strofy o porach roku* – antologia, Warszawa 1985
9. Zofia Merle, *Słońce na talerzu*, Warszawa
10. Edward Miszurow, *Cud natury – uzdrowienie poprzez wewnętrzne odżywianie*, Kraków 1993
11. Elizabeth Miles, *Feng shui – książka kucharska*, Poznań 2000
12. Tom Monte, *Encyklopedia medycyny świata*, Bydgoszcz 1999
13. Caroline Myss, *Anatomia duszy*, Kraków 2000
14. Krystyna Ojrowska, *Cudowne leczenie żywieniem*, Warszawa 1995
15. Oshashi, *Co mówi twoje ciało*, Warszawa
16. Penny Peirce, *Intuicja*, Konstancin – Jeziorna 1997
17. David Pond, *Czakry od podstaw*, Warszawa 2002
18. Louis Proto, *Samouzdrawianie*, Warszawa 1998
19. Anthony Robbins, *Nasza moc bez granic*, Warszawa 1996
20. G.S. Rothfeld, S. Le Vert, *Medycyna naturalna w leczeniu chorób serca*, Warszawa 1996
21. Gene Spiller, Rovena Hubbard, *Tajemnice kuchni naszych przodków*, Warszawa 1998
22. Barbara Temelie, Beatrice Trebuth, *Gotowanie według Pięciu Przemian*, Gdańsk 2001
23. Neale Donald Walsh, *Rozmowy z Bogiem*, Bydgoszcz 2000
24. Tom Williams, *Medycyna chińska*, Warszawa 1995
25. Christopher Vascy, *101 metod oczyszczania organizmu w medycynie naturalnej*, Wrocław 1998
26. Elżbieta Zielińska, *Uzdrawiająca moc postu*, Wrocław 1997

Indeks

Klasyfikacja produktów spożywczych według Pięciu Przemian

Właściwości cieplne:

Gorące ◠ re Ciepłe ▭ wen Neutralne △ ping Ochładzające □ liang Zimne ○ han

Przemiana	Produkty zbożowe	Warzywa	Rośliny strączkowe	Owoce	Produkty pochodzenia zwierzęcego	Przyprawy	Zioła, Napoje	Inne
Wiosna **Drzewo** smak kwaśny kieruje do wewnątrz i w dół sprzyja ochronie soków ciała	bulgar □ kiełki □ kuskus □ orkisz □ płatki orkiszowe □ płatki pszenne □ pszenica □ rozczyn do chleba □	botwinka □ cukinia □ kapusta kwasz. □ nać pietruszki □ ogórki kiszone □ pomidory □ rabarbar ○ sałata □ szczaw □ świeże i młode zielone warzywa □ zarodki □	kiełki fasoli mung ○	ananas ○ agrest □ brzoskwinie ▭ cytryny □ jagody □ jeżyny △ kwaśne jabłka □ kwaśne pomarańcze □ kwaśne winogrona △ kwaśne wiśnie ▭ kwaśny grejpfrut □ maliny △ owoc dzikiej róży □ pigwa ▭ porzeczki □ poziomki □	biały ser △□ jogurt □ kefir □ kwaśna śmietana □ twaróg □ zsiadłe mleko □	estragon □ melisa □ ocet winny ▭	kwas chlebowy □ sok z brzozy □ sok z cytryny □ sok z porzeczki □ szampan □ wino białe □ wino musujące □	barszcz kiszony □ drożdże △ przecier pomidorowy ▭

Właściwości cieplne:

Gorące ⌓ re Ciepłe ▭ wen Neutralne △ ping Ochładzające □ liang Zimne ○ han

Przemiana	Produkty zbożowe	Warzywa	Rośliny strączkowe	Owoce	Produkty pochodzenia zwierzęcego	Przyprawy	Zioła, Napoje	Inne
Lato **Ogień** smak gorzki kieruje w dół pobudza przemianę materii	kasza gryczana ▭ płatki żytnie ▭ inne prażone zboża ▭ żyto ▭	cykoria □ endywia □ karczoch □ koperek ▭ korzeń łopianu ▭ korzeń mniszka ▭ sałata □ świeży lubczyk ▭		czerwone mirabelki ▭ czerwone winogrona ▭ gorzki grejpfrut □ śliwki wędzone ▭	mleko kozie ▭ ser kozi ▭ ser owczy ▭	jałowiec ▭ kozieradka ⌓ kurkuma ▭ laurowy liść ▭ lubczyk ▭ macierzanka ▭ majeranek ▭ piołun □ rozmaryn ▭ szałwia ▭ tymianek ▭	czerwone wino ▭ goryczka □ herbata czarna □ herbata jaśminowa □ herbata zielona □ kawa naturalna ⌓ kawa zbożowa △ kawa z korzenia łopianu □ kozłek lekarski □ kwiat głogu □ kwiat nagietka □ piwo □ spirytus ⌓ wrząca woda ▭	amarantus △ gwinoa △ kakao ▭ orzechy włoskie ▭ produkty prażone ▭ tofu wędzone □

Właściwości cieplne:

Gorące ⌓ re   Ciepłe ▭ wen   Neutralne △ ping   Ochładzające □ liang   Zimne ○ han

Przemiana	Produkty zbożowe	Warzywa	Rośliny strączkowe	Owoce	Produkty pochodzenia zwierzęcego	Przyprawy	Zioła Napoje	Inne
Babie lato **Ziemia** smak słodki rozprowadza we wszystkich kierunkach odżywia i nawilża	gotowane zboża △ kasza jaglana △ kasza kukurdziana △ kukurydza △ ryż słodki ▭ sejtan △	awokado ○ bakłażan □ brokuły □ buraki □ cukinia △ dynia hokkaido ▭ dynia ogrodowa △ duszona cebula ▭ fasolka szparagowa △ fenkuł ▭ groszek świeży △ kabaczek △ marchewka △ ogórek ○ papryka słodka △ pietruszka △ pomidory słodkie □ suszone jarzyny △ szparagi □ szpinak □ ziemniaki △	bób □ ciecierzyca □ groch □ mleko sojowe □ soczewica □	arbuz ○ banany □ czereśnie ▭ daktyle △ figi △ maliny ▭ mandarynki □ morele ▭ owoce suszone △ rodzynki △ słodkie brzoskwinie ▭ słodkie jabłka i gruszki □ słodkie mandarynki □ słodkie winogrona □ słodki grejpfrut △ słodkie wiśnie ▭ śliwka ▭	jaja kurze △ jogurt słodki △ masło klarowne ▭ masło świeże △ mleko krowie △ ser świeży słodki △ słodka śmietana △	anyżek ▭ cukier trzcinowy △ cynamon ⌓ kminek ▭ koper włoski ▭ lukrecja △ miód △ słody zbożowe △ syrop klonowy □ wanilia ▭	korzeń lotosu □ kwiat lipy □ lawenda ▭ liść babki □ mleko kokosowe ▭ mleko migdałowe □ mleko sojowe □ mleko zbożowe ▭ pokrzywa △ rumianek □ soki warzywne □ sok z gruszek □ wino słodkie ▭	grzyby świeże i suszone □ karob ▭ masło orzechowe △ migdały □ olej lniany □ olej słonecznikowy □ olej sojowy □ olej z pestek winogron □ oliwa z oliwek □ pestki dyni □ siemie lniane □ skrobia kukurydziana △ tahina △ tofu □ ziarno słonecznika □

Właściwości cieplne:

Gorące ⌓ re Ciepłe ▭ wen Neutralne △ ping Ochładzające □ liang Zimne ○ han

Przemiana	Produkty zbożowe	Warzywa	Rośliny strączkowe	Owoce	Produkty pochodzenia zwierzęcego	Przyprawy	Zioła, Napoje	Inne
Jesień **Metal** smak ostry kieruje w górę i na zewnątrz oswobadza zastój	owies △ jęczmień □ płatki jęczmienne □ płatki owsiane △ ryż △	biała rzodkiew □ brukselka △ cebula ▭ chrzan ▭ czosnek ▭ jarmuż □ kalafior □ kalarepa △ kapusta biała △ kapusta czerwona △ kapusta pekińska □ kapusta włoska △ por ▭ rzepa △ rzeżucha □ rzodkiewki □ seler □ seler naciowy □ szczypiorek ▭ zielona cebulka ▭		orzeszki ziemne △		goździki ⌓ bazylia ▭ chili ⌓ curry ▭ czarnuszka ▭ czosnek ▭ gałka muszkatałowa ▭ gorczyca ▭ kardamon ▭ kolendra ▭ imbir suszony ⌓ imbir świeży ▭ papryka ostra ▭ pieprz ⌓ ziele angielskie ▭	mięta pieprzowa □ oregano □	korzeń kuzu △ musztarda ▭
Zima **Woda** smak słony kieruje w głąb, wzmacnia kości oswobadza zastój		glony morskie: arame ○ hiziki ○ kombu ○ nori ○ wakame ○	fasola △ soja □	oliwki □	ryby ▭ ser parmezan ▭ sery pleśniowe △	miso ○ sosy sojowe ○ sól ○	woda mineralna □ woda zimna □ woda źródlana □	agar-agar ○ czarne grzyby □ gomasio ▭ majonez △ śliwka umeboshi △

ODNOWA NA TALERZU

Bożena Żak-Cyran

Liczba stron: 216, cena: 34,90 zł

Bożena Żak-Cyran poleca dietę opartą na białku roślinnym, jako znacznie zdrowszą od tradycyjnej, w której dominują produkty pochodzenia zwierzęcego. Autorka wskazuje, jak łączyć potrawy ze zbóż z potrawami z roślin strączkowych, warzyw i nasion, tak by uzyskać źródło pełnowartościowego i lekkostrawnego białka roślinnego, zawierającego niezbędne dla organizmu składniki mineralne, witaminy i nienasycone kwasy tłuszczowe. Duża ilość warzyw w diecie utrzymuje właściwą równowagę kwasowo-zasadową. Taki sposób żywienia zmniejsza ryzyko chorób, gwarantuje dobrą kondycję i zapewnia sprawność umysłu do późnych lat życia.

ENERGIA ŻYCIA, ENERGIA POŻYWIENIA

Bożena Żak-Cyran

Liczba stron: 234, cena: 34,90 zł

Autorka przekazuje nam swoje doświadczenia z wieloletniej pracy z własnym organizmem oraz z pracy ze swoimi pacjentami. Dzieli się wiedzą o tym, jak żyć, z czego czerpać siłę, jak nie trwonić energii i jak rozumieć samego siebie. W tej książce znajdziesz ogromną ilość ciekawych przepisów, które pomogą ci poprawić bilans energetyczny. Dowiesz się, jak zamienić płytkie, nieefektywne oddychanie w oddychanie pełne i świadome. Przekonasz się, że ćwiczenia fizyczne nie muszą być ani nudne, ani męczące. Ta lektura pomoże ci wreszcie dostrzec sens twoich działań, wytyczyć właściwy cel, odnaleźć w sobie pasję, która potrafi zmienić całe życie; a także udoskonalić umiejętności zarządzania zasobami, czasem i energią.

WZMACNIAJ ODPORNOŚĆ PROSTYM POŻYWIENIEM

Bożena Żak-Cyran

Liczba stron: 208, cena: 29,90 zł

Wspomaganie pracy układu odpornościowego za pomocą właściwego sposobu odżywiania ułatwi utrzymanie dobrego stanu zdrowia lub, w razie potrzeby, pomoże zwalczyć chorobę. Medycyna jedynie wspiera proces leczenia sterowany przez układ immunologiczny naszego organizmu. To więc my sami mamy największy wpływ na naszą odporność, prowadząc odpowiedni styl życia i odżywiając się właściwie.

Książka stanowi kompendium wiedzy z zakresu naturalnego odżywiania wzmacniającego odporność, opartego na zasadach makrobiotyki i medycyny chińskiej, zweryfikowanej i zmodyfikowanej na potrzeby naszych czasów (według badań naukowych).

KUCHNIA ZDROWIA I MŁODOŚCI

Bożena Żak-Cyran

Liczba stron: 88, cena: 14,90 zł

Napisałam tę książkę, aby zachęcić do pełnowartościowego odżywiania się, opartego na naturalnych produktach. Mam na myśli dietę, dzięki której możesz w prosty i bardzo naturalny sposób zapobiegać chorobom, ale też przywracać równowagę w przypadku niedomagań organizmu. Ja zawdzięczam jej zdrowie, które odzyskałam po chorobie nowotworowej. Nie jest to jedna z cudownych diet do stosowania okresowo, ale sposób odżywiania na całe życie.

Bożena Żak-Cyran

ODŻYWIAJ DZIECKO W ZGODZIE Z NATURĄ

Bożena Żak-Cyran

Liczba stron: 224, cena: 32,90 zł

Książka zawiera wiele cennych rad dla mam, które chcą świadomie, korzystając z naturalnych, nieprzetworzonych przemysłowo produktów spożywczych, zadbać o dobry stan zdrowia swoich dzieci. Chciałabym szczególnie polecić ją przyszłym matkom, zarówno tym w pełni zdrowym, jak i tym, które według zaleceń lekarza powinny poprawić stan odżywienia swojego organizmu. Wskazówki, które tutaj znajdą, pozwolą im jak najlepiej przygotować się do poczęcia i laktacji.

dr n. chem. Urszula Pytasz,
dietetyk z Instytutu Centrum Zdrowia Matki Polki

Troska o dziecko powinna rozpocząć się już w momencie jego poczęcia. Niezwykle ważna jest dbałość o prawidłową dietę przyszłej matki. Zdrowe żywienie kobiety ciężarnej, matki karmiącej, a potem noworodka, niemowlęcia i małego dziecka niewątpliwie przyczyniają się do zachowania dobrego stanu zdrowia dziecka także w kolejnych latach jego życia. Książka Bożeny Żak-Cyran to rzetelne źródło wiedzy, w którym autorka w jasny sposób przedstawia kluczowe elementy zdrowego, naturalnego żywienia matek i ich dzieci.

Iwona Gajos, lekarz pediatra

ALCHEMIA POŻYWIENIA

Bożena Żak-Cyran

Liczba stron: 204, cena: 34,90 zł

Ta książka to bardzo treściwe źródło wiedzy na temat leczniczych właściwości pożywienia. Dokładny przegląd poszczególnych grup pożywienia (zboża, warzywa, rośliny strączkowe, owoce, orzechy, nasiona oraz produkty pochodzenia zwierzęcego) ma ułatwić czytelnikowi wybór takich produktów, jakich potrzebuje, aby wzmocnić swój organizm zgodnie z jego indywidualnymi potrzebami. Autorka zachęca do spożywania świeżego, naturalnego pożywienia przygotowywanego tak, aby jak najpełniej wykorzystać jego cenne składniki. Dodatkową atrakcją tej pozycji jest załączona płyta DVD z instruktażem domowego wypieku chleba.

NOWOCZESNE ZASADY ODŻYWIANIA

T. Colin Campbell, Thomas M. Campbell II

Liczba stron: 382, cena: 59,90 zł

Jestem wegetarianką od wielu lat. Moje dzieci – od urodzenia. Czy zadawano mi pytania o słuszność stosowania takiej diety? Bardzo często. Czy słyszałam, że z własnym życiem mam prawo robić, co chcę, ale nie powinnam ryzykować zdrowiem moich córeczek? Tysiące razy. Świadomość społeczeństwa zmienia się powoli, ale książka *Nowoczesne zasady odżywiania* to krok milowy w dziedzinie dietetyki. Wywraca do góry nogami wszelkie piramidy żywieniowe i na przykładzie wieloletnich, przeprowadzonych na gigantyczną skalę badań pokazuje, jakie stosować metody, by cieszyć się zdrowiem w każdym wieku. To lektura obowiązkowa dla wszystkich niedowiarków!

Monika Mrozowska, aktorka, autorka książek kulinarnych

NOWOCZESNE ZASADY ODŻYWIANIA W PRAKTYCE

LeAnne Campbell

Liczba stron: 272, cena: 39,90 zł

Nowoczesne zasady odżywiania w praktyce autorstwa córki T. Colina Campbella to zbiór przepisów na smaczne i zdrowe potrawy, bazujących na najnowszych danych z zakresu medycyny i dietetyki. Dzięki tej książce przekonasz się, że zdrowe odżywianie wcale nie jest wyrzeczeniem, a dania roślinne to kulinarna rozkosz dla każdego! To po prostu bukiet pysznych i łatwych w przygotowaniu potraw roślinnych pozbawionych tłuszczów przetworzonych i z minimalną ilością cukru oraz soli. *Nowoczesne zasady odżywiania w praktyce* są idealnym przepisem dla osób, które cenią dobry smak i dbają o swoje zdrowie.

UKRYTA PRAWDA

T. Colin Campbell, Howard Jacobson

Liczba stron: 336, cena: 44,90 zł

Doktor T. Colin Campbell demaskuje mechanizmy, które rządzą współczesną medycyną i odpowiadają za katastrofalny stan zdrowia zachodnich społeczeństw. Brzmi to jak teoria spiskowa? Nic z tych rzeczy! Ta książka to syntetyczna analiza naszej rzeczywistości, okraszona zakulisowym spojrzeniem profesora biochemii żywienia jednego z najlepszych uniwersytetów na świecie i jednocześnie czołowego badacza związku diety z rozwojem nowotworów. Czy zmiana sposobu odżywiania może stać się receptą na obecny kryzys systemów opieki zdrowotnej? Na pewno warto się nad tym zastanowić.

Małgorzata Desmond, specjalista medycyny żywienia, dietetyk, współzałożycielka Fundacji „WIEMY CO JEMY", współzałożycielka pierwszego w Polsce Centrum Medycyny Żywienia i Stylu Życia w CM GAMMA

TRZY KROKI DO ZDROWIA

Joel Fuhrman

Liczba stron: 352, cena: 39,90 zł

Doktor Fuhrman należy do wąskiego grona lekarzy, którzy traktują odżywianie jako jeden z kluczowych elementów swojej praktyki. Jest ono podstawą współczesnej, holistycznej medycyny spersonalizowanej, nazywanej medycyną XXI wieku. Książki Joela Fuhrmana dają szansę na długie życie wolne od chorób. Od wielu lat stosuję podobne zasady w mojej praktyce i bardzo się cieszę, że książki dr. Fuhrmana są wreszcie dostępne na naszym rynku.

Lidia Trawińska, dietetyk, założycielka Centrum Medycznego VIMED

KONIEC Z DIETAMI, Joel Fuhrman

Liczba stron: 336, cena: 39,90 zł

Joel Fuhrman pokazuje, jak skutecznie zmienić tradycyjny sposób odżywiania, wprowadzając do jadłospisu produkty gęste pod względem odżywczym, zawierające naturalne mikroskładniki.

Lidia Trawińska, dietetyk

Czytając tę książkę, uświadomisz sobie, że twoja wiedza na temat żywienia jest w najlepszym przypadku niepełna. Stawka jest jednak wysoka – twoje zdrowie oraz jakość i długość życia – a więc nie ma na co czekać. Życie bez nadwagi, poważnych chorób i... liczenia kalorii? Czego chcieć więcej? Ja spróbuję!

Paulina Holtz, aktorka, mama, miłośniczka jogi i biegania

DIETA ROŚLINNA NA CO DZIEŃ

Julieanna Hever

Liczba stron: 384, cena: 39,90 zł

Nareszcie mamy w Polsce kompleksowy i rzetelny poradnik o diecie roślinnej! Autorka, licencjonowana dietetyczka, przedstawia w nim idealny sposób żywienia na poszczególnych etapach życia – od niemowlęctwa do starości – oraz najskuteczniejsze metody dietoterapii chorób cywilizacyjnych. Warto podkreślić, że jest to książka napisana z perspektywy zdrowotnej, a nie etycznej. Julieanna nie skupiła się więc na tym, co należy wyeliminować z diety, ale w naukowy sposób udowodniła korzyści płynące ze spożywania nisko przetworzonych produktów roślinnych. A dodatkowo okrasiła to wszystko łatwymi przepisami na przepyszne dania. Krótko mówiąc, palce lizać!

Redakcja magazynu „Vege"

ODŻYWIANIE DLA ZDROWIA, Paul Pitchford

Liczba stron: 776, cena: 84,90 zł

To prawdziwe kompendium wiedzy o żywności i odżywianiu, łączące w sobie perspektywę wschodnich tradycji leczniczych z podejściem współczesnej zachodniej dietetyki. Kompedium zawiera:

- wskazówki dotyczące rozróżniania i stosowania podstawowych produktów spożywczych, metody łagodnego przejścia z diety opartej na produktach zwierzęcych na dietę, w której główną rolę odgrywają pełnoziarniste zboża oraz warzywa,
- podstawy tradycyjnej medycyny chińskiej, sztukę diagnozy pospolitych zaburzeń oraz rozpoznawania typu konstytucjonalnego organizmu,
- opisy poszczególnych produktów oraz ponad 300 przepisów kulinarnych,
- informacje dotyczące odżywiania dzieci, zdrowia kobiet, odchudzania i głodówek leczniczych, a także leczenia dietą rozmaitych chorób, m.in. zakażenia drożdżowcami (*Candida albicans*), zapalenia stawów czy uzależnienia od używek.

POKONAJ CUKRZYCĘ Z DOKTOREM BARNARDEM, Neal Barnard

Liczba stron: 320, cena: 39,90 zł

Ta książka jest niepowtarzalna z kilku względów. Po pierwsze, dr Barnard od wielu lat zajmuje się badaniem związków między sposobem żywienia a rozwojem i leczeniem cukrzycy. Po drugie, mimo naukowego charakteru, autor w przystępny sposób przekazuje ważne informacje w formie zaleceń gotowych do wykorzystania. Po trzecie, ten poradnik pomoże ci zrozumieć mechanizmy rządzące rozwojem cukrzycy i pokaże, jak im przeciwdziałać. Jest to pozycja skierowana do osób, które chcą poznać sprawdzony sposób walki z cukrzycą poprzez dietę opartą o nisko przetworzone produkty roślinne. Znajdziesz tu również gotowe kompozycje dań i przepisy umożliwiające poprawę stanu twojego zdrowia.

Damian Parol, dietetyk

SŁODKA PUŁAPKA, Robert H. Lustig

Liczba stron: 400, cena: 42,90 zł

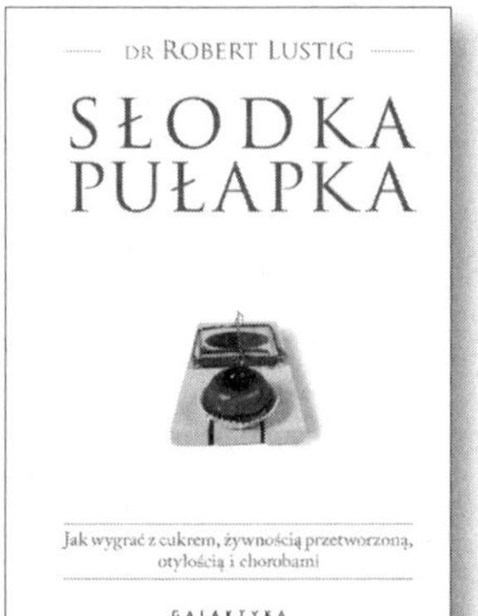

Do tej pory za epidemię otyłości i chorób serca obwinialiśmy tłuszcz, zwłaszcza pochodzenia zwierzęcego. Doktor Lustig dowodzi jednak, że naszym najgroźniejszym wrogiem jest... cukier. Diabetolodzy i dietetycy, z którymi rozmawiałam, potwierdzają, że właśnie ten składnik jest największym zabójcą naszych czasów. Doktor Lustig pomaga zrozumieć skomplikowany sposób, w jaki dokonuje się to dzieło zniszczenia, a także jak cukier zmienia biochemię naszego organizmu, uzależniając nas i wpędzając w choroby. Dodatkowo *Słodką pułapkę* czyta się niczym dobrą powieść sensacyjną, w której główny podejrzany czai się dosłownie wszędzie.

Katarzyna Burda, dziennikarz naukowy

Autor wskazuje, jak pokonać szkodliwe nawyki, i udowadnia, że wszystko jest w naszych rękach. To kwestia decyzji. Może jednej z najważniejszych w życiu! Polecam tę lekturę.

Katarzyna Figura